教育部人文社会科学重点研究基地

对外汉语/汉语国际教育研究生系列教材

总主编 崔希亮

语言导论

崔希亮 著

北京语言大学出版社
BEIJING LANGUAGE AND CULTURE UNIVERSITY PRESS

图书在版编目（CIP）数据

语言导论 / 崔希亮著 .-- 北京：北京语言大学出版社，2016.12
对外汉语 / 汉语国际教育研究生系列教材
ISBN 978-7-5619-4794-4

Ⅰ.①语… Ⅱ.①崔… Ⅲ.①语言学－对外汉语教学－研究生－教材 Ⅳ.① H195.4

中国版本图书馆 CIP 数据核字（2016）第 307887 号

语言导论

YUYAN DAOLUN

排版制作：北京创艺涵文化发展有限公司
责任印制：姜正周

出版发行：北京语言大学出版社
社　　址：北京市海淀区学院路 15 号，100083
网　　址：www.blcup.com
电子信箱：service@blcup.com
电　　话：编辑部　8610-82303647/3592/3395
　　　　　国内发行　8610-82303650/3591/3648
　　　　　海外发行　8610-82303365/3080/3668
　　　　　北语书店　8610-82303653
　　　　　网购咨询　8610-82303908
印　　刷：北京中科印刷有限公司

版　　次：2016 年 12 月第 1 版　　印　　次：2016 年 12 月第 1 次印刷
开　　本：787 毫米 × 1092 毫米　1/16　　印　　张：16
字　　数：266 千字
定　　价：49.00 元

PRINTED IN CHINA

“对外汉语 / 汉语国际教育研究生系列教材”

编委会

总 序

崔希亮

2010年初，由张博、孙德金教授提议，编写一套对外汉语 / 汉语国际教育研究生系列教材，推举我做总主编。我觉得这是一件值得去做的事，就答应下来了。然后我们就组成编委会，开始确定选题，物色作者，并几次开会研究讨论，确定这套教材的编写思路，包括指导思想、教材定位、教材特色、编写体例等。北京语言大学出版社对这一选题也很感兴趣，从技术和资金方面给予支持。

编委会经过研究，确定了这套教材的八个板块，拟定了每个板块的内容，并初步确定了作者队伍。这八个板块是：

一、基础理论与方法板块

二、汉语语言学理论板块

三、语言教学理论板块

四、语言技能教学理论板块

五、语言要素教学理论板块

六、语言教育技术理论板块

七、汉外对比及跨文化交际理论板块

八、其他板块

根据这八个板块，我们拟分批推出30种教材：

1.《语言导论》

2.《语言学流派》

3.《语言学方法论》

4.《语言教学研究方法论》

5.《语言研究的实验设计》

6.《汉语概论》

7.《汉语简史》

8.《第二语言教学导论》

9.《第二语言教学设计概论》

10.《语言学的观念和方法》

11.《第二语言学习概论》

12.《语言测试导论》

13.《第二语言教学史》

14.《第二语言教学法研究》

15.《专门用途汉语教学》

16.《对外汉语教材导论》

17.《汉语听说教学研究》

18.《汉语阅读教学研究》

19.《汉语写作教学研究》

20.《语法及语法教学研究》

21.《语音及语音教学研究》

22.《词汇及词汇教学研究》

23.《汉字及汉字教学研究》

24.《语用、篇章教学研究》

25.《语言教育技术研究》

26.《语言教育资源研究》

27.《汉外对比研究与教学》

28.《跨文化交际研究与教学》

29.《第二语言教学与文化》

30.《第二语言教师发展与培养》

这个框架是按照学科的学理逻辑构建的，作者的选择也是根据学者们的学术背景和专业特长确定的。待各项工作展开之后，我们才发现这一工作并不简单。首先，教材的文本内容应该是深入浅出的，而要做到深入浅出实非易事；其次，这套教材应该考虑到趣味性、可读性，这又是一个更困难的任务，因为严肃的学术问题有的时候只能不苟言笑；第三，现在的教授们都很忙，忙着上课、带学生、讲学、做项目，甚至云游四海，很难静下来好好考虑教材的问题。由于有以上一些困难，有的作者表示难以完成任务，提出退出课题组，因此编委会经过讨论，决定从实际出发，适时调整板块内容和作者。

对外汉语教学 / 汉语国际教育是一个独立的学科，也是一个交叉的学科，同时它还是一个新兴的学科，这个学科涉及语言学理论、汉语语言学、语言教学和语言学习理论、语言教学技能、语言教学方法、语言测试、语言教育技术、汉外对比研究和跨文化研究等不同的分支学科。从学科分布上看，这个学科涉及语言学、教育学、认知科学、心理学、计算机技术等不同的领域，任何人都难于以一己之力贯通所有研究领域。因此整合学术力量、协力合作才是最佳选择。当前，开设语言学及应用语言学专业对外汉语教学 / 汉语国际教育方向研究生课程的高等学校越来越多，招收的研究生数量也十分可观，尤其是专业研究生的数量增加速度很快，而学生来源却是五花八门，什么专业背景的都有，师资力量准备不充分，没有现成的合用教材。我们也知道这个学科既有的研究基础尚嫌薄弱，但是编辑出版一套针对研究生的教材时机已经成熟。我们邀请了学界知名学者和汉语教学经验丰富的专家担纲，推出这套“对外汉语 / 汉语国际教育研究生系列教材”，可以填补这个领域的空白，为对外汉语教学和汉语国际教育的研究生培养贡献绵薄之力。这也是学界期盼已久的事情。

这套教材的学科定位为语言学及应用语言学专业的对外汉语教学 / 汉语国际教育方向；读者定位为硕士研究生指导教师和硕士研究生群体，当然也涵盖汉语教师志愿者、孔子学院教师等；内容定位为对外汉语教学 / 汉语国际教育的所有分支学科；作者队伍定位为对外汉语教学与研究的一线教师和资深专家；编写理念定位为理论与实践相结合，学术性与可读性相统一。

在讨论的时候，我们在以下几个方面达成共识，即这套教材应该具备以下几个方面的特色：

（1）以问题为导向设计章节，目的是引导学习者尽快介入本学科研究的前沿课题，深入思考各种各样的问题，鼓励学习者自己动手寻找答案；

（2）注意知识点和问题排列的科学性和系统性，借鉴国内外学界最新研究成果，求创新，图新颖；

（3）对问题的讨论力求深入浅出，晓畅易懂，不拘泥于成说，诱导读者步步深入，探及问题本质；

（4）教材要有趣味性，语言生动、例子经典，学习者可以用来自学而不觉得枯燥乏味；

（5）配合各章节提出的问题注重研究方法的讲解和阐释，尽量给学习者留出进一步研究的空间。

科学研究是一项个体性非常强的行为，所以本选题虽然是系列教材，但是每一本教材的个性特征还是很鲜明的。尽管我们在体例上提出了要求，但是不同的作者还是会把自己的印迹留在教材上。不管是内容的剪裁还是语言表达风格，都与作者的研究领域和教学经验密不可分。

四年时间过去了，作者们开始陆续交稿了，我期待着学界的批评指正，更期待着大家对这套教材提出完善意见和建议（反馈邮箱：gjhyjxyj@blcup.com），为日后的修订提供借鉴和参考。

2015 年 10 月

自序

语言是我们日常生活中须臾不能离开的东西，就如同空气和水一样，它是如此重要，却又如此平常，以至于我们常常并不清楚语言究竟是什么，尽管我们以为自己知道。语言究竟是什么？它是怎么学会的？它的工作原理是什么？全世界有多少种语言？这些语言有没有亲属关系？它们是如何分布的？语言与我们的认知有关系吗？语言与社会文化有什么关系？语言与文字是什么关系？语言中的语义与概念是什么关系？语法有哪些范畴？语言会变化，是什么因素导致语言发生变化的？语言变化有什么规律？语言学习有规律吗？语言教育应该关注哪些要素？等等。这些问题对于我们这些整天跟语言打交道的人来说可能不是问题，但是对于刚刚入门的学生来说它们就是问题，需要有一本书深入浅出地把这些问题讲清楚。

说到深入浅出，那可是说起来容易做起来难。要把一些比较复杂的问题简化并清楚地表达出来，这是一件不容易完成的任务。我接受了这样一个任务。我曾经出版过一部《语言学概论》(商务印书馆，2009)，原以为写这部《语言导论》易如反掌。真正写起来才发现不那么容易。第一，凡是《语言学概论》里写过的，在这本小书里不能重复；第二，内容的取舍也大费周章；第三，还要考虑到这本书的趣味性和可读性；第四，要反映语言学领域最新关注的课题。这样一本书，断断续续地写了三年，一个原因是因为我只有寒暑假才有时间考虑这本书的事，一个原因就是上面说的，知易行难。凡事都怕用心用功，心地光明万物生，只要努力，没有做不成的事。我知道，做好这件事常感到力有不逮，硬着头皮也就坚持下来了。我希望这本小书能够成为汉语国际教育专业的入门读物，为他们将来深入堂奥奠定基础。

北京语言大学出版社的张健总编辑为这套教材的策划和实施花了不少心血。这本小书的责任编辑王轩、史健、纪成认真负责，匡谬正误，为避免谬种流传做出了贡献。我深切地期待广大读者对本书提出批评意见，以利于日后的修订完善。

目 录

绪　论　语言的种种面目

语言是什么？如果你拿这个问题随便问一个人，他会不假思索地说："这谁不知道！语言就是说话嘛。"毫无疑问，语言跟说话有关系，但是"语言"就等于"说话"吗？就这么简单吗？显然不是。语言是我们日常生活中每时每刻都不可离开的东西，因此很多人都觉得我们对语言很了解。早上起来以后我们就开始跟语言打交道了，家里人交流、跟出租车司机交流、同事之间打招呼、老师讲课、朋友聊天、给客户打电话、跟路人吵架、参加辩论等，所有人类活动都有语言参与，即使是做梦，语言也是一个永远不会缺席的角色。看电视、读报纸、读书、发短信、刷微博、看微信等活动也离不开语言。语言是什么？这是一个十分古老的问题，人类对自己语言问题的关注非自今日始。这个问题看似幼稚，其实不然。不同的人看到的是语言的不同面目。例如：

好言自口，莠言自口。(《诗·小雅·正月》)

这是《诗经》里的话，好话坏话都出自口中，这说明语言跟说话的确有关系，语言出自我们的口中。古人把说话这个行为称作"曰"，我们一看这个字就会想到口中巧舌如簧的样子。古人又说：

听言则对，诵言如醉。(《诗·大雅·桑柔》)

这也是《诗经》里的话，听到别人的话就应答之，听到别人或者自己诵读诗书就如醉如痴。这里说了两层意思：第一层，话不仅出自口中，还要入于耳，语言是可听的；第二层，语言不仅可说、可听，还可诵读。今天看来，可诵读的诗应该是写下来的话，但是在“诗经”的时代，诗歌是口耳相传的。“诵言如醉”说的又是一种情感状态，所以语言还可以抒发情感。这已经说到了语言的功用。

故言，心声也；书，心画也。（汉·扬雄《法言·问神》）

扬雄说出了语言的另外一个面目：语言就是心声，心里想什么，嘴上说什么。这也就是后来所说的“语言是思想的直接现实”（马克思、恩格斯，《德意志意识形态》，《马克思恩格斯全集》，第3卷第525页）。扬雄道出了语言与心声的关系，心声就是思维的结果。今天我们知道了心并非思维的器官，人之思维在我们的大脑，所以有人说“语言是我们大脑的反映”（艾弗拉姆·诺姆·乔姆斯基）。扬雄还说出了另外一个真相：书（書）也是表达思想感情的，如果熟悉“書”的字形就会知道，所谓“書”就是用笔说话（上面的字形是笔，下面是曰）。至此我们已经知道，语言不仅可说、可听、可诵，还可以书写。书写下来的语言我们称作文字（这一点以后还会说到）。

丹麦语言学家奥托·叶斯帕森（1924/1988）说“语言是以传达思想和感情为目的的人类活动”，在这里我们又看到了语言的另外一种面目：语言是人类的某种活动。这里的某种活动显然指的是人类的言语行为。在汉语里，跟言语行为有关的动词有很多：

曰，说，对，答，应，语，道，云，谓，谈，……

言语行为的下位动词就更多了：

议，论，诽，谤，谗，讥，讽，骂，讵，谕，……

现在我们把它们统称为**言语行为**（speech acts）。在汉字系统里，带“言（讠）”字边或带字符“言”的字很多，它们都跟言语行为有关系。例如：

讨，训，记，许，访，诀，詈，评，诈，诋，詠，诉，訾，诘，
讷，讹，诵，讼，诛，诳，诠，诫，诬，诮，诲，诺，谅，谘，
……

还有一些汉字指涉的是言语行为的类型，例如：

谣，谚，谜，话，谱，证，诰，谊，谛，谎，……

还有一些带“口”字边或带字符“口”的字也与言语行为有关，例如：

叮，嘱，叱，咤，唠，叨，叹，召，唤，呼，吁，吓，唬，吱，
吵，咒，问，骂，喟，叹，喻，唱，吆，喝（hè），呛，嚷，……

列宁1914年在《论民族自决权》一文中提出“语言是人类最重要的交际工具”，这里又引出语言的另外一种面目：语言是人类社会最重要的交际工具。人类社会的交际工具可以有很多种，语言是其中之一。与其他的交际工具相比，例如手势、旗语、眼神、口哨、烽火、金鼓，语言这种交际工具是最方便、最精确、最丰富的。但是语言这种交际工具也会受到时间和空间的限制，不在同一时间和空间的人无法用语言直接交流，因此人类发明了文字，突破了时间和空间的制约。现代人有了电报、电话这种通信工具，空间的限制已经被打破了。语言可以表达的思想和情感是其他交际工具所不可比拟的。瑞士语言学家费迪南·德·索绪尔从另外的角度解释了语言的另一种面目。他说：“语言是一种表达观念的符号系统。”（索绪尔，1916/1980）[1] 说语言是符号系统这是一种认识上的革命，他说到了语言的本质。在索绪尔看来，语言既非说话本身（说话是言语行为），也非说出来的话（说出来的话是**言语**），语言是一套成系统的符号，而且符号本身具有二重性，它一头连着概念（concept），一头连着音响形象（sound image），即语言符号连接的不是事物和名称，而是概念和音响形象，索绪尔用“**所指**”（signifié）和“**能指**”（signifiant）这一对术语来指称符号的这种两面性。索绪尔认为语言符号从本质上说是一种心理实体。这种比较抽象的表述对于我们中国读者来说有点儿不容易理解，“所指”和“能指”的译法也可能令人不知所云。也就是说，语言符号是概念和音响形象的结合体，概念和音响形象都是心理的，不是物理的，不能直接观察。符号的所指和能指之间的结合是任意的，是约定俗成的，是不可论证的。

概念 —— 语言符号 —— 音响形象

关于“语言到底是什么”的问题，还有种种说法。比如乔姆斯基认为语言是一种先天的认知能力，语言中的句法和语义都是不依赖于我们其他的认知活动而存在的，乔姆斯基称之为语言的自足性。哲学家对语言的看法有自己独特的视角，比如德国哲学家马丁·海德格尔认为“语言并非仅仅是一种用以交流思想

[1] 索绪尔的《普通语言学教程》是他的讲义，在他去世以后，他的学生将其整理出版。

的工具，而是存在的住所”。不同的人看到的是语言的不同面貌，这一点儿也不奇怪，因为语言同其他事物一样具有多面性，观察角度不同，得到的结论就会不同，所谓“横看成岭侧成峰”罢了。那么语言的本来面目到底是什么样的呢?

第一章　语言的本相

语言有不同的属性，从其自然属性上来看，它是一套符号系统；从其社会属性上来看，它是人类社会的交际工具；从其心理属性上来看，它是思维的工具。这就是语言的本相。这样看待语言问题不会把不同层面的概念混淆起来。就好比一个人在社会的不同场合会表现为不同的角色，在家里他可能是儿子、丈夫、父亲，在办公室他可能是部长、校长、经理，在球场上他可能是前锋、后卫等，这些角色都是由他扮演的，但是在不同的场景和剧本中他们的角色面貌不同，我们不能说他就是儿子，也不能说他就是部长或者前锋，我们当然可以笼统地说他是"一个男人""一个中国人""一个汉族人""一个好人"，但是这样说的时候其实是从不同的侧面来说的。如果把"一个男人"和"一个中国人"做比较，就好比拿"八宝粥"比"八宝山"，拿"松花蛋"比"松花江"，看着有点儿关联，实质上完全不是一码事。看待语言也是如此，应该从不同的侧面入手，而不能笼统地说语言是什么。

第一节　语言的自然属性

什么叫作语言的自然属性？如果我们把语言作为一种自然现象来观察，我们看到的就是语言的自然特征。就好比说如果我们把人作为一种自然现象来观察，我们看到的是人的自然特征（生物学属性）：人是一种高等哺乳动物，直立行走，会使用工具，有语言，等等。动物特征来自于人的自然属性，可以在生物学“界、门、纲、目、科、属、种”的分类中找到它的定位：

中文学名：人

拉丁学名：Homo sapiens

别称：人类、智人

界：动物界

门：脊索动物门

　亚门：脊椎动物亚门

纲：哺乳纲

　亚纲：兽亚纲

目：灵长目

　亚目：简鼻亚目

科：人科

　亚科：人亚科

属：人属

　亚属：人亚属

种：人种

语言也一样，它也是一种自然现象，虽然看不见摸不着，但是它是客观存在着的。语言是以什么形式存在着的？它是以符号的形式存在着的。无论是哪种语言，其本相就是一些符号，但是这些符号不是孤立地存在的，它们是一个系统，符号和符号之间有内在的联系：每个符号都有它的兄弟姐妹、表兄弟姐妹、堂兄弟姐妹、父母、祖父母、七大姑八大姨，等等，它们聚居在一起形成一个聚合群；不同聚合群的符号之间可以婚嫁，结合成新的符号。语言符号根据共同的特征聚合在一起叫作符号的**聚合关系**，符号之间的结合叫作符号的**组合关系**。当然，符号和符号之间的组合要遵守一定的规矩，这个规矩就叫作**语法**。举例来说，“牛”是一个符号，它一头连着一个声音 niú，另一头连着一个意义“哺乳动物，反刍类，身体大，肢端有蹄，头上长有一对角，尾巴尖端有毛。力气大，供役使、乳用或乳肉两用，皮、毛、骨等都有用处”(《现代汉语词典（第 6 版）》第 953 页，商务印书馆，2012）。

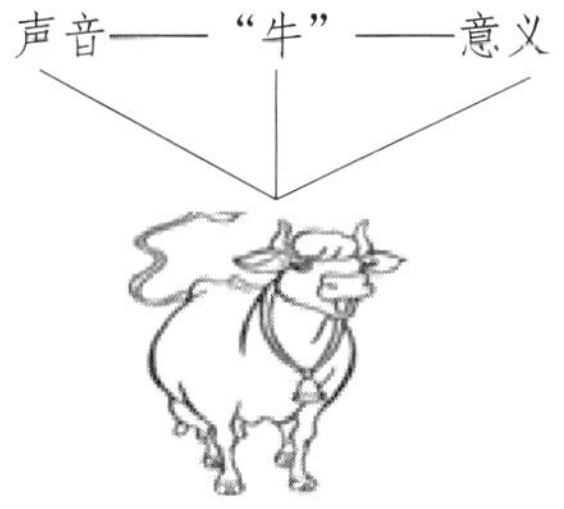

图 1–1

图 1–1 中下面的图形代表“牛”这种动物的现实原型，上面的语言符号“牛”是一个音义结合体，用汉字表示为“牛”，它的意义存在于我们的心理词典中。用“牛”来代表语言符号是一种无奈之举，其实这个语言符号是一种心理符号，对于说汉语的人来说，假如他一个汉字也不认识，“牛”这个符号就只是一个声音，这个声音代表一定的意义。当然，在理解“意义”的含义时我们会想到现实中的“牛”这种动物。也就是说，语言符号的意义与外部世界的实在物有某种对应关系。那么，声音和意义之间的结合有没有必然联系呢？按照瑞士语言学家索绪尔的说法，语言符号“牛”具有二重性，它一头连着概念（意义部分），一头连着音响形象（声音部分），也就是说，语言符号“牛”连接的不是事物（用图形来代表）和它的名称，而是概念和音响形象，因为事物和名称都是具体的，而概念和音响形象都是抽象的，索绪尔认为语言符号从本质上说是一种心理实体，而不是物理实体。这样说很不容易理解。我们把图 1–1 重新安排一下：

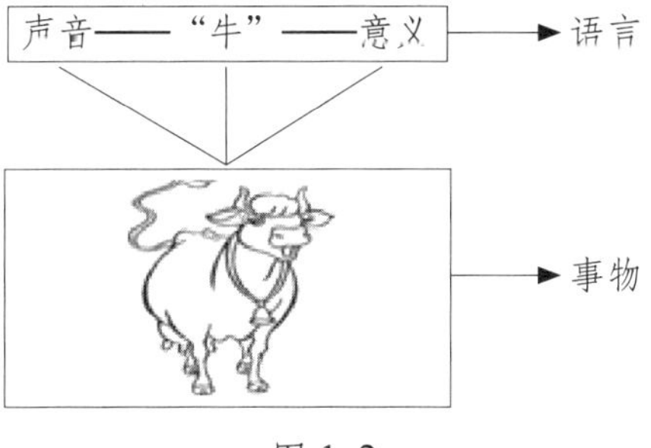

图 1–2

语言符号和客观事物是两个层次的概念，前者是心理的，后者是物理的，性质不一样。按照索绪尔的说法，在语言符号这个层面上，声音和意义的结合是任意性的，没有动因的，比如说“哺乳动物，反刍类，身体大，肢端有蹄，头上长有一对角，尾巴尖端有毛。力气大，供役使、乳用或乳肉两用，皮、毛、骨等都有用处”的那个东西为什么叫作 niú，其实是没什么道理可讲的。因为同样一个东西，在不同的语言中会有不同的声音，可见音义的结合不是必然的。这就是语言符号的**任意性**特点。

“牛”这个语言符号不是孤立的，它的家族有很多成员，例如“羊，马，猪，狗，驴，……”，它跟另外的家族可以组成更大的家族，如“猴，狼，虎，豹，……”“鸡，鸭，鹅，鸽，……”等。在语言系统中，除了“牛”这一类符号之外，还有其他类型的符号，如“吃，喝，叫，跑，跳，……”或者“大，小，好，坏，老，……”等，每一类都可以看作是一个家族，家族成员之间有远近亲疏之分，这就是语言符号系统的**层次性**。符号之间可以组合，如：

牛 + 毛 = 牛毛

牛 + 脾气 = 牛脾气

牛 + 奶 = 牛奶

老 + 牛 = 老牛

老 + 牛 + 脾气 + 好 = 老牛脾气好

……

符号和符号的组合遵循一定的语法规则，例如“* 跳 + 牛”在汉语中就不是一个可以接受的组合。语言符号组合的规矩是谁定的？我们无法知道答案，这是语言符号系统在发展过程中自然形成的，也就是我们所说的“约定俗成”。谁约定的？语言社团约定的，说同一种语言的人共同约定的。

语言符号在组合的时候是一个接着一个连缀而成的，看上去像一条线，这就是语言符号的**线条性**。每一种语言的符号都不是杂乱无章的，它们是一个系统。语言符号的**系统性**体现在以下几个方面：首先，语言符号可以切分出清晰的单位，这些单位有小有大，比如音素、音节、语素、词、词组、句子等；第二，这些语言单位层次分明，组织结构很清楚，是可以分析的；第三，语言符号通过聚合关系和组合关系实现为语言的运用，也就是说，语言符号是一个结构分明的层级装置，语言符号的运转是在一个系统内进行的，不同的语言虽然系统不同，但是语言运转的原理是一样的；第四，语言符号的组合是有规则的，这些规则控制着这个系统的运转，虽然不同的语言可能有不同的规则，但是我们发现，语言是可以按照不同的规则系统来分类观察的。（崔希亮，2009）语言符号的基本单位数量是有限的，语言符号的组合规则也是有限的，但是语言符号可以用有限的基本单位和有限的规则生成无限的表达单位，表达无限的意思，这就是语言符号的神奇之处。世界上目前还在使用的语言数量有5000~6000种，迄今为止还没有人做过精确的统计，有些语言彼此之间有基因上的联系，有些语言彼此之间有类型上的联系，当然也有一些语言我们尚未发现它与其他语言之间的联系，那是因为我们还无法对所有的语言进行穷尽的研究。据说在沙特阿拉伯发现一个巨大的地质大坑，生活在里边的人与世隔绝，说的语言外人听不懂。那将是一个很好的研究对象。

把语言作为符号来研究可以有很多有趣的问题。我们可以研究语音、语义、语法等不同层次的问题，比如可以研究语音的物理属性、研究语音的结构、研究语音的聚合关系和组合关系、研究语音的感知、研究语音的不同单位等，可以研究语义的认知属性、研究语义与概念的关系、研究语义网络或语义地图、研究语义的发展变化、研究语义演变的机制和动因等，还可以研究语法的认知属性、研究语法化的过程、研究语法范畴的系统性、研究某一语法范畴在符号系统中的功能、研究语法规则的历史演变规律、研究构式、研究语法自然属性背后的推力、对不同语言的符号系统进行比较等。

我们就语音这个方面可以提出很多问题：一种语言符号系统的语音容量有多大？极限是多少？最经济的系统应该是多少？语音系统内部的调节机制是什么？为什么有的语言辅音很多、元音很少？为什么有的语言元音很多、辅音比较少？音与音的差别跟听力有关系吗？语言符号系统中语音符号的简繁对外语学习有什么影响？为什么同一个音不同的人听上去会有不同的结果？为什么不同的音有的人分辨不出来？等等；语义方面也可以提出很多问题，比如：同一种语言符号的语义系统古今变化有多大？是怎么变化的？这种变化是成系统的还是孤立的？“快”跟心有关系吗？跟时间有关系吗？“快乐”的“快”是心情，“快车”的“快”是速度，“快刀”的“快”指的是速度还是锋利程度？“王八”跟“乌龟”怎么会有关系？等等；语法上的问题也很多：为什么有的语言有很多语法标记，而有些语言没有？没有语法标记的语言靠什么表达语法关系？不同的语言系统语法范畴的数量是不同的，这说明不同的符号系统使用的规则不同，为什么乔姆斯基认为存在着普遍语法？语法规则是静态的还是变化的？如果是变化的，它们是如何变化的？亲属语言之间在语法系统上有共性比较容易理解，为什么有些没有血缘关系的语言之间在语法系统上也会有共性？等等。提出问题是解决问题的前提，发现好的问题是科学研究的基础。发现问题需要慧眼，而慧眼来自于我们对现象进行敏锐的观察和缜密的分析。

第二节　语言的社会属性

什么是语言的社会属性？把语言作为社会的交际工具来看待，或者说从社会的角度来观察语言符号及其社会功能，我们看到的就是语言的社会属性。语言是在社会中产生的，它也在社会中应用。从这个意义上说，语言是人类社会最重要的交际工具，人们传达信息、交流感情、表达思想都可以以语言为媒介，或者说通常会选择语言作为媒介，因为在正常状态下语言这种交际工具最经济（它储存在人们的心理空间，占用内存很少、不必占用他人的信道）、最方便（想用的时候随时使用，不需要开机、不需要借助其他工具）、最普通（人人都有且人人都会）、最有效（借助这种工具可以表达最精微的思想和感情、歧义最小、容量极大）。我们说语言是人类最重要的交际工具，言外之意就是其他动物不具备这种交际工具，虎啸猿啼、狼嚎狗吠也是一种交际方式，但是与人类语言相比要简单得多，也模糊得多。这其实也是一个悖论：我们不是老虎，怎么知道老虎的语言是什么样子的？这与“子非鱼，安知鱼之乐？”是同一个命题。有人研究动物的语言，但是到目前为止，似乎没有证据证明动物之间的交际所使用的语言在系统性和复杂程度上与人类语言有可比性。

从语言的社会属性这个角度我们可以问一个问题：语言是怎么来的？语言的起源问题与人类的起源问题密切相关，而人类的起源问题已经有很多研究成果对达尔文的生物进化理论提出挑战。自从达尔文创立生物进化论后，多数人相信人类是生物进化的产物，现代人和现代类人猿有着共同的祖先。但人类这一支系是何时、何地从共同祖先这一总干上分离开来的？原始人类又是何时、何地转化为真人的？语言是人类别于类人猿的标志吗？我们的共同祖先来自非洲？来自欧洲？还是来自亚洲？抑或我们根本就没有共同的祖先？不同民族都有自己的创世神话，在这些神话中都没有交代语言是怎么产生的，仿佛语言是人类与生俱来的能力和工具。远古波斯神话说早期人类是玛什耶和玛什耶那的孩子，古巴比伦神话说伊拉和达姆基娜的保护武神马杜克创造了人类，让人类去做天神不愿做的苦力差事，古埃及的神话说天神阿图姆的眼泪落在地面上形成人类，中国盘古开天的神话说女娲用黄土创造了人类，古印度神话说梵天创造了万物，也包括人类，希腊神话说我们都是盖亚（大地女神）与优利纳斯（大地女神的儿子和配偶）的后代，犹太教和基督教的神话说亚当和夏娃被逐出伊甸园成为凡人。这些神话反映了不同的民族对人类来自何处的好奇和想象，在现代人看来这些想象可能很不靠谱，但是应该说这就是我们对人类起源问题的疑问。所有的传说都有它的现实基础和社会心理基础。如果透过现象去追问其本相的话，也许可以发现一些有趣的蛛丝马迹。语言问题的探索也是如此。

应该说语言的起源和人类的起源一样只是个传说，因为有文字记录的历史时间非常短，最长不过三四千年，因此我们无法确切地知道我们的远祖是如何创造语言的。迄今为止所有关于语言起源的解释都不过是一种猜测。有人提出“感叹说”，认为语言起源于表达情感的感叹词；有人提出“劳动喊叫说”，认为语言起源于人们在渔猎活动中互相配合时的喊叫；有人提出“摹声说”，认为语言起源于对自然界原有声音的摹仿；也有人提出“达达说”，认为语言起源于“达达”发声的舌头动作和手势；还有人提出“歌唱说”，认为语言起源于原始仪式中的载歌载舞，不一而足。所有这些假设都无法通过事实来验证，因此语言起源的问题一直是一个谜题，因为这些问题和答案无法证实也无法证伪，国际语言学会在章程中规定，凡入会者一律不得讨论语言起源问题。虽然如此，人们对语言起源问题的好奇心一直没有泯灭。如果按照宗教的解释，语言是上帝创造的，那么这个问题也就没有了探索的余地；如果说语言是人类自己创造的，我们就应该找到一个合理的解释。我国语言学家接受的是马克思主义关于语言起源的理论，提出劳动创造语言的假说。因为人是社会的动物，人们在社会生活和生产劳动中互相配合，尤其是在与恶劣的自然环境和毒虫猛兽的斗争中，需要用声音信号协同作战，于是就出现了语言的雏形。劳动促进了人类直立行走，直立行走又促进了发音器官的发展和大脑的进化，于是语言就在社会活动过程中因应人与人之间合作的需要而产生了。

语言产生于社会，它是人类社会交流信息、表达感情和思想的工具。所以说语言不会是哪一个人创造的，它应该是集体创造的结果。哪个声音代表什么意义是社会全体成员约定俗成的结果，否则它就不会得到社会的认可。比如说某人心血来潮，说“牛”不应该叫作 niú，应该叫作 yáng，他一定会受到社会成员的抵制。因为把“牛”称作 yáng 会带来很大的困扰和麻烦。

人类语言起源各异，但是有一些现象令人惊讶。比如说很多语言中都有 mama 这个音，指的是母亲的乳房或者母亲，很多语言也都有 papa 这个音，指的是父亲。有人解释说因为双唇音 m 和 p 发音最容易，a 这个元音也是最容易发音的，因此婴儿最先学会发音的语音串就是 mamama 或者 papapa，孩子一叫，身边的母亲或者父亲就会应答，于是 mama 和 papa 就成了很多语言中都有的词汇。这个结论其实也只是一个假说，没有得到语言学家田野工作的支持。日语的妈妈和爸爸的称呼就不是 mama 和 papa，而是 okaasang（お母さん）或 haha（はは）和 otoosang（おとうさん）或 chichi（ちち）。我们所知道的语言太有限了，这个问题必须做系统的大规模的田野调查才能得出结论，如果只是拿印欧语系的语言作为观察对象，得出的结论很值得怀疑。

也有人认为语言符号的音义联系有其自然基础和社会基础，比如“猫”之所以称作 māo 是因为猫的叫声是“喵”，“布谷鸟”之所以称作 bùgǔ 是因为这种鸟的叫声类似于“布谷布谷”的声音。但这毕竟只是为数不多的例子，一个社会为一种客观事物命名的时候会考虑到这种客观事物的特点，这就是认知语言学称之为动因的东西。比较不同的语言就会发现，语言符号的音和义的结合是任意的、社会约定俗成的。社会的约定俗成是语言符号社会属性的本质特征。语言符号的声音、意义、符号之间的组合规则都是社会约定俗成的。

语言是在社会中产生的，这一论点得到的支持证据最多。语言作为一个符号系统是会变化的，语言系统的变化总是从某一个个别现象开始，通过类推波及其他成员，最后波及整个系统。这看似是一个自然过程，其实这也是一个社会演变的过程。比如“如厕”这个词有很多委婉表达方式，可以称作“更衣”“宽衣”“解手”“化妆”“洗手”“方便”等，而一旦某个词成为使用频率很高的词汇形式，那么该词的本来意义就会褪色，比如“方便”，某留学生学到的第一个意思就是“上厕所”，他不知道这个词还有本义，因此当老师说“在你方便的时候我来看你”就把这个同学吓坏了。委婉的表达方式反映的是一个社会对某些行为的排斥和回避。一旦某一个词成为某一现象的委婉语，那么整个词汇系统都会受到影响而进行自动调整。比如“小姐”本来是一个尊称，但是当它作为卖淫女的委婉语时，“小姐”作为尊称的地位就会动摇。语言系统中用什么形式来取代这个尊称呢？这对语言使用者来说无疑是一种挑战。有人用“小妹”来代替“小姐”，但是“小妹”本来是个昵称，它不会真正取代“小姐”尊称的地位，于是语言系统中就会出现真空缺位的现象。语言符号的社会属性在这里可以看得很清楚。社会是复杂的，社会是在不断变化的，因此语言系统也变得复杂，而且随着社会的变化而不断变化。

语言是社会成员之间的交际工具，它的意思是说语言不仅仅是一套符号，这套符号的根本功用是人与人之间的交际。这种交际是双向的、互动的。每一个社会群体都有自己的语言，这个社会群体大的可以有几亿人，小的可以只有几百人。一个社会群体内部成员之间能够彼此交流思想、传达信息所依赖的就是他们的共同语。但是如果一个社会群体是一个非常庞大的群体，语言在其内部会产生分化。这种分化也是社会造成的，比如中国社会通行的七大方言，其形成过程与中国历史上社会的分合有很大的关系。英语在英格兰、澳大利亚、新西兰、美国、加拿大、印度等地的变体也与社会群体的分隔有关系。所有活着的语言系统都处在不断变化之中，因为使用它们的社会在不断变化。只有死去的语言因为没有人再使用它们了，它们才会不再变化，它们或者作为标本保存下来，或者湮灭无踪。

第三节　语言的心理属性

语言不仅仅是一种自然现象和社会现象，它也是一种心理现象。语言的心理属性表现在以下几个方面：第一，语言符号从本质上说是一种心理的符号，所有的符号及其规则都存在于我们的心理空间（语言与我们的心智有密切的关系）；第二，语言符号还是我们思维的工具（这是人类大脑机制的一部分），很难想象如果没有语言的参与我们的思维活动如何进行；第三，操不同语言的人思维方式会有所差别，这是因为语言是我们创造的，创造不同语言的人生活环境不同，创造的过程也是一个思维发展的心理过程。而语言系统一旦形成，它也会制约我们的思维，我们的心理活动会循着语言规定的路径前行。我们平时运用语言进行思维的时候并不会意识到语言的存在，因为语言已经成为我们心理实体的一部分。我们在进行思维的时候会得鱼忘筌、得意忘言。“语言是思维的工具”，这是语言学对语言与思维的关系的阐述。这里没有说出来的话就是：思维属于心理范畴，这是不言而喻的。

然而到底什么是思维呢？这是需要我们了解的问题，也是我们理解语言心理属性的前提。思维是思维主体（在这里指的是人的大脑）处理信息及意识的活动，这些活动包括信息的采集、传递、存储、提取、对比、筛选、删除、判别、排列、分类、整合、编码、表达等细节。概括地说，思维是人们“在表象、概念的基础上进行分析、综合、判断、推理等认识活动的过程。思维是人类特有的一种精神活动，是从社会实践中产生的”(《现代汉语词典（第6版）》第1230页，商务印书馆，2012)。在这里我们看到，思维的过程包含分析、综合、判断、推理等认识活动。具体地说，这种认识活动应该包含以下三个阶段：第一个阶段是对事物的感知，心理学家把它叫作知觉，知觉能力是人类的本能，当我们观察一个事物的时候我们会对这个事物的表象有一个直觉的认识，这种认识过程就是知觉；当我们第二次观察同一个事物的时候，我们会对这个事物进行比较，比较的结果形成记忆块，所以思维的第二个过程就是记忆，所有对信息的分析、综合、判断、推理都是以记忆为基础的；思维的第三个阶段叫作记忆的组合，也就是我们所说的整合或信息的运算。当然这些活动都是在人的意识控制下进行的，所以叫作有意识的思维。与此同时，还存在着一种思维的形式，叫作无意识的思维（或者叫潜意识思维）。无意识或潜意识思维的研究属于心理分析或者心灵学的范畴，比如弗洛伊德对梦的解析，还有占卜师对未来的预测。我们说“语言是思维的工具”在这里指的是有意识的思维。至于潜意识思维到底有没有语言参与，我们目前还是不得而知的。在语言学领域有一个广为人知的命题——“语言离不开思维，思维也离不开语言”，从某种意义上说这个命题是正确的。但是如果我们离开一定的条件来讨论这个命题就会显得很荒谬。近年来人们对认知科学的研究、对心灵学的研究得到一些证据，语言和思维不是一个一体两面的实体。有没有不依赖语言而独立存在的思维？如果我们把思维分成不同的层次的话，我们就会发现，在心灵的层次，我们的思维过程是独立于语言之外的，这就是那种“欲辨忘言”“言不尽意”和所谓“超语言”的体验。当然，关于思维的研究还处在初级阶段，很多问题还都只有假说，缺乏实证性证据。比如说思维的过程到底包含哪些阶段、每一个阶段的特征是什么、哪一个阶段一定有语言参与其中、哪个阶段不需要语言参与等，都还不是很清楚。我们说“语言是思维的工具”，意思是说思维是以语言为媒介物的。

逻辑思维的过程就是信息加工和提取的过程，也就是感知和推理的过程，这个过程包含心理表征的加工、存储、分析和计算，可以说这个过程是以语言为媒介的。语言的表达和理解过程称作编码和解码的过程，从思想到语言和从语言到思想其实都是一个心理活动的过程。假如我们不在哲学的层面上讨论问题，那么语言和思维的关系十分清楚。但是如果涉及思维的心灵学层面，问题就不那么简单了。好在我们只是在讨论语言的问题，与语言无关的问题就让别人去探讨好了。

语言的心理属性可以在语言的各个层面找到例证。在语言交际过程中，由于心理状态不同而产生的误会比比皆是。例如语音层面的误会：

> 两个重庆人奥运期间到北京观光旅游，由于对北京的地理环境不熟悉，就在公交车上打开地图研究：
>
> 甲说：“我们先杀到天安门，然后再杀到毛主席纪念馆，最后杀到中南海……”
>
> 乙说：“要得嘛，我们就按到你说的路线一路杀过切。”
>
> 不幸被同车群众举报，下车后即被扭送至公安机关，被审问了若干小时后才被放出。甲乙两人来到了天安门广场，看着人来人往，两人一时无语……
>
> 甲（忍不住）说：“你浪个不开腔喃？”
>
> 乙说：“你都不开腔我浪个敢开喃？”
>
> 话音刚落，又被广场执勤的武警按倒在地。

“开腔”与“开枪”同音，武警战士对“开枪”的敏感度非常高，因此造成误会。这当然只是个笑话。下面的笑话是因结构层次切分不同造成的误会。

> 护士小姐看到患肝病的男病人在病房喝酒，就走过去小声叮嘱说：“小心肝！”病人脸一红，微笑着回应道：“小宝贝。”

“小心＋肝”被误解成了“小＋心肝”，肝病病人不能饮酒，因为酒精对肝脏的伤害很大，护士小姐看到病人喝酒一定会尽到提醒的义务，但是病人没有正确理解或者故意曲解，造成不同寻常的交际效果。人在不同心理状态下对语言的敏感程度是不同的，就好比秃头的忌讳说“亮”“光”等词，眼盲的忌讳说“瞎”。长篇章回小说《三国演义》第 4 回描写曹操错杀吕伯奢全家的经过就是一个很好的例子：

操与宫坐久，忽闻庄后有磨刀之声。操曰：“吕伯奢非吾至亲，此去可疑，当窃听之。”二人潜步入草堂后，但闻人语曰：“缚而杀之，何如？”操曰：“是矣！今若不先下手，必遭擒获。”遂与宫拔剑直入，不问男女，皆杀之，一连杀死八口。搜至厨下，却见缚一猪欲杀。宫曰：“孟德心多，误杀好人矣！”急出庄上马而行。

曹孟德正在逃避追杀，正如惊弓之鸟，听到“杀”字马上警惕。这个误会是个很经典的例子，作者这样描写相当合情合理。由此引出曹操“宁教我负天下人，休教天下人负我”的论调。

我们对语言符号心理属性的认识随着认知语言学的研究而不断深化。任何一个语言符号都不是孤立存在的，它在某一语言系统中占有特定的位置，它又与系统中的其他符号构成一个聚合，聚合中的符号彼此具有共同属性。而这些属性之间的联系是一个范畴化的过程。例如“牛”这样一个语言符号，因共同的属性特征与其他一些语言符号聚合在一起：

图 1–3

“牛”与“马”“羊”“骆驼”等语言符号形成一个集合，而这个集合又可以与其他语言符号形成一个更大的聚合体：

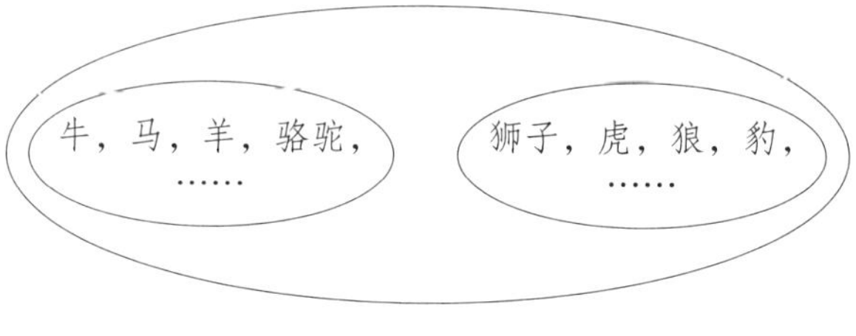

图 1–4

第一个聚合都是“食草动物”，第二个聚合都是“食肉动物”，它们构成一个更大的聚合体。而这个更大的聚合体还可以与其他的聚合体构成更大的聚合体。这样，语言系统中的名词最终形成一个巨大的聚合体。动词也一样会形成一个巨大的聚合体。

第四节　语言与文字

语言是一套符号，但是这套符号看不见摸不着，不能直接观察。交际的时候只能把它们转化成语音符号或者文字符号。语音可以通过空气或者电波传递给听话人，听话人通过听觉系统接收并送给大脑进行解码，文字可以跨时空传递给交际的对方，接收者通过视觉系统接收信号并把它们送给大脑进行解码。所以有人说语言可以是听说的，也可以是写读的。写读的语言其实不是语言而是文字。那么为什么很多人会把文字当作语言呢？那是因为文字也是一套符号系统，而且是记录语言的符号系统，语言和文字有密不可分的关系。虽然文字是记录语言的符号系统，但是我们必须清楚地知道语言才是本体，文字是在语言产生之后由于交际的需要而创造出来的。语言是第一性的，文字是第二性的，先有语言后有文字。现在世界上的很多语言仍然没有文字。我们之所以会把语言和文字画等号是因为我们的教育总是以文字为媒介的，所以中国人上学受教育就叫作读书识字。在中国人的观念里，语言是很平常的，人人会用，所以我们几千年来都没有语言学这门学问，而文字是很神圣的，使用文字是读书人的专利，在中国人看来，“万般皆下品，唯有读书高”。我们有仓颉造字的传说，赋予了文字神秘的色彩，对文字敬畏有加，以前经常能看到“敬惜字纸”的提示。

图 1–5

《周易·系辞 下》中提到：“上古结绳而治，后世圣人易之以书契。”意思是在文字产生之前，先民们靠结绳记事，后来才有圣人出来创造了文字。仓颉造字只是一个传说，是一个被神化了的传说。（参见图 1–5）《说文解字·叙》说：“黄帝之史仓颉，见鸟兽蹏迒之迹，知分理之可相别异也，初造书契。”仓颉是黄帝的史官，是他把流传于先民中的文字雏形加以搜集、整理和使用，在汉字系统创造的过程中起了重要作用。《荀子·解蔽》中说：“故好书者众矣，而仓颉独传者，壹也。”文字系统的出现取代了先民的结绳记事，使语言交际的功效大大提高，在历史上这被认为是一件非常了不起的事。《淮南子·本经训》载“昔者仓颉作书，而天雨粟，鬼夜哭”，仓颉和文字都被神化了。鲁迅先生说：“但在社会里，仓颉也不止一个，有的在刀柄上刻一点图，有的在门户上画一些画，心心相印，口口相传，文字就多起来，史官一采集，便可以敷衍记事了。中国文字的由来，恐怕也逃不出这例子的。”(《门外文谈》)

那么文字到底是怎么产生的呢？根据语言学家的研究，文字来源于图画。5000多年以前，古埃及人开始创造并使用象形文字，这种象形文字后来被欧洲人称作 Hiéroglyphe，这是希腊语“神圣”与“铭刻”组成的复合词，即“神的铭刻”，因为古埃及的文字是刻在石头上的。古埃及人认为他们的文字是月神、计算与学问之神图特（Thoth）造的，和中国人“仓颉造字”的传说很相似。古埃及的象形文字保留在埃及的草纸画上、神庙的墙壁上和柱子上，以及法老墓中。这些象形文字多取动物的形象，其中用圈圈起来的部分是法老的名字。这些文字常常与图画配在一起表达一定的意义。埃及象形文字的图画特征还十分明显，至于这些象形字的解读，长期以来一直是文字学家和考古学家所关心的。埃及卢克索附近尼罗河西岸的帝王谷是古代埃及许多法老们的长眠之所，其中的图特卡蒙墓镌刻着著名的法老的咒语，这些咒语就是用象形文字刻出来的。图1–6就是古埃及象形文字的壁画，图1–7是埃及象形文字与字母文字的对照表：

图1–6

图1–7

世界上现存的古老文字为古埃及人的埃及文字（约 6000 年以前）、苏美尔人和古巴比伦人的楔形文字（约 5000 年以前）、中国的甲骨文（约 4500 年以前）、玛雅人使用的玛雅文（约 3500 年以前）和腓尼基人发明的字母文字（约 3000 年以前）。现在仍在使用的古老象形文字是中国纳西族的东巴文。图 1–8 是刻有楔形文字的泥板，图 1–9 是刻有东巴文的木板。

图 1–8

图 1–9

流行的文字包括汉字这样的字符型文字（包括象形、指事、会意、假借等），也包括像拉丁字母、斯拉夫字母这样的字母型文字。最早的汉字是刻在龟甲和兽骨上的，所以叫作甲骨文（见图 1–10）。甲骨文是中国现已发现的古代文字中时代最早、体系最为完整的文字。它们是 19 世纪末年在殷代都城殷墟遗址（今河南安阳市小屯村）发现的，是中国商代后期（前 14~前 11 世纪）王室用于占卜记事而刻（或写）在龟甲和兽骨上的文字，它们是最早的王室档案。目前发现的甲骨约 10 万多片，汉字字形 4500 多个，有 2500 多个已经识别出来。象形文字可以说明文字起源于图画，是我们的先民对客观事物的描摹。

图 1-10

字母文字出现得比较晚，最早的字母文字是迦南字母，但是这种字母是非常原始的，后来腓尼基人在迦南字母的基础上创造了腓尼基字母（迄今约 3000 年），腓尼基字母演化为后来的希伯来字母文字、希腊字母文字、阿拉伯字母文字和拉丁字母文字。字母文字的发明是一件非常了不起的事情，它大大提高了文字使用的效率。试想，学习汉字需要一个一个地记忆，而学习字母文字则简单多了，因为字母的数量十分有限，学会了字母和拼写规则就可以认读和书写了。字母型文字还可以区分为音素型字母文字和音节型字母文字，现代的英文、德文、意大利文、俄文等都是音素型字母文字，日语的假名属于音节型字母文字。音素型字母文字需要拼写，所以又叫作拼音文字。

哪一种语言选择什么类型的文字是跟语言内在的结构有关系的。以汉语为例，之所以选择汉字这样的书写符号作为它的文字系统，这是跟汉语的特点密不可分的。汉语是一种很典型的孤立语，缺少词形变化和形态特征，印欧语中的时、体、态、性、数、格这样的语法范畴在汉语中很少见。所以汉语一个音节可以用一个汉字来记录。当然这也有问题，汉语的音节有声调的变化，在现代汉语的某些方言里有的音节只有两个声调，比如说汉语西北方言（属于北方官话的变体，由于受西北少数民族语言的影响，音节的声调特征不是很明显），而在另一些方言里一个音节可以有九个声调，比如说广西博白方言。现代汉语普通话的音节的数量是有限的，如果一个音节只有一个声调会有什么结果呢？会有大量的同音字。声调的产生可以避免这种结果。尽管如此，汉语中还是存在着大量的同音字。怎么办呢？只有创造新的汉字来指代不同的词语。十九世纪末，中国的一些知识分子看到了汉字难学的特点，提出“国语罗马化”的方向，其实质不是要提倡把汉语变成拉丁语族中的某一种语言，而是要把汉字拼音化，用拼音文字来取代汉字。其中最极端的口号就是“汉字不亡，中国必亡”，今天看来这种看法过于偏颇，汉字没有亡，国家也没有亡，不但没有亡，汉字还随着中国的崛起走向全球。现在很多人已经认识到使用汉字作为记录汉语的符号是很有道理的：其一，汉语方言众多，方言之间的差别非常之大，如果采用拼音文字，不同方言区的人是没法进行交际的，因为有了汉字，广东人、上海人、江西人、福建人都可以进行书面交际，尽管他们之间谁也听不懂谁的话；其二，中国历史悠久，文化典籍浩如烟海，他们是中华文化的宝贵财富，如果我们采用拼音文字而废弃汉字，可以想象我们的后代再也读不懂古书了，再也不能和我们的先贤孔子、孟子、庄子、老子、韩非子、孙子进行“面对面”地交流了，那将是无法估量的损失。

当然，用什么样的文字系统来记录语言是可以选择的。例如越南语，最早曾经借用汉字作为记录语言的符号，后来又改为斯拉夫字母，现在使用的是拉丁字母。又如蒙古语，中国的内蒙古使用的是传统的蒙文，蒙古国使用的是斯拉夫字母。一种语言选择什么样的文字系统有语言本身的原因，也有社会原因。日语原来只有汉字，后来为了记录日语的词形变化，也为了记录日语的一些固有词汇，日本人创造了假名文字。朝鲜语本来用汉字作为书写符号，1443 年，朝鲜世宗大王召集了集贤殿郑麟趾等学士，根据朝鲜语的音韵结构及中国音韵学创制了专门记录朝鲜语的文字“谚文”，这种文字共有 28 个字母，颁布的时候称之为“训民正音”。关于颁布这种文字的动机，《训民正音》上说得很清楚：“国之语音，异乎中国，与文字不相流通，故愚民。有所欲言，而终不得伸其情者多矣，予为此悯然。新制二十八字，欲使人人易习，便于日用耳。”（参见图 1–11）。现在无论在朝鲜还是在韩国，汉字基本上已经绝迹，只有在一些古迹和旧城区的牌匾上还能见到汉字。用什么样的文字作为记录语言的符号可以有不同的选择。

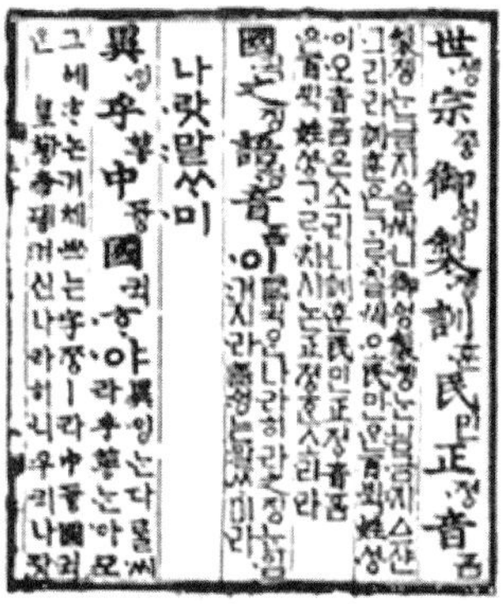
世宗御製訓民正音

图 1–11

文字的产生使语言能够传诸异地，留诸异时，它打破了语言的时空限制。但是文字系统一旦形成，它对语言的发展也会产生制约作用。首先，文字可以促进语言的统一。在文字出现之前，语言处在自由发展时期，由于地域和环境的限制，人们的交往空间很有限，各地方言差别很大。文字的出现使人们的交往空间大大拓展了，因此方言之间的隔膜渐渐被打破，人们开始在更大的范围内利用书面形式进行语言交际，这就促进了方言的融合和语言的统一。民族共同语的形成也有文字的功劳，试想如果没有汉字作为汉语的书写系统，汉语可能分裂为若干种不同的语言，彼此之间无法沟通交流。第二，文字可以帮助我们了解语言的历史面貌。语言的变化比文字要快，因此文字往往会保留语言的旧貌。例如英语的 light 一词，-gh- 在现代英语中是不发音的，但是在书写规范中必须保留。又如英语的 psychology 一词，词首的 p- 在现代英语里也是不发音的。又如汉语的“蓬”“捧”“漨”（p-）都是以“奉”（f-）为声符的，我们由此知道“奉”在古代应该与“蓬”“捧”“漨”声母相同。同理，“番”（f-）与“播”“皤”（b-），“凡”（f-）与“芃”“梵”（p-）在古代汉语中也是同声母的。第三，文字可以帮助我们了解先民对客观世界的认知过程。汉字对于我们研究中国人的认知过程有非常大的帮助，因为汉字的义符与造字者对客观事物的认识是有关系的。“钅”“木”“氵”“火”“土”“艸”“扌”“忄”“鱼”“虫”“犭”等偏旁往往代表了先民对事物的分类。他们认为“鲸”是鱼类，“鸵”是鸟类，“猫”是兽类，“快”是心理感受类等，不一而足。第四，文字促成了口语和书面语的分化。有文字的语言口语和书面语的分别都是很明显的，这不仅仅是语体的区别，极端的时候书面语有可能是听不懂的。在科举考试时代，八股文都是用文言写的，它们与口语已经相差很远了。今天如果我们去听一段八股文，没有受过文言文训练的人肯定会不知所云。在现代汉语方言中，很多字都有文白异读现象，文读音就是书面读音，有的地方叫作“读书音”，白读音就是当地口语读音，它记录的是当时当地的真正读音。

第五节 语言与方言

《圣经·旧约·创世记》第十一章中提到，大洪水之后，当时人们说同一种语言，他们同心合力联合起来兴建通往天堂的高塔，这就是传说中的巴别塔（见图 1–12）；为了阻止人类的计划，上帝变乱了人们的口音，让人类说不同的语言，使人类相互之间不能沟通，计划因此失败，于是人类从此便操着不同的语言或者方言。当然这只是个宗教故事，试图解释为什么人类的语言分歧如此之大。如果把世界上的一切现象都归结为神的意志那是最简单不过的了。如果我们试图给世界上一些纷繁复杂的事物一个合乎理性的解释，神话传说和宗教故事显然是不够的。

图 1–12

这个世界上到底有多少种语言？这些语言是同一种语言分化出来的吗？抑或是各有各的来源？语言的发展变化是从分化走向统一还是从统一走向分化？抑或是有分有合？还是如天下大势一样合久必分分久必合？语言的分合与社会的分合、民族的迁徙有什么关系？

先来看看第一个问题，这个世界上到底有多少种语言。这其实是一个无法精确回答的问题，原因之一是迄今为止还没有人有能力对世界上所有的语言进行调查、定性，语言学家的推测是 5000~6000 种；原因之二是划分语言与语言之间的界限有的时候不是很容易，比如说我们都知道荷兰语与低地德语的关系非常密切，佛莱芒语与荷兰语基本上就是同一种语言，西班牙语和葡萄牙语的关系十分密切，说葡萄牙语的人听得懂西班牙语，土耳其语与阿塞拜疆语也可以交流，但是由于历史、国家、社会、民族等因素，它们被划分为不同的语言。我们所说的西班牙语在西班牙叫作卡斯蒂利亚语（Castellano），它其实是西班牙的一个方言，因为通行范围广，被西班牙和拉丁美洲许多国家（除巴西和海地外）确立为官方语言，在西班牙还有其他几大方言，如加利西亚语、巴斯克语、加斯科尼语、加泰罗尼亚语，它们通行于西班牙不同的地区。卡斯蒂利亚语是从拉丁语分化出来的，但是在历史上了受到了阿拉伯语和罗曼语族的影响。在西班牙，加泰罗尼亚人不愿意称自己的方言是西班牙语，因为通常意义上的西班牙语指的是卡斯蒂利亚方言。这就如同在意大利一样，方言众多，今天的意大利语是在托斯卡纳方言的基础上发展起来的，成为通用的意大利语，在意大利，除了托斯卡纳方言以外还有西西里方言、罗马方言、翁布里亚方言、博隆尼亚方言、马奇方言等，意大利的文艺复兴使托斯卡纳地区（尤其是佛罗伦萨城）成为欧洲文化的中心，但丁和薄伽丘的作品都是用托斯卡纳方言写作的，于是托斯卡纳方言（以佛罗伦萨语音为标准音）在14世纪以后逐渐成为意大利语的标准语。我们在统计语言数量的时候首先要区分语言和方言，而语言与方言的划分常常揉进许多社会历史和民族宗教等因素，因而变得十分困难。原因之三是语言处在不断变化之中，有的语言消失了，有的语言分化成不同的语言了，有的语言融合成同一种语言了，这些都是一个动态过程，尤其是那些非通用语种，我们基本上没有可以采信的资料。

我们再来看第二个问题，世界上如此众多的语言是不是从同一个语言分化出来的？假如世界上的语言都是从一个共同的祖语发展出来的，那么它们彼此之间一定应该有基因上的共同特征。19世纪在欧洲发展起来的历史语言学试图通过历史比较法寻找语言间彼此的关系，他们也的确发现了古代印度、伊朗、希腊的一些语言与欧洲语言之间的基因联系。他们主要的方法是比较不同语言之间的音韵系统和基本词汇，从而判断它们是否有亲属关系。利用这种方法，语言学家确认了世界上一些语言彼此之间的亲属关系，并据此整理出一些语言发展变化的谱系图（谱系树）。谱系树的理论显然是借鉴了生物进化论的观点，他们把语言看作是一个能够不断进化的生物体，现在我们使用的语言都来自于一个共同的祖先。19 世纪欧洲的一些语言学家根据古代梵语、古代希腊语、拉丁语、古斯拉夫语、古代日耳曼语的关系构拟出原始印欧语。现代的印欧语系诸语言都是原始印欧语的这棵大树上的枝枝叶叶。这些枝叶来自于同一个根脉，它们彼此之间有基因上的联系，语言学家认为它们彼此是亲属语言。亲属关系的远近根据彼此之间的“血缘关系”来确定，这个血缘关系由彼此之间的共性多少来确定。例如西班牙语、葡萄牙语、意大利语、罗马尼亚语和法语彼此之间共性很多，它们是近亲，都来自拉丁语这个大家族；而西班牙语跟俄语、波兰语、塞尔维亚–克罗地亚语相对要远一些，它们是远亲，俄语、波兰语、塞尔维亚–克罗地亚语来自斯拉夫语这个大家族。（参见图 1–13）谱系树与家族谱系具有相似性。

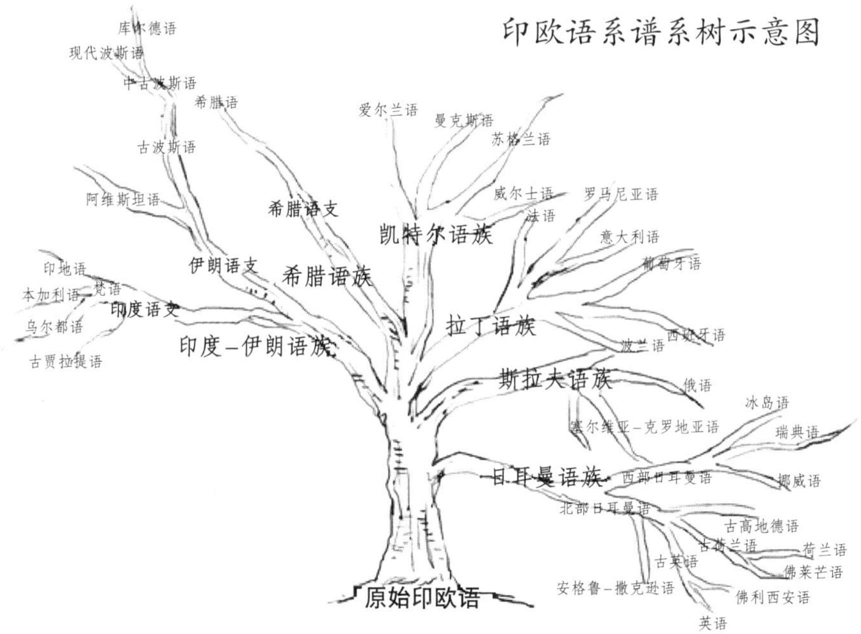

图 1–13

根据汉藏语语言学家的研究，汉语、藏语、苗语、瑶语、缅语、壮语、侗语也属于一个大家族，语言学界称之为汉藏语系。我们也可以按照历史比较语言学的方法画出汉藏语系的谱系树。（参见图 1–14）

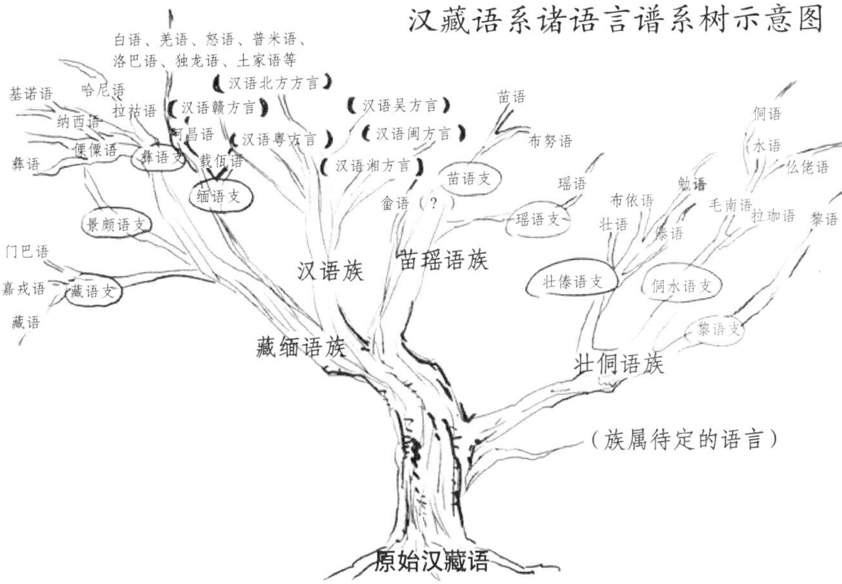

图 1–14

通过比较印欧语系诸语言我们知道了它们彼此之间有基因上的联系，比较汉藏语系诸语言我们也知道它们之间有基因上的联系，但是如果拿印欧语系的语言跟汉藏语系的语言比较，就会发现找不到任何能够证明它们彼此之间有亲属关系的证据。换句话说，印欧语系的语言与汉藏语系的语言并非来自同一个远祖。随着人们对世界上的语言有了更多的了解，我们发现很多语言都是独立发展的。也就是说，这个世界上的很多语言没有亲属关系，它们是在各自独立的情况下产生并发展的，各有各的来源。

第三个问题是世界上的语言是走向统一还是走向分化？语言的发展变化有两个动因：一个是语言内部的动因，任何一种语言系统都处于不断变化之中，这是系统内在的动力决定的。另一个是语言外部的动因，包括社会的变化和语言的接触都会引起语言的变化。语言的接触会带来不同语言之间的相互影响，如词汇的借用、语法规则的替换、语言的融合，或者一种语言被另一种语言取代。例如汉语与日语接触，日语从汉语中借用了大量的词语，汉语又从日语中借用了大量的词语，然而两种语言各自保持了语法上的独立，尽管你中有我，我中有你，但是并没有造成语言的融合或者统一；汉语与满语的接触，结果是汉语吸收了一些满语成分，然后逐步取代了满语，使得满语濒临消亡。语言的统一和分化是两个方向完全不同的过程，但是它们在不同的情况下都有可能发生。社会的统一往往会带来语言的统一，例如西班牙的卡斯蒂利亚方言在西班牙本土和拉丁美洲、北美取得了优势地位，西班牙的其他几大方言通行范围受到局限，卡斯蒂利亚语成了西班牙通用语言；又如在印度有很多语言，据不完全统计，印度共有 400 多种语言，如果再考虑到方言的差异，印度共有 1650 多种语言和方言。可以想象在这样一个语言状况纷繁复杂的国度里，语言接触是不可避免的。印度规定的官方语言是印地语和英语，此外宪法还规定了各个邦使用的 18 种官方语言。所以印度人同时操几种语言的人很多，但是英语和印地语处于优势地位，这是因为乌尔都语、阿萨姆语、孟加拉语、博多语、古吉拉特语、曼尼普语、卡纳达语、信德语、泰米尔语等语言流通范围受到局限，如果在新德里、孟买、加尔各答、班加罗尔这样的大城市，来自不同地域的人们彼此交际往往会选择英语或者印地语，久而久之，一些通行范围比较局限的语言就会慢慢退出交际。社会的分裂会带来语言的分化，例如朝鲜和韩国，本来使用的语言是一样的，由于国家的分裂，韩国语和朝鲜语已经有了一些差异。语言的变化路径不是单向的，有可能有曲折。比如随着中国大陆和台湾两岸人民之间经济、文化、旅游、教育、通婚等交往范围的不断扩大，两岸在语言方面的互相影响并逐渐趋同的局面正在形成。

汉语是世界上使用人数最多的语言，由于中国历史悠久，地域广大，封建王朝持续了两千多年，改朝换代、战争、自然灾害等因素造成了人口的迁移、民族的融合、社会结构的变化等，这些都对汉语的发展产生了影响。汉语方言分歧很大，这些方言没有变成各自独立的语言，那是因为我们有一套独特的书写符号——汉字，使得不同方言区的人可以凭借汉字进行书面交际；另外一个原因是中国历史上虽然有过战国时期、三国分治时期、两晋南北朝时期、五代十国时期，但是分裂的时间都比较短，统一是大势。汉语的北方方言在发展中处于优势地位，因此北方方言（又称“北方官话”）成了普通话的基础方言，它的通行地域涵盖了东北地区、华北地区、西北地区、西南地区和江淮地区，中国能够使用普通话的人口比例超过 53%。吴方言主要通行于古代吴国和越国地区，也就是今天的苏州、上海、浙江大部分地区。闽方言主要通行于福建和台湾，还有海南岛的部分地区，其中闽南话居优势地位，闽东话（如福州）、闽北话（如建瓯、建阳）与闽南话之间不能通话。赣方言主要通行于江西大部分地区，湘方言主要通行于湖南大部分地区，粤方言主要通行于广东、广西、港、澳、海南部分地区。客家方言主要通行于福建、江西、湖南、广东、贵州、四川等地，其内部差异比较大。闽南话、闽东话和客家话在东南亚一些国家也很流行。

语言或者方言的变化往往与人口的迁徙有很大关系。埃及现在的官方语言是阿拉伯语，现代阿拉伯语是闪米特–含米特语系的语言，而我们对古代埃及的语言知之甚少。古埃及人到哪里去了？有人说今天的叙利亚人就是古埃及人的后裔，这当然只是一种猜测，有待考证。由于民族的迁徙，语言会经历一些意想不到的变化。中国境内的锡伯人，曾经是大兴安岭东麓的游牧民族，与历史上的鲜卑族有渊源关系，16 世纪被编入蒙古八旗，从此改变了原来的生活形态，18 世纪中叶他们主要生活在松嫩平原和呼伦贝尔草原，与蒙古族、满族、达斡尔族有密切的关系。18 世纪中叶清政府为巩固西北边防，将部分锡伯族迁往新疆伊犁河谷屯田，现在这些锡伯人主要生活在新疆伊犁哈萨克自治州察布查尔锡伯自治县和霍城、巩留等县。迁往新疆的锡伯人还保留着自己的民族语言锡伯语，而留在松嫩平原和辽河流域的锡伯人大都不再使用锡伯语，他们与满族一样只会说汉语了。锡伯语属于阿尔泰语系满–通古斯语族的语言，与满语很接近。生活在新疆伊犁河谷的锡伯人由于民族大迁徙，反而能够保留自己的语言，与此同时，锡伯语也受到哈萨克语、维吾尔语和汉语的影响。汉语客家方言的形成也与人口迁徙有关。为了躲避战乱，魏晋南北朝时期的中原士族开始南迁，沿途经过安徽、江西、福建、广东，与当地方言或者少数民族语言接触之后形成不同地域的客家话。历史上的中原人民经历几次大的迁徙，他们就是客家人的源头，也是客家方言的源头。清康熙年间湖广填四川，一些客家人又移民到了四川，因此在今天四川的凉水井通行的“土广东话”实际上也是客家方言。由于移民的时间层次不同，移民的路线和目的地不同，因此客家方言实际上有不同的方言片，彼此之间差别很大。

第六节　语言与民族

民族是什么？民族是怎么形成的？民族和语言的关系是什么样子的？世界上有多少个民族？民族的融合与语言的融合是同步的吗？

《现代汉语词典（第6版）》对民族的定义有两个：第一个是指历史上形成的、处于不同社会发展阶段的各种人的共同体；第二个是特指具有共同语言、共同地域、共同经济生活，以及表现于共同文化上的共同心理素质的人的共同体。前者如“中华民族”，后者如“汉族”。其中“共同语言”是民族的重要标志之一。实际上民族的问题并非这么简单，它不完全是族群的概念，也不完全是血胤的概念。英语中与“民族”一词对应的词有 people、nation、nationality、race、ethnic group 等，它们各有不同的含义。首先，民族是在历史上形成的；第二，大多数民族有自己的共同语言，但不是所有的民族都有共同语言，共同语言不是判别民族的必要条件；第三，一个民族通常会有共同的经济生活，这对于民族聚居地区来说也许是对的，但是对于散居各地的民族来说未必尽然；第四，共同的文化传统和共同的心理素质的确是一个民族对内具有同一性、对外具有排他性的特征。

民族和语言并不是一一对应的。目前世界上被认定的民族有2000多个，而全球被认定的语言有5000~6000种。这说明有的民族可能操不同的语言。中国境内有56个民族，但是并不是像歌词中写的那样，56个民族有56种语言。语言与民族的关系是错综复杂的。比如说中国境内的满族基本上已经不说满语了，中国境内的回族也没有统一的语言，他们可能说汉语、哈萨克语、维吾尔语，这要看他们生活在什么地方，瑶族内部分别使用勉语、布努语、拉珈语，苗族使用苗语，但是苗语的三大方言彼此不能通话，还有一部分苗族使用勉语。由中国社会科学院民族学与人类学研究所孙宏开、胡增益、黄行主编的《中国的语言》一书，集中了国内语言学界90多位专家的共同研究，他们认定中国境内的语言一共有129种。书中收入了中国境内现有的五大语系的129种语言，并对每一种语言的使用状况、分布情况做了介绍，其中汉藏语系的语言76种、阿尔泰语系的语言21种、南岛语系的语言16种、南亚语系的语言9种、印欧语系的语言1种、语系混合或者系属不明的语言6种。比较特别的例子如吉卜赛人，已经没有自己的民族语言，他们在不同的地方过着“流浪”生活，说当地的语言。他们在不同的地域也有不同的名称，英国人称他们为吉卜赛人，法国人称他们为波希米亚人，西班牙人称他们为弗拉明戈人，俄罗斯人称他们为茨冈人，阿尔巴尼亚人称他们为埃弗吉特人，希腊人称他们为阿金加诺人，伊朗人称他们为罗里人，斯里兰卡人称他们为艾昆塔卡人，而吉卜赛人则自称为罗姆（Rom）人。

语言的鉴别和民族的鉴别使用的参数是不一样的，所以语言与民族的关系并不是很单纯的一一对应的关系。有一些语言可以作为不同民族的共同语使用，例如阿拉伯语主要通行于中东和北非地区，为下列二十二国的官方语言：沙特阿拉伯、也门、阿联酋、阿曼、科威特、巴林、卡塔尔、伊拉克、叙利亚、约旦、黎巴嫩、巴勒斯坦、埃及、苏丹、利比亚、突尼斯、索马里、吉布提、毛里塔尼亚、科摩罗、阿尔及利亚和摩洛哥。以阿拉伯语作为母语的人数超过二亿一千万人。如果要仔细追溯这些以阿拉伯语为母语的人的族属，你就会发现他们的来源不一，内部差异非常之大。

民族是一个社会和历史概念，民族的形成和分化是一个历史过程。许多民族都有过大迁徙的经历，在迁徙的过程中，语言也会随着环境的改变而发生变化，有的民族语言与其他民族语言接触而发生了变化，甚至融合，有的民族甚至放弃了本民族的语言。中国南方的浙江、福建、广东、广西、湖南等地古称百越，在历史上那里曾经生活着不同的民族，他们有不同的部落图腾，现在很多民族已经迁徙、融合或者消亡，他们的语言也随之消亡了，只有一些词汇底层作为遗迹保存下来。古代百越民族的语言也没有文字资料存世，只有只鳞片羽用汉字记录的资料，但是我们已经无法翻译。越人作越歌（汉·刘向《说苑》，卷十一《善说篇》），用汉字记录下来，我们很难读懂了。这是2000多年前一位越人船夫唱给他爱慕的人——楚国王子子皙的歌：

滥兮抃草滥，
予昌枑泽予昌州，
州（𩜱）州焉乎秦胥胥，
缦予乎昭澶秦逾，
渗惿随河湖。

语言与民族的关系问题是一个很有趣的问题，这个问题不仅仅属于语言学范畴，更多地属于人类学范畴和民族学范畴。现代科学判断民族族属的主要依据是血缘和基因。语言是可以变的，而基因遗传性极强。民族的称谓是可以改变的，民族的成分也是可以改变的，民族的语言当然也可以改变。以鲜卑族为例：鲜卑人本为北方游牧民族，鲜卑语属于阿尔泰语系的语言，他们后来融入汉民族，改汉姓，说汉语，今天鲜卑人作为民族已经不存在了。鲜卑本来是一个十分古老的民族，商代属于东胡人的一个分支，西周时为东夷之一，生活在大兴安岭一带。秦汉之际，匈奴人灭东胡，鲜卑人归附匈奴。汉武帝时期，鲜卑一部拓跋氏迁往大泽（呼伦贝尔）。两晋南北朝时期，内迁的鲜卑慕容氏曾建立前燕、后燕、西燕、南燕；乞伏氏曾建立西秦；秃发氏曾建立南凉；拓跋氏先建代国，公元376年，前秦苻坚攻代，代灭。淝水之战后，前秦统治瓦解。公元386年，鲜卑拓跋珪恢复代政权，后改国号为魏，史称北魏，北魏统一了北部中国。北魏孝文帝拓跋宏（467~499）受中原文化影响，迁都洛阳，改汉姓，禁胡服，禁胡语，与汉族高门通婚。公元495年，孝文帝下诏令，规定“不得以北俗之语，言于朝廷，若有违者，免所居官”。孝文帝开启了完全汉化的过程。鲜卑语渐渐地退出历史舞台，鲜卑民族也渐渐地融入中华民族大家庭。

语言与民族的关系是一种动态的关系，这种关系在一个历史横断面上往往看不清楚，应该放到历史的维度上去看才比较清楚。民族的演变往往伴随着语言的变化，这是我们必须知道的。

第七节　语言与文化

语言和文化的关系十分密切，已经有很多学者对此做过深入的研究。语言是文化的载体，我们可以从语言出发去探究文化，也可以从文化出发来探究语言。前辈语言学家罗常培先生在西南联大时期就做过这方面的研究，后来出版《语言与文化》[1]一书。罗常培先生从词语的语源和变迁来看过去文化的遗迹，从造词心理来看民族的文化程度，从借字现象来看文化接触，从地名遗存来看民族迁徙踪迹，从姓氏和别号来看民族来源和宗教信仰，从亲属称谓来看婚姻制度，开了语

1　罗常培《语言与文化》1950年由北京大学出版社出版，1989年语文出版社整理重印，2009年北京大学出版社出版注释本。

言和文化研究的先河。《语言与文化》一书不是鸿篇巨制，但是其容量是很大的，直至今日仍有参考价值。

文化是什么？学者们关于文化的定义五花八门，我们在这里把文化界定为人类在社会历史发展过程中所创造的物质财富和精神财富的总和，物质财富如建筑、器物、工具、饮食、服饰等，精神财富如哲学思想、典章制度、伦理道德、价值观念、风俗习惯、文学艺术、教育科学等。人类创造的物质财富和精神财富十分丰富，因此文化的概念也十分宽泛。物质层面的文化财富姑且存而不论，精神层面的文化财富大多与语言有密不可分的关系。哲学思想要用语言来表达，典章制度要用语言来记录，伦理道德要用语言来说明，价值观念要用语言来阐释，风俗习惯有时直接在语言中表现出来，文学艺术一大部分是语言的艺术，教育科学更是离不开语言。如此说来，要想研究语言和文化的关系可以说无从下手。因为文化无所不在，语言也无所不在。我们在学习语言的时候实际上也在学习文化，我们在教授语言的时候实际上也在教授文化。在第二语言教学领域，教师和学生遇到的最大障碍是文化冲突问题。因此我们的切入点应该放在跨文化交际中的语言和文化问题上。语言不仅是文化的载体，它还是文化的镜子，语言中折射出来的文化现象有时是“习焉不察”的，从外面观察反而看得更清楚。例如汉语中有大量的熟语，成语、惯用语、俗语、谚语、歇后语等，其中蕴含着大量的文化信息（崔希亮，1997/2005）。汉语的很多熟语包含着价值观念、道德评判、风俗习惯、文化取向、世道人心等内容，而这些内容往往是汉语文化语境所特有的，其他文化背景的人不容易理解。例如：

宁为鸡头，不为凤尾
宁为玉碎，不为瓦全
男儿流血不流泪
好男儿志在四方
好男不和女斗
好汉做事好汉当
好汉不吃眼前亏
好马不吃回头草
兔子不吃窝边草
远亲不如近邻
头伏萝卜二伏菜，过了三伏种荞麦

“宁为……不为……”是一个选择句式，这个句式反映了中国人的价值取舍。“男儿流血不流泪”及“好男”“好汉”等反映的是中国人对男性的道德判断，“好马不吃回头草”和“兔子不吃窝边草”都是以动物来做比喻，说的还是人间的事，又如“树倒猢狲散”“兔死狐悲”“狼子野心”“与虎谋皮”“老虎屁股摸不得”等，都是拿动物来做喻体，这也从一个侧面反映了中国古代的自然环境和文化样态。今天我们已经几乎见不到猢狲和老虎在我们日常生活中出没了，现代人在创造熟语的时候恐怕会是另外一番情调。“远亲不如近邻”反映的是中国社会的文化侧面，而“打仗亲兄弟，上阵父子兵”反映的则是另外一种文化侧面，“头伏萝卜二伏菜，过了三伏种荞麦”反映的是中国农耕文明的一个侧面。对于不了解中国农历和二十四节气的外国人来说，要理解“头伏”“三伏”是非常困难的。而中国人“夏练三伏，冬练三九”“清明前后，种瓜点豆”等熟语都与中国的农业文明有关。

熟语中隐藏着文化内容，也往往带有个性色彩。中国人说“智者千虑，必有一失”，日本人说“猴子也有从树上掉下来的时候”(猿も木から落ちる)，同样的意思，表达方式不同；中国人说“对牛弹琴”，日本人说“马耳念佛”(馬の耳に念仏)；中国人说“雷声大雨点小”，日本人说“大山鸣动鼠一只”(たいざんめいどうしてねずみいっぴき)；中国人说“兔死狐悲”，日本人说“青柿子悼熟柿子”。汉语中关于爱情的谚语很少，法国人关于爱情的谚语很多，国民性格的区别可以看得很清楚。例如法国人说常说“爱情永远不会饿死，倒是往往难以消化”“爱情一旦走了，就不可能再找回来”“分离减弱平庸的爱情，却增强伟大的爱情，正如风熄灭蜡烛却点燃火焰”“胆小鬼找不到漂亮女朋友”等。熟语可以反映民族性格、价值观念，也可以反映生活方式和生产方式，例如蒙古族的谚语中跟“马”“牧人”有关系的内容很多：

在草原上，牧人就是天。

好马不在鞍鞯，人美不在衣裳。

好马在养，好苗在耪。

酣睡别忘槽头的马，无事记住身上的刀。

破衣里面有圣人，破鞍底下有骏马。

语言中隐藏着许多文化密码，这需要我们去发现、去破解。随便举一个例子，汉语有“快乐”和“痛快”这两个词，其中都有一个“快”字，《现代汉语词典（第6版）》“快”字条有9个义项：第一个义项是速度高，走路、做事等费的时间短，跟“慢”相对；第二个义项是赶快；第三个义项是快要、将要；第四个义项是灵敏；第五个义项是锋利，跟“钝”相对；第六个义项是爽快、痛快、直截了当；第七个义项是愉快、高兴、舒服；第八个义项特指旧时专管缉捕的差役；第九个义项是姓。概括一下，“快”主要可以分为几个语义范畴：

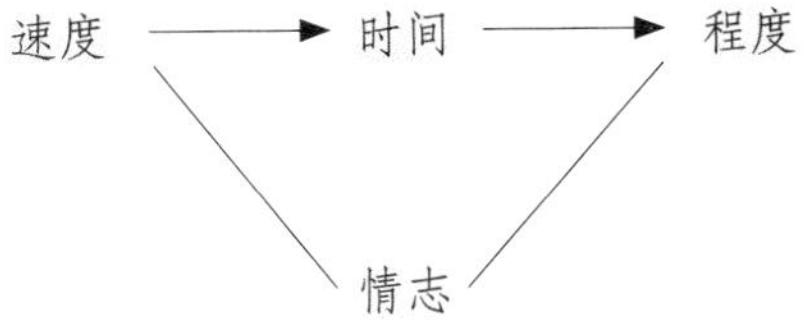

图 1–15

如果说速度、时间和程度还有一些直接的联系的话，那么情志与它们有什么联系呢？从造字的角度看，“快”的义符是“忄”，与“心”有关系，中国人认为“心”主导思维和情感。“心”本来指的是一个身体器官，在中国人的文化中，“心”的概念非常重要，它可以引申到其他的概念范畴中。例如：

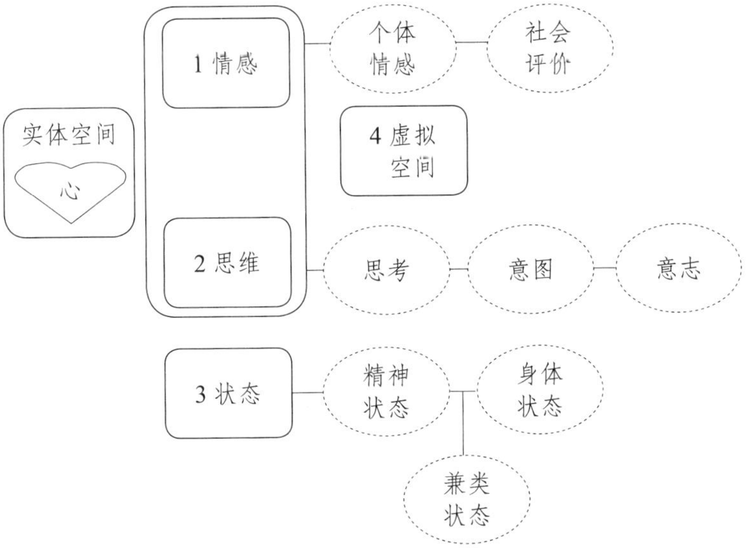

图 1–16：汉语“心”义字族的语义网络（赵秀芬，2011）

表示情志范畴的“快”应该是原始意义。“快”的本义是“快意”[1]：

旅于处，得其资斧，我心不[快]。(《周易》)

君其往也，送葬而归，以[快]楚心。(《左传》)

抑王兴甲兵，危士臣，构怨於诸侯，然后[快]於心欤？(《孟子》)

可见“快”的意义与心理活动有关，“快”有欢乐、喜悦的意义在里边，所以“快乐”组合成一个新词很容易理解。但是“痛”与“快”结合成“痛快”则有点儿匪夷所思。这两个字组合成“痛快”一词见于北宋：

吴人皇象能草，世称沉著[痛快]。(《太平广记》)

因见吕与叔解得此段[痛快]，读之未尝不竦然警厉奋发！(《朱子语类》)

敏底只是从头呼扬将去，只务自家一时[痛快]，终不见实理。(《朱子语类》)

自少至老，自顶至踵，无非为利！说得来[痛快]，至有流涕者！(《朱子语类》)

“痛”乃人所不愿者，“快”乃人所称意者，二者如何能够合而为一呢？“痛快”在现代汉语中的词义一个是舒畅，高兴；一个是尽兴；还有一个是爽快，直率。这里与“痛”的本义“疾病、创伤等引起的难受的感觉”或者“悲伤”(参看《现代汉语词典(第6版)》)根本没有关系。“痛”很晚才有尽情和尽兴的意义。

其於人也，为加忧，为心病，为耳[痛]，为血卦，为赤。(《周易》)

诸侯备闻此言，斯是用[痛]心疾首，昵就寡人，寡人帅以听命，唯好是求。(《左传》)

王苦[痛]之，而事齐者，力不足也。(《吕氏春秋》)

恭王欲复战，使人召马子反，辞以心[痛]。(《淮南子》)

在先秦文献中，“痛”出现最多的组合是以下一些：

怨[痛]/恚[痛]/愁[痛]/苦[痛]/哀[痛]/悲[痛]/[痛]疾/[痛]心

汉语中有“亲者痛，仇者快”的表达方式，“痛”和“快”是相反相对的。这种反义组合在汉语中绝非孤立现象。

[1] 以下例子采自北京大学汉语语言学研究中心CCL古代汉语语料库，未改变句子内容，只对错别字进行了修正并将繁体字改成简体字。

好歹＝歹　大小＝小　高低＝低　痛快＝快　死活＝活　多少＝少

“快”是一种情志范畴，它是主观体验之后才知道的；而速度则是物理范畴，它跟“快意”这样的情志范畴怎么会有关系呢？实际上，“快、慢”也是一种主观感受，尤其在古代，没有精确的计量工具来测速，“快、慢”也就成了主观性的概念，速度快，人之所乐见也。锋利的刀斧用起来顺手，工作效率高，速度快，也是人之所乐见的。唯独“痛快”不好理解。莫非“痛”会有快感？“痛”表示“尽兴”的意义见于六朝以后：

名士不必须奇才，但使常得无事，[痛]饮酒，熟读离骚，便可称名士。（《世说新语》）

[痛]饮狂歌空度日（唐·杜甫《赠李白》）

语言与文化的内容十分广泛。语言中透露出来的文化内容太丰富了，前人曾做过很多研究，这里不再赘述。

【思考题】

1. 语言的自然属性是什么？
2. 语言的社会属性是什么？
3. 语言的心理属性是什么？
4. 如何理解语言符号的任意性？
5. 汉语选择汉字作为文字系统有什么内在原因吗？现代汉字可以改为拼音文字吗？为什么？
6. 语言和方言的关系是什么？
7. 语言的谱系树是怎么构拟出来的？
8. 为什么有的民族有自己的语言，有的民族没有？
9. 怎么理解“语言是文化的载体”这句话？

第二章　世界的语言

我们已经知道了这个世界的语言大约有 5000~6000 种，之所以没有一个准确的统计数据是因为语言之间的界限不容易划定，有些语言的调查也很不容易。尤其是在一些现代文明还不太发达的地区，要想对那里的语言状况进行全面的调查困难巨大。从 19 世纪初期开始，一些人类学家对美洲印第安语言和文化进行过调查，也总结出一些调查方法和经验，使得我们今天对美洲印第安语言有了比较基本的认识，例如以美国的鲍阿斯（Franz Boas，1858~1942）[1]、萨丕尔（Edward Sapir ,1884~1939）[2]、布龙菲尔德（Leonard Bloomfield，1887~1949）[3] 为代表的描写语言学派所做的工作。但是这种调查和研究还是局部的，调查的方法和得出的结论都很受限制。20 世纪后期，语言学家开始关注语言类型学的问题，关注语

[1] 鲍阿斯是物理学出身的人类学家兼语言学家，他的主要贡献是对美国本土语言——印第安诸语言进行调查，并集体编写了《美洲印第安语言手册》，他在序言中提出了描写语言学的原则和方法，即应该根据被调查的语言的结构客观地描写这种语言，而不是根据其他语言的结构来套用所调查的语言。

[2] 萨丕尔的主要贡献是继承了描写语言学的传统，并在此基础上发展了普通语言学的理论。他特别重视语言、种族和文化的关系，认为在每一种语言的语音系统、语法系统和语义系统的后面都存在着一个无意识的心理系统，这种思想被另外一个语言学家——萨丕尔的学生沃尔夫（Benjamin Lee Whorf，1897~1941）发展为“沃尔夫假说”，也称“萨丕尔–沃尔夫假说”。

[3] 布龙菲尔德是美国描写语言学的奠基人和代表人物，他是结构主义语言学最伟大的语言学家之一，其代表著作《语言论》(1933 年出版）在世界范围内产生了广泛的影响。他的语言学理论明显地受到行为主义心理学的影响。

言与认知的关系问题，语言调查的技术和手段也在不断发展，人们对非洲土著语言的调查、对美洲印第安诸语言的调查、对南太平洋诸岛土著语言的调查、对澳洲土著语言的调查及对汉藏语系语言的调查等大大地丰富了我们对世界语言的认识。

中国有56个民族，129种语言（孙宏开、胡增益、黄行，2007），分别属于汉藏语系、阿尔泰语系、印欧语系、南岛语系、南亚语系。这些语言有一部分已经属于濒危语言。近年来学者们对中国境内的语言及一些跨境语言进行了大规模的田野调查，例如戴庆厦主编的“新时期中国少数民族语言使用情况研究丛书”（已出版15种）[1]调查了中国少数民族语言的使用情况，这对于我们了解语言国情、制定语言政策、抢救濒危语言是很有帮助的。

第一节　语言的类型分布

世界的语言纷繁复杂，但是语言学家们总是在想尽办法对语言进行分类。目前对世界的语言进行的分类有两种：一种是基于类型特征的分类，叫作语言的类型分类，另一种是基于基因关系的分类，叫作语言的亲属分类（或者叫作发生学分类）。即便是基于类型的分类也可以有不同的结果，比较传统的做法是把世界的语言分为四种：屈折语、孤立语、黏着语和多式综合语（又叫“编插语”）。现代类型学的分类比这个要复杂一些，人们设定了一些参数，然后根据这些参数来看哪些语言有这些参数、哪些语言没有。比如说，有的语言的名词有“性”“数”“格”这样的参数，有的语言没有，这样我们就可以把语言分为两类；又比如说有的语言的句子结构是S-V-O（主–动–宾）型的，如英语，有的语言句子结构是S-O-V（主–宾–动）型的，如日语，这样又可以把语言分成两种类型；再比如说有的语言定语和状语在中心语之前，如汉语，有的语言定语和状语在中心语之后，如越南语，这样又可以把语言分为两种类型，依此类推。关键在于，

[1] 戴庆厦总主编的“新时期中国少数民族语言使用情况研究丛书”由商务印书馆出版，对中国境内的基诺语、阿昌语、达斡尔语、彝语、摩洛语、布依语、傣语、景颇语、拉祜语以及一些民族杂居地区的语言状况进行了调查，这是非常重要的工作。

研究者们发现语言参数之间的关系很有趣，比方说有参数 a 的语言都会有参数 b，没有参数 a 的语言也没有参数 b，或者相反。参数和参数之间仿佛有一种默契。这样一来，原来划分为孤立语、黏着语、屈折语和多式综合语的做法就显得有些粗线条了，因为不同类型的语言之间某些参数可能是一样的，同一种类型的语言之间某些参数也可能不同。

每一种语言都有自己的特点，它们彼此在语音系统（元音和辅音的数量和种类、音节结构）、构词法（形态结构）、造句法（句法结构）、语义系统上都有相当大的差异，很多语言都可能有一些其他语言所不具备的特色。然而语言作为一种符号系统，不同的语言之间还是会具有某些相同或相似的结构特征的，它们之间具有可比性。语言的类型分类就是根据各种语言所展示出来的总体结构特征和具体参数特征对语言所做的划分。传统的语言类型分类仍然有存在的价值，因为对世界上的语言进行宏观分类，可以帮助我们了解世界语言的总体面貌，寻找不同语言之间的共性特征，并从类型的角度把握各种语言的个性特征，从而更全面、更深入细致地对世界上的语言进行研究，建立起基于类型学的语言学理论。我们还发现，语言类型分类和语言亲属分类往往有一种对应关系，同一种来源的语言在类型上总会有更多的共性特征。从第二语言学习和对外国人进行语言教学的角度看，对语言进行类型分类可以帮助我们发现不同语言之间的相似性和差异性，帮助学习者掌握不同语言的结构规律，减少语言学习过程中的负迁移作用，利用语言学习中的正迁移作用，提高学习效率。世界上的语言虽多，但是每一种语言都不是孤立地存在的，一种语言总是与另外的语言有关系：或者有发生学的关系（我们把它们称作亲属语言），或者有类型学的关系（我们把它们称作类型相同或相近的语言）。

一、屈折语（Inflectional Languages）

屈折语是指那些形态变化丰富的语言，所谓形态变化是指通过词形的内部变化或者外部变化来表达一定的语法意义，词形的内部变化如英语的 goose（单数）— geese（复数），通过内部元音变化表达不同的数，词形的外部变化如英语的 boy（单数）— boys（复数），通过词尾的变化表达单数和复数的区别。此外，性、格、人称、时态等语法范畴也可以通过这种手段来表达，例如在动词词形后

边加上 -ed 表达过去时的语法意义，在动词词形后边加上 -ing 表达现在进行时的语法意义。英语还可以通过词形变化改变词的语法属性，例如 deep（深的）是形容词，它的动词形式就是加上词尾 -en 变成 deepen（加深），这是通过附加成分来改变词性，write（写）是动词原形，在后边加上 -ing 除了可以表达现在进行时这个语法意义以外，在构词上还可以构成新词 writing（作品）。因此这种屈折变化是一种重要的语法手段，这种手段既可以表现在形态学的层次上，也可以表现在句法学的层次上。形态学的层次指的是构词法，句法学的层次指的是句子成分之间的一致关系。比如说名词在屈折语里可以有性、数、格的变化，以德语为例，名词有性的语法范畴，分为阳性名词、阴性名词和中性名词三种，每一种都会有不同的冠词与之相配，名词还会区别单数和复数，冠词形式也随之变化：

阳性 der	阴性 die	中性 das
der Student	die Studentin	das Buch

这等于是给每一个名词加上一个标记。不仅如此，名词在句子中充当不同的语义成分时名词词尾也有不同的变化，与之相配的冠词词尾也要随之变化。例如：

格	阳性	阴性	中性	复数
主格	der	die	das	die
宾格	den	die	das	die
与格	dem	der	dem	den
领格	des	der	des	der

也就是说，名词“学生”分男女，“女学生”多了一个词尾标记 -in，这是在静态的构词法中，如果在句子中一旦充当不同的格，还要有不同的词尾作为格标志，例如“男学生 der Student”在句子中如果是宾格，就要变成“den Studenten”，而“女学生 die Studentin”就要变成“die Studentinen”，以此类推。德语的动词在句子中要根据不同的人称和不同的时态而变化。例如德语的动词“habe（有）”第一人称、第二人称、第三人称单数在动词形式上都有变化（以下是一般现在时的例子）：

Ich habe ein Telefon.（我有一部电话。）

Du hast ein Telefon.（你有一部电话。）

Er/Sie/Es hat einen Kassettenrekorder.（他 / 她 / 它有一个卡带录音机。）

如果是复数形式，动词还有相应的变化：

Wir haben seine Handynummer.（我们有他的手机号码。）

Ihr habt meine Telefonnummer.（你们有我的电话号码。）

Sie haben meine Telefonnummer.（他们 / 她们有我的电话号码。）

你会发现“Wir（我们）”跟“Sie（他们 / 她们）”动词形式都是“haben”，可见屈折变化的手段是有限的。动词在进入句子的时候除了要照应到名词的性、数、格之外，还要照应到事件的外部时间结构——时（tense）和内部时间结构——体（aspect）。例如英语的人称代词充当主语（主格形式，如第一人称 I，第三人称 he 或者 she）或者宾语（宾格形式，如第一人称 me，第三人称 him 或者 her）、定语（所有格形式，如第一人称 my，第三人称 his 或者 her）时要用不同的形式，名词不需要这样的变化，而德语除了人称代词要有这样的变化之外，名词在四个不同的格位上也要有这样的变化。如果说孤立语是零标记的语言，那么像德语这样的典型的屈折语就是多重标记的语言。在以孤立语为母语的人看来，屈折语的这种语法手段显然是一种浪费，但是从表达精确性的角度看，屈折语的多重标记不能认为是一种浪费。

从构词的角度看，屈折语的词通常由词根和附加成分组成，词根表示词汇意义，附加成分表示语法意义。词根与附加成分结合得非常紧密，有些词根若没有附加成分的结合，就不能单独存在。附加成分和所代表的语法意义也不一定是一一对应的，一种附加成分可以同时表示几种语法意义，同一个语法意义也可以用不同的附加成分表示。例如俄语 книга 中的“a”同时表示阴性、单数、主格等语法意义；俄语名词的复数主格也可以用词尾“-и”“-ы”“-а”“-я”等表示。

屈折语分布很广泛，主要分布在欧洲地区、中东地区、印度、拉丁美洲、非洲的部分地区、伊朗、巴基斯坦、阿富汗、孟加拉等地区。例如印欧语系的语言（如拉丁语族的法语、意大利语、西班牙语、葡萄牙语、罗马尼亚语等；日耳曼语族的德语、荷兰语、佛莱芒语；斯拉夫语族的俄语、塞尔维亚语等，印度－伊朗语族、印度语支的印地语、乌尔都语、孟加拉语、旁遮普语、马拉提语、古吉拉特语、比哈尔语、奥里亚语、拉贾斯坦语等三十多种语言，伊朗语支的波斯语、普什图语等二十多种语言）、闪－含语系的语言（如阿拉伯语、希伯来语、豪萨语和阿姆哈拉语等主要语言，它包括以下 5 个语族：闪语族、埃及–科普特语族、柏柏尔语族、库施特语族和乍得语族）都属于屈折语。英语也属于屈折语，但是因为英语实际上是一种混合语言，在历史上受到不同语言的影响，现代英语的屈折变化已经十分有限。

二、孤立语（Isolating Languages）

孤立语是指那些形态不发达的语言。所谓形态不发达指的是与屈折语相比，缺乏或者根本没有形态学意义上的形态变化，例如表达性、数、格、时、体、态等语法意义的形式手段。孤立语在构词方面的表现是大多数词都是由词根直接构成的，缺乏词缀和词尾，很少利用词的内部屈折变化进行构词。因此，孤立语的形态特征不发达。例如汉语属于典型的孤立语，在发展过程中只产生了极少量的附加成分（前缀、后缀）用来构词（汉语没有中缀）。例如“第一”“初十”“老鼠”“鞋子”“小孩儿”“石头”等词中的“第”“初”“老”“子”“儿”“头”是词缀，它们属于构词成分。这些词缀在汉语中是可以列举出来的，是有限的。它们的涵盖面也不广，不像屈折语有极强的系统性。汉语语法在构词法上没有太多的特殊性，构词法和句法几乎是一样的，所以汉语语法学中几乎没有形态学的内容。

孤立语在句法方面的表现则是缺少屈折语中比较常见的语法范畴，即便有一些类似的语法范畴一般也不用词形变化这种语法手段来表达，而往往是通过词汇手段来表现。孤立语的句子成分之间也不需要语法上的一致关系，例如主语、宾语对谓语动词没有任何限定作用，谓语动词不需要根据主语或者宾语的语义角色的变化而改变词形。在句子结构上，孤立语的词可以不需要任何附加成分而直接成句。如汉语的“他”“打”“了”“我”这四个词形在所组成的任何句子中都以相同的形式出现（试与德语比较如下）：

他打了我。　德语：Er（“他”主）hat mich（“我”宾）geschlagen.
我打了他。　德语：Ich（“我”主）habe ihn（“他”宾）geschlagen.
他打我了。　德语：Mich（“我”宾）hat er（“他”主）geschlagen.
他我打了。　德语：Ihn（“他”宾）habe ich（“我”主）geschlagen.

在孤立语中，无论出现在主语位置，还是出现在宾语位置，也无论在语义上它们是施事（agent）还是受事（patient），“他”（ta）和“我”（wo）都不需要改变词形，动词“打”（da）也不需要有任何变化。

Ta da-le wo

Wo da-le ta

Ta da wo le

Ta wo da le

动词在句子中也不会因为时态的变化而发生词形上的变化，例如“他昨天说”“他现在说”“他明天说”，这三个句子所指涉的事件是在不同的时间里发生的（“时”不同），但用的是同一个动词“说”；“他开始说”“他说完了”“他正说着呢”，这三个句子所指涉的事件报道的是事件的不同阶段（“体”不同），动词“说”本身也不需要任何变化。不同的人称“他说”“你说”“我说”“他们说”“你们说”“我们说”中的动词“说”也不用变化词形。英语只有第三人称单数形式需要变化动词的词形，德语动词则要根据不同的人称而改变词形。与屈折语和黏着语比较，孤立语的句子成分之间的关系没有显性的语法标记，无法只根据词尾或者其他语法标记来判断它所充当的句法成分或者语义角色。所以下面的句子才会存在歧义：

鸡不吃了（鸡是施事 / 鸡是受事）

咬死了猎人的狗（狗是施事 / 狗是受事）

孤立语的词形本身大部分只有词汇意义，而不表示语法意义，因此词序和虚词是连词成句的主要语法手段。如果句子的词序或虚词不同，那么句子的意义就会不同。例如：“客人来了”和“来客人了”两句中的组成成分完全相同，但因为词序不同，语义上的施受关系就不一样。“我和书”“我的书”则因为虚词不同，含义也完全不同。也正因为孤立语的大部分词都由词根直接组成，而且缺乏形态变化，所以又叫“词根语”“非形态语”。语言学界也有人把孤立语称为“分析语”（analytic languages）或者“零标记语言”（zero-marking languages）。

孤立语主要分布在东亚大陆和南亚次大陆，汉藏语系的语言都属于孤立语，例如汉语、藏语、缅语、泰语、孟高棉语等，越南语、老挝语也属于孤立语，澳大利亚的一些土著语言也有孤立语的某些特点。

三、黏着语（Agglutinative Languages）

黏着语是一种有形态但是语法关系不完全依赖形态的语言。这个概念是由洪堡特（Wilhelm von Humboldt, 1767~1835）[1] 首先提出来的，他是从屈折语的角度出发来观察诸如土耳其语、日语、蒙古语、格鲁吉亚语这样的语言得出的结论。黏着语的一个重要特点是表达一定语法意义的附加成分是一个一个地黏在一起的，英文“agglutinative”一词源自拉丁语的动词“agglutinare”，它的意思就是“粘在一起”。表达不同语法意义的语素黏附在词根或词干上，形成语法形式的派生词，或者表达不同的语法意义，如时体意义或者情态意义等。但附加成分与词根或词干的结合并不紧密，它们各自都有很大的独立性。附加成分好像只是词根或词干的一个组件，可以黏上或者替换成另一个组件，词根或词干可以脱离附加成分而单独存在。在进入句子的时候，黏着语的词根或词干不会发生变化，而附加成分会发生一些形式上的变化以表达不同的语法意义或者情态意义，这种形式变化是黏着语最重要的语法手段。在句子中，句子的语义角色有明确的标记，在日语中这种标记称作格助词，当然不同的语言格标记的数量多寡不一。据观察，目前发现的格标记最丰富的语言是芬兰语，例如可以用不同的词缀表示施事格、致使格、受事格、所有格，此外还有表达完结体的词缀、表达频度的词缀、表达瞬时性的词缀等，还有八个表达不同方位关系的格标记等。黏着语附加成分和所代表的语法意义之间的对应关系比较固定，一个附加成分代表一种语法意义，某种语法意义也只由一种附加成分表示。所以如果要表达两种及以上的语法意义，就要添加附加成分，一次要表示多少种语法意义，就要在词根或词干后添加多少个附加成分，像一个一个黏在一起一样。这也是黏着语得名的缘由。例如土耳其语是一种典型的黏着语，它的动词词根“sev-”的意思是“爱”，附加成分“-dir”表示第三人称，“-ler”表示复数，“-mis-”表示过去时，“-erek-”表示将来时。所以，sev-mis-dir-ler 就是“他们从前爱”，sev-erek-dir-ler 就是“他们将来爱”。日语也是黏着语，例如“ない（nai）”表示否定，“だろぅ（darō）”表示估量，“が（ga）”是主格标记。试比较下面的几个句子：

（1）あめがふる

ame　ga　furu

雨－格助词－降

（下雨）

---

[1] 洪堡特是德国哲学家、教育家、外交家和语言学家，现代语言学之父。

（2）あめがふいでいる

ame ga fui te ilu

雨–格助词–降–格助词–正在进行时

（正在下雨）

（3）あめがふらない

ame ga fura nai

雨–格助词–降–不

（不下雨）

（4）あめがふらないだろ

ame ga fura nai darō

雨–格助词–降–不会–推量式

（不会下雨吧）

黏着语的地域分布非常广泛，亚洲、北美洲、南美洲、欧洲都有这种类型的语言。阿尔泰语系的语言（如满–通古斯语族的满语、锡伯语；蒙古语族的蒙古语、达斡尔语；突厥语族的土耳其语、维吾尔语、塔塔尔语）、乌戈尔语系中芬兰–乌戈尔语族的语言（如芬兰语、匈牙利语和爱沙尼亚语）、班图语支的语言（如斯瓦希里语、祖鲁语）、南高加索地区及东北西北高加索地区的很多语言（如格鲁吉亚语）、达罗毗荼诸语言（如马来语、泰米尔语、坎纳达语、泰卢固语、马拉雅拉姆语等），这些语言主要分布在印度南部、印度东部和中部、斯里兰卡、巴基斯坦、阿富汗、尼泊尔、伊朗、孟加拉、印度尼西亚、马来西亚、新加坡等地，另外，分布在西班牙西北部和法国的巴斯克语也属于黏着语。此外，我们邻居的语言日语、朝鲜语等都属于黏着语。北美洲落基山脉东北平原的土著美洲人黑足人（Blackfoot）的语言（又称斯克斯卡语）、分布于加拿大东北部的因纽特人的语言也属于黏着语。南美洲土著印第安人盖丘亚人的语言（Quechuan languages）和分布于安第斯山脉的秘鲁和玻利维亚的艾玛拉人的语言（Aymaran languages）也是黏着语类型的语言。

四、多式综合语（Polysynthetic Languages）

多式综合语又叫“合体语”“编插语”“复综语”，与以上三种类型相比，这是一种很特别的语言类型。对于孤立语来说，语素和词基本上是对应的，比如汉语，一个语素通常也是一个词；而对于黏着语来说，词干和词缀是泾渭分明的，语素跟词的对应性不是很强；屈折语也是一样，词根和词缀的分别比较清楚。而在多式综合语中，表示词汇意义和表示语法意义的成分会交织在一起构成一个类似于词的语言形式，但因为不同的成分代表不同的意义，它们组合在一起，其实又是一个句子，一个句子和一个词没有明确的界限。一个词里边往往包含着不止一个语素，而这个词本身所包含的意义常常犹如一个句子（Baker，1988/1996）。比如美诺米尼语：

akuapiinam（他从水里拿出来）是一个词，包含以下成分：

akua-	-epii-	-en-	-am
挪开	液体	用手	第三人称施事

它既可以说是一个词，也可以说是一个句子。美洲印第安人的很多语言都属于多式综合语。下面是楚克奇（Chukchi）语的一个例子（Skorik，1961：102）：

Təmeyŋəlevtpəγtərkən（我头疼得很厉害），这既是一个词，也是一个句子。

t-ə-meyŋ-ə-levt-pəγt-ə-rkən

1.SG.SUBJ-great-head-hurt-PRES

第1人称单数–主语–剧烈–头–痛–现在时

I have a fierce headache.

多式综合语的分布地域也很广，主要分布在西伯利亚（楚克图克–堪察加的Ket语和Nivkh语）、北美大陆（阿尔冈琴语系诸语言、喀多语系诸语言、爱斯基摩–阿留申语系诸语言、伊洛魁语系诸语言、索克语系诸语言、纳登语系诸语言、撒利希语系诸语言等）、中美洲（玛雅诸语言）、南美洲（图皮–古瓦拉尼诸语言、亚马逊诸语言等）、西北高加索、南亚（孟达诸语言）和大洋洲（巴布亚诸语言、北澳的一些土著语言等）等地。

需要说明的是，对世界各种语言的类型分类不是绝对的，并不是说属于孤立语的语言就只有孤立语的所有特点，没有别的语言类型的任何特征。这种分类是基于家族相似性的，即某一类型中有些语言具有该类型的特点更多，典型性更强，是该类型的典型成员，有些语言则具有的类型特点少一点儿，属于该类型的边缘成员。世界上没有一种语言纯属于某种结构类型。例如，俄语是一种典型的屈折语，但也用词序和虚词表示词与词之间的关系；汉语是典型的孤立语，但也有少量黏着和屈折的成分。语言类型学的研究发展到今天，这种按照典型成员的类型特征进行分类的做法已经不能贯彻到底，现代类型学更重视语言之间的普遍特征和参数变化。就某一个参数来讲，甲语言跟乙语言有共同的结构特征，而从另外一个参数来讲，甲语言可能又跟丙语言有共同的结构特征。例如汉语和英语都有介词，介词结构的位置可以在句子的开头也可以在句子的结尾；汉语和日语都有句末语气词，句末语气词都可以表达情态范畴。汉语和英语属于不同类型的语言，汉语和日语也属于不同的类型，但是它们之间有共同的参数。属于同一类型的语言不一定所有的参数都一样，例如汉语和泰语都属孤立语，但是在修饰语与中心语的位置这个参数上两者是不同的：汉语修饰语在前，泰语修饰语在后。

第二节　语言的基因分布

语言可以根据其类型进行分类，也可以根据其亲属关系进行分类。根据语言的亲属关系进行分类得到的是语言的家族谱系。这实际上是一件很困难的任务，历史比较语言学根据语言间的基本词汇和类型特点来判断自己的比较对象是否有亲属关系，再根据历史的、民族的、地域的证据来验证自己的判断，这就好比是对语言的基因进行检验，有基因关系的语言被归为一个家族，没有基因关系的语言被归为不同的家族。在具体到某些语言的时候，学者们的意见往往分歧很大。例如关于汉藏语系的语言，中国的学者认为这是一个内部具有一致性的大家族，也有人认为这不是一个内部统一的语系，有些语言（如缅语）不是家族成员。不管怎么说，目前世界上的语言大致可以归为几个大的家族，它们是通过基因关系联系在一起的，所有家族成员拥有一个共同的祖先（原始祖语）。当然这只是一种比喻的说法，语言的家族关系与生物的家族关系还是有所不同的。根据美国国际语言暑期学院（SIL International）“民族语：全世界的语言”（Ethnologue: Languages of the World）[1] 第 16 版的统计，截至 2009 年世界上还活着的语言共有

1　Ethnologue: Languages of the World，又译为“民族语言网”，是一个语言学的相关网站，是基督教以传教为目的的世界语言研究服务机构。网址 https://www.ethnologue.com/

6909 种（包括一些方言，前面说过，语言和方言的界限有的时候很难划分。美国国际语言暑期学院的这个统计并不严谨，因为划分语言和方言的条件比较宽）。根据其“语言家族索引”（Language Family Index）的说明，这些语言包括了 1 种人造语言，82 种克里奥尔语，17 种洋泾浜语言，130 种哑语，23 种混合语，50 种与其他语言没有亲属关系的语言，73 种无法归类的语言。这个组织是一个基督教机构，他们会根据世界语言的状况出版不同语种的圣经，所以他们的分类主要是为了传教的目的。他们对世界上的语言所做的亲属关系分类结果如下（有一些语群没有统一的中文译名）：

语言家族	分布	语种数
亚非语系（Afro-Asiatic）	亚洲 / 非洲	374
阿拉卡鲁番语（Alacalufan）	南部非洲	2
阿尔吉克语系语言（Algic）	北美洲	44
阿尔泰语系（Altaic）	欧洲 / 亚洲	66
阿穆托–穆三语（Amto-Musan）	澳大利亚	2
安达曼语系（Andamanese）	亚洲	13
阿拉封迪语（Arafundi）	澳大利亚	3
阿莱–阔木塔里诸语言（Arai-Kwomtari）	澳大利亚	10
阿劳瓦诸语言（Arauan）	南部非洲	5
阿劳干语（Araucanian）	南部非洲	2
阿拉瓦语系（Arawakan）	南部非洲	59
阿鲁塔尼–萨培语（Arutani-Sape）	南部非洲	2
澳大利亚语系（Australian）	澳大利亚	264
南亚语系（Austro-Asiatic）	亚洲	169
南岛语系（Austronesian）	亚洲 / 澳大利亚	1257
艾玛拉语系（Aymaran）	南部非洲	3
巴尔巴孔语（Barbacoan）	南部非洲	7
巴斯克语（Basque）	欧洲	1
贝语诺–奥布诺语（Bayono-Awbono）	澳大利亚	2
伯德尔语（Border）	澳大利亚	15
喀多语系（Caddoan）	北美洲	5
卡胡阿帕南语（Cahuapanan）	南美洲	2
加勒比语系（Carib）	南美洲	31
中部梭罗摩丝诸语言（Central Solomons）	澳大利亚	4

续表

语言家族	分布	语种数
恰帕库拉–万汉姆语（Chapacura-Wanham）	南美洲	5
奇布查语系（Chibchan）	南美洲	21
奇姆阿库安语（Chimakuan）	北美洲	1
乔科语系（Choco）	南美洲	12
倳语（Chon）	南美洲	2
楚克图–堪察加语系（Chukotko-Kamchatkan）	亚洲	5
楚马什语系（Chumash）	北美洲	7
寇阿辉尔特堪语（Coahuiltecan）	北美洲	1
德拉维达语系（Dravidian）	亚洲	85
东部鸟头圣塔尼诸语言（East Bird's Head-Sentani）	澳大利亚	8
东吉尔温克湾诸语言（East Geelvinck Bay）	澳大利亚	11
东部新不列颠诸语言（East New Britain）	澳大利亚	7
东特兰斯–佛来诸语言（Eastern Trans-Fly）	澳大利亚	4
瓜西班诸语言（Guahiban）	南美洲	5
海湾诸语言（Gulf）	北美洲	4
哈拉克姆贝特语（Harakmbet）	南美洲	2
希比托–楚伦语（Hibito-Cholon）	南美洲	2
苗缅语系（Hmong-Mienan）[1]	亚洲	38
霍卡语系（Hokan）	北美洲	23
胡阿维诸语言（Huavean）	北美洲	4
印欧语系（Indo-European）	欧洲 / 亚洲	439
伊洛魁诸语言（Iroquoian）	北美洲	9
日本列岛诸语言（Japonic）	亚洲	12
西瓦罗诸语言（Jivaroan）	南美洲	4
卡特维利诸语言（Kartvelian）	亚洲	5
卡图吉南语（Katukinan）	南美洲	3
考勒诸语言（Kaure）	澳大利亚	4
凯瑞斯语系（Keres）	北美洲	2
科瓦桑语系（Khoisan）	非洲	27
基诺瓦–塔诺安诸语言（Kiowa-Tanoan）	北美洲	6
平原湖区诸语言（Lakes Plain）	澳大利亚	20
莱福特·梅语（Left May）	澳大利亚	2

[1] 中国学者认为属于汉藏语系。

续表

语言家族	分布	语种数
低地曼贝拉莫语（Lower Mamberamo）	澳大利亚	2
鲁蕾-维蕾拉语（Lule-Vilela）	南美洲	1
大格语系（Macro-Gê）	南美洲	32
麦拉斯语（Mairasi）	澳大利亚	3
马库诸语言（Maku）	南美洲	6
马斯寇诸语言（Mascoian）	南美洲	5
马塔科-瓜一库鲁诸语言（Mataco-Guaicuru）	南美洲	12
玛雅语系（Mayan）	南美洲	69
梅布拉特语（Maybrat）	澳大利亚	2
密苏马尔潘语（Misumalpan）	北美洲	4
索科诸语言（Mixe-Zoque）	北美洲	17
穆拉语（Mura）	南美洲	1
马斯科吉诸语言（Muskogean）	北美洲	6
纳-德内语系（Na-Dené）	北美洲	46
娜姆比魁兰诸语言（Nambiquaran）	南美洲	7
尼日尔-刚果语系（Niger-Congo）	非洲	1532
尼罗-撒哈拉语系（Nilo-Saharan）	非洲	205
宁博兰诸语言（Nimboran）	大洋洲	5
北布甘维尔诸语言（North Bougainville）	大洋洲	4
北巴西诸语言（North Brazil）	南美洲	1
北高加索语系（North Caucasian）	欧洲 / 亚洲	34
欧托-曼格语系（Oto-Manguean）	北美洲	177
帕诺诸语言（Panoan）	南美洲	28
帕乌阿斯诸语言（Pauwasi）	大洋洲	5
佩巴-亚古语（Peba-Yaguan）	南美洲	2
佩纽蒂语系（Penutian）	北美洲	33
皮阿维语（Piawi）	大洋洲	2
克丘亚语系（Quechuan）	南美洲	46
拉穆-低地塞皮克语系（Ramu-Lower Sepik）	大洋洲	32
撒利希语系（Salishan）	北美洲	26
萨利瓦语（Salivan）	南美洲	3
塞皮克语系（Sepik）	大洋洲	56
汉藏语系（Sino-Tibetan）	亚洲	449
苏族诸语言（Siouan）	北美洲	17

续表

语言家族	分布	语种数
索科诸语言（Sko）	大洋洲	7
索玛哈伊语（Somahai）	大洋洲	2
南布甘维尔诸语言（South Bougainville）	大洋洲	9
中南巴布亚语系（South-Central Papuan）	大洋洲	22
塔卡南诸语言（Tacanan）	南美洲	6
壮侗语系（Tai-Kadai）[1]	亚洲	92
塔拉斯坎语（Tarascan）	北美洲	2
琼塔尔语（Tequistlatecan）[2]	北美洲	2
托–科维巴诸语言（Tor-Kwerba）	大洋洲	24
托利折里诸语言（Torricelli）	大洋洲	56
托托纳坎诸语言（Totonacan）	北美洲	12
跨新几内亚语系（Trans-New Guinea）	大洋洲	477
托卡诺阿诸语言（Tucanoan）	南美洲	25
图皮语系（Tupi）	南美洲	76
乌拉尔语系（Uralic）[3]	欧洲 / 亚洲	37
乌鲁–奇帕亚语（Uru-Chipaya）	南美洲	2
犹特–阿兹特卡语系（Uto-Aztecan）	美国 / 墨西哥	61
瓦卡沙诸语言（Wakashan）	北美洲	5
西巴布亚诸语言（West Papuan）	大洋洲	23
维托托诸语言（Witotoan）	南美洲	6
亚努曼诸语言（Yanomam）	南美洲	4
耶勒–西新不列颠语（Yele-West New Britain）	大洋洲	3
叶尼塞语（Yeniseian）	亚洲	2
育阿特语（Yuat）	大洋洲	6
育卡基尔语（Yukaghir）	亚洲	2
玉吉语（Yuki）	北美洲	2
赞穆寇语（Zamucoan）	南美洲	2
扎帕罗诸语言（Zaparoan）	南美洲	7

我们可以看出这个分类与我们通常所做的语言亲属分类不是很一致。在如此众多的语言当中，有一些语言是强势语言，使用人口多，地域分布广，例如印

1　中国学者认为属于汉藏语系。

2　有人认为属于玛雅语系。

3　中国学者把它归为芬兰–乌戈尔语系。

欧语系的语言，欧洲的航海技术和殖民政策使得印欧语系的语言漂洋过海，成为世界性的语言；有一些语言属于弱势语言，使用人口少，范围有限，例如中国境内的锡伯语；一些语言已经濒临灭亡，例如中国境内的满语。影响这些语言命运变化的因素有很多，有些是因为分布在现代文明没有眷顾到的地方，有些是在与其他语言竞争的过程中处于劣势。在一些不发达地区，语言数量众多，彼此分歧很大，但是流通范围很小，影响有限。这些语言的命运堪忧，它们或者被其他强势语言同化，或者自生自灭。现代文明加速了全球化的进程，人类交往的方式和空间也发生了很大的变化，文明的多样性受到很大的威胁，语言的数量也在急速减少。目前世界上最有影响的语言家族有以下九个（更多内容请参看 Katzner，1977；Comrie，2009）：

1. **印欧语系**：印欧语系的语言是一个很大的家族，它包括印度–伊朗语族、希腊语族、拉丁语族、斯拉夫语族和日耳曼语族的语言，其中英语、西班牙语、法语、意大利语、俄语、德语、葡萄牙语都是有世界影响的语言。英语的适用范围和通行国家和地区最为广泛，而且它的势力范围还在不断扩大。所谓适用范围指的是为政府和国际组织文件所使用，为教育、新闻、出版、商务所使用的范围。根据联合国教科文组织（UNESCO）2006年和维基百科的统计[1]，以英语为第一语言的人数约为3亿5000万，而全世界能够熟练使用英语的人数约为12亿。主要流通于南亚、中亚、欧洲大部分地区、北美洲大部分地区、南美洲大部分地区、非洲一些国家和地区、大洋洲的澳大利亚和新西兰，通行于60多个国家和地区。西班牙语也是影响很大的世界性语言，目前以西班牙语为第一语言的人口有4亿多，这些人口主要分布在西班牙本土、北美洲、中美洲和南美洲。法语也是具有世界影响力的语言之一，世界上将近9000万人口以法语为第一语言，如果加上能够熟练运用法语的人口，大约有2亿5000万。法语主要分布在法国、比利时、瑞士、加拿大和非洲一些国家。俄语是俄罗斯的官方语言，说俄语的人口在哈萨克斯坦、吉尔吉斯斯坦、乌克兰，白俄罗斯和南奥塞梯也有比较高的比例。英语、西班牙语、法语、俄语都是联合国官方工作语言，它们还是很多国际组织的工作语言。联合国另外两种工作语言是汉语和阿拉伯语。印地语和乌尔

[1] John C. Paolillo (2006) Evaluating Language Statistics: The Ethnologue and Beyond. A report prepared for the UNESCO Institute for Statistics.

都语也是使用人口众多的语言，印地语主要分布在印度中部、北部，乌尔都语分布在巴基斯坦和印度、孟加拉的部分地区。以印地语为母语的人口超过 4 亿，还有很多人以印地语为第二语言，以乌尔都语为母语的人口超过 1 亿 2000 万。印地语还是印度的主要官方语言之一（英语也是印度的主要官方语言，用于行政和司法）。

2. **汉藏语系**：汉藏语系也是一个很大的家族，有 400 多种语言，但是它的流行地域不如印欧语系的语言广泛。汉藏语系最重要的语言就是汉语，它是世界上使用人口最多的语言，据不完全统计，世界上说汉语的人口约为 16 亿。汉语也是联合国 6 种工作语言之一。汉藏语系的语言集中分布在东亚大陆和南亚次大陆，例如中国、新加坡、马来西亚、越南、老挝、柬埔寨、缅甸、泰国、印度、尼泊尔、不丹、孟加拉等亚洲各地，美国和加拿大也有少量分布。在中国，汉藏语系的语言一般分为四个语族，即汉语族、藏缅语族、壮侗语族（或称侗台语族、侗泰语族）和苗瑶语族。汉藏语系的语言大多数都是有声调的语言。以下是汉藏语系四个语族的主要语言[1]：

汉语族

汉语各方言：

北方方言、吴方言、粤方言、闽方言、湘方言、赣方言、客家方言、晋陕方言

藏缅语族

藏语支：藏语、（嘉戎语）、门巴语、羌语

彝语支：彝语、傈僳语、纳西语、哈尼语、拉祜语、白语、基诺语

景颇语支：独龙语、景颇语（克钦语）

缅语支：缅甸语、阿昌语、（载佤语）

壮侗语族

壮傣语支：泰语、壮语、布依语

侗水语支：侗语、水语、仫佬语、毛南语、（拉伽语）

黎语支：黎语

[1] 关于汉藏语系的范围学界有不少争论，它究竟包含哪些语族？亲属关系如何划定？目前国际汉藏语学界有两种对立的观点：一种以李方桂（1973）为代表，一种以白保罗（Paul K. Benedict，1984）为代表，详细内容参见徐通锵（1991/2014）。

苗瑶语族

苗语支：苗语

瑶语支：瑶语、勉语

汉藏语系的汉语北方方言又称北方官话（在海外称作华语，有时也称中文，在台湾称作国语），它的通行地域最广，从中国大陆的北端黑龙江一直到西南的云、贵、川，西北的新疆，东南的台湾，海外的新加坡、马来西亚，使用人口8亿以上。普通话是北方方言的标准语，以北京语音为标准音，以北方话词汇为基本词汇，以典范的现代白话文作品为语法规范。普通话是政府、学校、广播电视、新闻出版、文学艺术广泛采用的标准语形式，海外华语教学、来华留学生学习汉语主要是学习普通话。

3. **尼日尔–刚果语系**：尼日尔–刚果语系的语言分布在非洲的中部和非洲南部部分地区（撒哈拉以南地区）。大部分尼日尔–刚果语系语言都是声调语言，句法结构为SVO型。这个语系可以分成三个大的语族：大西洋–刚果语族、科尔多凡语族和曼德语族。不过这种分类，却使大多数语言都被归类到庞大的大西洋–刚果语族里（而且这语族的大多数语言都是班图语，有人把班图语言独立出来称作班图语系），余下少量的语言分属科尔多凡语族及曼德语族。该语系中的斯瓦希里语是最有影响的语言，主要分布在坦桑尼亚东部和肯尼亚东南部。

4. **亚非语系**（旧称闪–含语系）：亚非语系又称非亚语系、非洲–亚洲语系或阿非罗–亚细亚语系，旧称闪–含语系或闪米特–含米特语系，主要分布在亚洲西部的阿拉伯半岛和非洲北部（北非到非洲之角、西南亚）。亚非语系的阿拉伯语也是联合国工作语言之一，它也是亚非27个国家和一些国际组织的官方语言，使用人口6亿以上。埃及、沙特阿拉伯、阿尔及利亚、约旦、苏丹、叙利亚、伊拉克、利比亚、阿联酋、也门、阿曼等国家的官方语言都是阿拉伯语。阿拉伯语也是伊斯兰教的宗教语言，《古兰经》是阿拉伯语的规范。

5. **南岛语系**：南岛语系的语言包括中国台湾、菲律宾、婆罗洲、印度尼西亚、马达加斯加、新几内亚、新西兰、夏威夷、密克罗尼西亚、美拉尼西亚、波利尼西亚等各地岛屿的语言，外加马来半岛上的马来语、中南半岛上越南与高棉的占语和泰国的莫肯语（Moken/Moklen）。南岛语系的使用区域北起中国台湾，南抵新西兰，西至马达加斯加，东至智利复活节岛（大洋洲、马达加斯加、东南亚）。南岛语系马来–波利尼西亚语族的语言分布很广，其中的马来语、印度尼西亚语影响最大，使用人口最多。中国台湾的原住民、云南的佤族使用的语言都属于南岛语系的语言。

6. **达罗毗荼语系**：这个语系的语言主要分布在印度南部和西部的泰米尔纳德邦、卡纳塔克邦、安得拉邦、喀拉拉邦、西孟加拉邦和巴基斯坦的部分地区，包括 75 种语言，其中马拉雅拉姆语、泰米尔语、泰卢固语、卡纳达语被认定为官方语言（印度认定的联邦官方语言有 18 种）。泰米尔语也是斯里兰卡和新加坡的官方语言。

7. **阿尔泰语系**：主要分布在中亚及其邻近地区，横跨欧亚大陆，包括 60 多种语言，分为三个语族：突厥语族、蒙古语族和满–通古斯语族，使用人口约 2.5 亿。其中突厥语族的语言主要分布在土耳其、哈萨克斯坦、乌兹别克斯坦、土库曼斯坦、吉尔吉斯斯坦、阿塞拜疆、俄罗斯、伊朗、阿富汗、伊拉克、塞浦路斯、保加利亚、南斯拉夫和中国的新疆、甘肃、青海一带；蒙古语族的语言主要分布在蒙古、俄罗斯和中国的内蒙古、新疆、青海、宁夏、黑龙江、吉林、辽宁等地，除了蒙古语之外，还包括布里亚特语、卡尔梅克语、达斡尔语、莫戈勒语、东部裕固语、土族语、东乡语、保安语等；满–通古斯语族的语言主要有满语、锡伯语、赫哲语、鄂伦春语、鄂温克语、奥罗奇语、那乃语等，分布在中国的东北三省、新疆和俄罗斯。阿尔泰语系突厥语族的土耳其语是其中影响较大的语言之一，使用人口 7300 多万，除了土耳其之外，还通行于阿塞拜疆、塞浦路斯、希腊、马其顿、罗马尼亚、乌兹别克斯坦和土库曼斯坦。

8. **南亚语系**：主要分布在南亚次大陆和东南亚部分地区，共有 120 多种语言。南亚语系的语言可以分为四个语族：孟–高棉语族，分布于从印度东北部到柬埔寨和越南等地区，主要语言有越南语、高棉语、孟语、巴拿语、帕科语、克木语、佤语、德昂语（原称崩龙）、塞当语、奇劳语、比尔语、布朗语等；蒙达语族，主要分布于印度中部和东北部，包括桑塔利语、蒙达里语、库尔库语、喀里亚语等；马六甲语族，分布在马来西亚的大陆地区和泰国的最南端，包括塞芒语、萨凯语、雅昆语、塞诺语等；尼科巴语族，分布于安达曼群岛南部的尼科巴群岛和苏门答腊西南部。

9. **乌拉尔语系**：主要分布于斯堪的纳维亚往东，越过乌拉尔山脉直到亚洲西北部的广大地区。分为芬兰–乌戈尔语族和萨莫耶德语族，使用人口约 2000 万。芬兰–乌戈尔语族包括芬兰语支和乌戈尔语支，共约 15 种语言，分布于欧亚大陆的广大地区。芬兰语支主要有芬兰语、爱沙尼亚语和拉普语；乌戈尔语支主要有匈牙利语、沃恰克语和沃古尔语。萨莫耶德语族分南、北两个语支，共有 4 种语言，使用人口都比较少。

根据“民族语：全世界的语言”的分类和统计，语系内部包含语种最多的 15 个语系如下（降序排列）[1]：

1. 尼日尔–刚果语系（1532 种语言）
2. 南岛语系（1257 种语言）
3. 跨新几内亚语系（477 种语言）（种类有争议）
4. 汉藏语系（449 种语言）
5. 印欧语系（439 种语言）
6. 亚非语系（旧称闪–含语系）（375 种语言）
7. 尼罗–撒哈拉语系（204 种语言）
8. 帕马–恩永甘语系（178 种语言）（种类有争议）
9. 欧托–曼格语系（174 种语言）（种类有争议）
10. 南亚语系（169 种语言）
11. 塞皮克–拉穆语系（100 种语言）（种类有争议）
12. 壮侗语系（92 种语言）
13. 图皮语系（76 种语言）
14. 达罗毗荼语系（73 种语言）
15. 玛雅语系（69 种语言）

关于某个语系到底有多少种语言的问题，学界的看法存在着很大的争议，这是很正常的，因为要判断两种或多种“话”是否属于同一种语言有很多需要参考的因素：

[1] 世界上的语言种类没有定论，不同的人有不同的说法，不同的时间所做的调查也有不同的结论。本书所引的数据和译名仅供参考。

1. 语言内部的因素：比较它们之间在语音系统、词汇系统、语法系统方面的一致性和差异性；

2. 历史和文化的因素：根据文献记录或者口头的历史传说，比较它们之间是否有相同的来源和共同的文学遗产；

3. 民族的因素：如果是同一个民族的不同分支或部落，他们说的话属于同一个语言家族，即使差异比较大通常也会被确定为同一种语言的不同方言；如果不是同一个民族，他们说的话即使差异比较小也会被确定为不同的语言；

4. 地域或者国家的因素：同一种语言在地域分布上一般是比较集中的（语言岛或者方言岛除外），同一种语言如果分布在不同的国家，时间长了会出现分化现象，变成不同的语言；

5. 本地人自我评价的因素：两种或者几种“话”是否属于同一种语言有时要根据本地人的自我认同来判断；

6. 交际度的因素：同一种语言的不同方言之间一般来说是可以互相交际的，彼此听得懂。但是这个因素显然要服从于以上几个因素。例如西班牙语和葡萄牙语彼此可以听得懂（其实是单向的，说葡萄牙语的人可以听得懂西班牙语），但是西班牙和葡萄牙是两个独立的国家，各自有自己的历史和文化，本地人并不会认同它们属于同一种语言。汉语的闽南话和闽东话彼此不能通话，但是本地人不会认为它们属于不同的语言。

第三节　语言的历史变迁

语言是会变化的。这个观念现在已经为大众所接受，但是应该给这个观念加上一条限制语：活着的语言是会变化的，已经退出使用的，死去的语言不会再发生变化。换句话说，语言是在使用中发生变化。我们是如何知道语言会发生变化的呢？

第一，时间的证据。我们读古书的时候，发现有些话读不懂了，古人说的话跟我们不一样，而且不同时代的古人说的话也不一样，于是我们知道时间使得我们与古人拉开了距离，在不同的历史层次上，语言有不同的面貌。这个证据也可以说是文献的证据。

第二，空间的证据。假如你在一个国家徒步旅行，随着空间的变化，你会发现语言会随之变化，这种地域的差异是历史造成的，于是我们知道了在不同的地域层次上，语言有不同的面貌；空间的证据也可以从文献中得到证实，汉代扬雄的《方言》[1]记录了这种地域上的差异。

第三，科学的证据。科学工作者善于在纷繁复杂的现象背后发现规律，不同领域的语言学家都对语言的变化做出了解释。第一个领域是历史语言学。历史语言学家是最直接的研究者，他们的目标就是研究语言的演变（徐通锵，1991/2014）。语言学家根据语言的时间差异和地域差异发现了语言演化的证据，诞生了历史语言学。历史语言学让我们知道了原始祖语、语言家族、语言的分化、语言的融合、亲属语言、语言接触等概念（Lass，1997）。第二个领域是社会语言学。共时研究也可以发现语言的变化（Labov，1994）。Labov是社会语言学家，以调查和研究美国的黑人英语著称。他的《语言变化原理：内部因素》一书既是社会语言学的著作，也是历史语言学的著作，它观察和记录的是语言活着的历史、语言正在发生的变化。第三个领域是认知科学。王士元（2011）从大脑与语言、演化与遗传、儿童语言习得、词汇扩散等角度观察和研究语言的演化，可以说是对语言变化进行研究的宏观视角。

我们在日常生活中也会碰到许多语言问题，这些问题其实都是语言演变造成的。例如普通话的“鞋子”（xiézi）在四川话中为什么读成“háizi”？普通话的“大街”（dàjiē）在四川话中为什么读成“dàgāi”？“旮旯”跟“角落”是一个词的音变吗？以“丰”（fēng）为声符的字“蚌”为什么念bèng或者bàng？以“凡”（fán）为声符的“芃”为什么念“péng”？同样的道理，以“逢”（féng）为声符的字“蓬”为什么念“péng”？汉语中有些植物的名称是双音节的词，却不像很多汉语双音词那样可以分析，例如“丁香”“玫瑰”“牡丹”“芍药”“石榴”“枇杷”“菠萝”“荸荠”“苜蓿”“芫荽”“荔枝”“女萝”，它们是从哪里来的？是汉语固有的词汇还是外来语？英语的“love”与德语的“liebe”是什么关系？英语的“seven”与德语的“sieben”是什么关系？如果我们把英语和德语的一些词汇列举出来进行比较，是否可以发现一些规律？

[1] 《方言》的全称是《輶轩使者绝代语释别国方言》，扬雄（西汉）著，是中国第一部记录地域方言的著作，书中记录了先秦到西汉的各地方言词汇。

英语	德语
love	liebe
seven	sieben
have	haben
leaves	laub
over	über
involve	einbinden

英语中的"v-"在德语中念成"b-"，前者是唇齿音（轻唇音），后者是双唇音（重唇音）。原来在印欧语中轻唇音与重唇音也是可以互相变化的，这与汉语的"f-"古代念"p-"是一个道理。清代学者钱大昕发现了汉语"古无轻唇音"的现象，"吐蕃"的"蕃"不读"fan"，而读重唇音的"bo"，"番禺"的"番"在地名中读成"pan"，这都是古音的遗存。德国语言学家雅克布·格里姆（Jacob Grimm，1785~1863）研究了原始印欧语与原始日耳曼语塞音演变的对应现象，发现了其中的演变规律。他的这一发现被称为**"格里姆定律"**（Grimm's law）或者"拉斯克–格里姆规则"（Rask's-Grimm's rule），他所用的语言材料有古代梵语、古代拉丁语、古代希腊语、古代日耳曼语。在他的研究中发现塞音演变的规律如下：

$b^h \rightarrow b \rightarrow p \rightarrow \Phi$

$d^h \rightarrow d \rightarrow t \rightarrow \theta$

$g^h \rightarrow g \rightarrow k \rightarrow x$

$g^{wh} \rightarrow g^w \rightarrow k^w \rightarrow x^w$

梵文的浊送气塞音（b^h-，d^h-，g^h-，g^{wh}），对应希腊文的清送气塞音（p^h-，t^h-，k^h-，k^w），对应拉丁文的擦音（Φ-，θ-，x-，x^w），对应日耳曼语的浊塞音（b-，d-，g-，g^w）。这个发现对于历史语言学的发展来说是革命性的。当然，任何规律都会有例外，语言学家相信，任何例外都是可以解释的。而例外对于研究者来说是相当宝贵的素材，他们可以从例外中发现语言演变的动因。

语言的历史变迁是很有趣的现象，如果不是英国的威廉·琼斯爵士（Sir William Jones，1746~1794）[1]1786 年发表了梵语、希腊语和拉丁语同源的假说，我们可能还不知道古代梵语、古代希腊语、古代拉丁语、古代日耳曼语和古代斯拉夫语同出于一个原始祖语。

语言的历史变迁有语言内部的原因，也有语言外部的原因。语言内部的原因是指语言系统内部各要素（如语音、词汇、语义、语法）彼此之间的相互影响、相互作用引起的语言系统内部的变化，语言外部的原因是指由社会的发展变化带来的语言面貌、语言结构或语言系统（语音、词汇、语义、语法）的变化。

任何一种语言都是一个组织严密、结构严整的系统，系统内部各个子系统（如语音系统和词汇系统）彼此之间相互制约，相互影响，如果其中的一个子系统发生变化，势必会影响到其他的子系统（例如语音的变化势必会影响到词汇的变化）。因为语言在一个共时平面上是一个相对平衡的系统，如果系统内某一个要素发生变异就会引起连锁反应，导致结构失衡。语言系统的发展变化总是由平衡到不平衡再到新的平衡，过一段时间又会出现新的不平衡这样一个循环过程。图示如下：

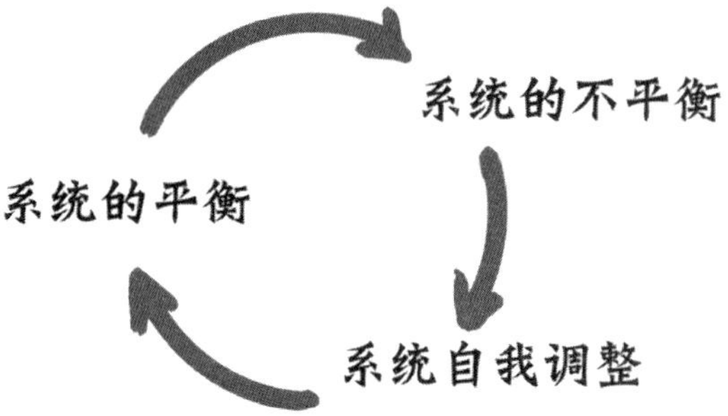

图 2–1

[1] 威廉·琼斯爵士（Sir William Jones，1746~1794），英国东方学家、语言学家、法学家、翻译家，曾被英国政府派往东印度公司担任司法工作。他一生中学习了 28 种语言，精通拉丁语、法语、意大利语、希腊语、阿拉伯语、波斯语、梵语，粗通西班牙语、葡萄牙语、德语、如尼克语（Runick）、希伯来语、孟加拉语、印地语、土耳其语，也在一定程度上懂藏语、巴利语、帕拉维语（Palawi）、德利语（Deri）、俄语、古叙利亚语、埃塞俄比亚语、科普特语（Coptic）、威尔士语、瑞典语、荷兰语、汉语。他最早正式提出印欧语假说，成为历史比较语言学的奠基人。

语言每一个要素内部的变化总会引起其他要素的变化，使语言系统本身发生失衡，比如，汉语词汇在先秦时期直至唐宋时代都是以单音节为主的，但后来发生了浊音清化、声母合流、元音合并、声调简化等语音变化，同音现象不可避免地大量增加，单音节词已经很难起到区别意义的作用，于是语音的变化打破了语言系统的平衡，带来词汇上的调整，最终导致双音节词大量产生。语音系统的简化必须在词汇系统里得到补偿，增加词的长度就是一种补偿办法。双音节的产生就是通过增加词长的办法来补偿由于语音系统的简化而带来的不平衡。又例如藏语或者越南语声调的产生也是语音系统内部变化的结果：浊音清化、复辅音消失、辅音韵尾脱落使得藏语或者越南语原有的区别性变得越来越弱，声调的产生也是一种补偿，我们发现声调与声母之间、韵尾之间存在着对应关系。当清浊的对立消失的时候，原来不同音的词汇变成同音词汇了，怎么办呢？用声调的变化来区别意义是一种很不错的办法。当辅音韵尾脱落的时候，原来韵尾不同的音节变成相同的音节了，怎么办呢？还是用声调的变化来区别。可以说，古代藏语和越南语声调的产生就是语言系统内部变化的结果。

社会的发展变化是语言发展变化的外部原因。具体说来有以下几种重要的因素应该考虑：

1. 人类社会的分合造成语言的变化。人类的迁徙使得语言随着人类迁徙的脚步走向不同的地方，形成相对分离的社会群落，分离的时间久了，就会造成语言的分化，所以人类社会的分化会引起语言的分化；反过来，不同的社会群落之间也会发生接触、冲突、碰撞、交融，形成一个融合性的新的社会群落，在这个过程中语言系统也会发生变化。所以社会的融合会带来语言的融合，不同社会群落的接触、冲突、较量、融合，也会给语言带来变化或者融合。

2. 社会观念和社会现象的变化造成语言的变化。新事物的产生，旧事物的变化、消失会带来词汇的新旧交替，人们认识水平的变化会导致词义的扩大或者缩小、词义的转移等。每一个新事物的产生都要有一个名称，例如“电子计算机”刚刚诞生的时候我们怎么称呼它呢？英文的“computer”是指一种能够按照事先存储的程序，自动、高速地进行大量数值计算和各种信息处理的现代化智能电子设备，这种设备我们称之为“电子计算机”，简称“计算机”，强调的是它的计算功能。我们知道现在计算机的功能主要不是计算，而是进行复杂的信息处理，就像一个人造大脑一样，因此我们又把它称作“电脑”。后来又出现了生物计算机、光子计算机、量子计算机，我们统统称之为“电脑”。

3. 不同社会群体之间的接触和交流造成语言的变化。世界上的语言几乎没有哪一种是单纯的，没有受到外界影响的。尤其是在现代社会，地球已经变成一个小小的村落，不同社会群体之间的接触和交流日益频繁，这种接触和交流对彼此的语言都会造成影响。比如中国人和日本人的接触和交流，使得日语中有大量的汉语借词，例如“爱、恶、青、白、一、二、三、四、父、母”等，日语中的汉源词数量庞大。日语不光借用汉语的词汇，还借用了汉字这种书写符号，直至今日，日语仍然使用汉字和自创的假名来作为书写符号（假名是利用汉字的形体创制的）。有趣的是，日语中的很多汉源词又被汉语回借，结果是汉语中的很多词汇是辗转借自日语中的汉字词汇，如“电话”“电波”“电气”“写真”“便当”“文化”“经济”“空港”“干部”“科学”“浪人”等，当然有些汉字词汇虽然使用汉字造词，但是意思与汉语不同，如“手纸”（书信）、“元气”（健康）、“大丈夫”（没问题、不要紧）、“汽车”（火车）、“新闻”（报纸）、“马鹿”（傻瓜）、“皮肉”（讽刺、挖苦）、“勉强”（学习）、“大根”（萝卜）、“一番”（第一）、“下手”（笨拙）、“户棚”（壁橱）、“下流”（下游）、“泥棒”（小偷）、“是非”（务必）、“给料”（薪水）、“野菜”（蔬菜）等。有些词汇汉语中没有，但是仍然可以知道是什么意思，如“株式会社”“主催”等，而有些词我们就莫名其妙了，如“怪我”（过错）、“散散”（厉害、程度高）、“面白”（有趣）、“心配”（担心）、“朝颜”（牵牛花）、“放题”（自由）、“见事”（好看、巧妙）、“切手”（邮票）、“切符”（车票）、“部屋”（房间）等。在历史上，朝鲜语、越南语也都大量地借用过汉语词汇，因此在当今的朝鲜语和越南语中汉源词的数量也是非常庞大的。语言在相互接触的过程中除了会发生词汇的借用之外，还可能发生语言的融合，强势语言在融合过程中会把弱势语言融合掉，只留下一些词汇底层。例如汉语在融合鲜卑语、满语的过程中成为胜利者，鲜卑语和满语已经不见了。中国南部的各方言如闽方言、吴方言、粤方言、赣方言、客家方言、湘方言都可以找到古代“百越”民族的词汇底层，这都是语言融合的结果。近年来由于外语教育的普及，日剧、日本动漫、韩剧的输入，汉语中又出现了一些新的外来词汇，例如“烘培鸡”（home page）、“温酒吧”（Win98）、“粉丝”（fans）、“泡思”（pose）、“血拼”（shopping）、“伊妹儿”（email）、“丁克”

（DINK）等。有时候干脆把外语或者外文缩写直接写上去，如“CU”（see you）、“Me2”（me too）、“hold不住”、“out”、“想念ing”、“P2P”（点对点）、“DIY”（Do it yourself）、“high”、“cool”、“bus”、“TV”、“T-台”、“卡拉 OK”、“3Q ”（thank you）、“VIP ”（very important person）等。以上都是从英语中借来的语言形式，也有一些是从日语中来的，如“素人”“萌”“吐槽”“腐女”“欧巴桑”“有料”“大丈夫”“耽美”“正太”等，从韩语中借来的“欧巴”“阿妈尼”“阿爸吉”等。

4. 网络虚拟社会的出现造成语言的变化。互联网的出现改变了人们的交际方式，人们除了真实社会的交际活动之外，虚拟社会的交际活动越来越活跃，为了适应虚拟社会交际的需要，出现了许多特殊的语言形式，在词汇方面出现了一些网络变体，例如“杯具”（悲剧）、“餐具”（惨剧）、“童鞋”（同学）、“小强”（蟑螂）、“拍砖”（发帖子攻击其他人的观点）、“潜水”（在网络上只浏览，不发帖）、“偶”（我）、“大虾”（大侠）、“神码”（什么）、“酱紫”（这样子）、“稀饭”（喜欢）、“闷骚”（指外表冷静，沉默而实际富有思想和内涵的人，man show的音译）、“亮骚”（将心爱的东西展示给外人看或向他人炫耀得意之事）、“粉丝”（fans）等。这些变体有的是谐音词，有的是新造词，有的是有典故的，也有音译词。由于网络交际的即时性特点，键盘输入的时候会用一些字母或者数字以节省时间，如“BT”（变态）、“PF”（佩服）、“PMP”（拍马屁）、“SL”（色狼）、“PP”（屁屁）、“GF”（女朋友，girlfriend）、“BF”（男朋友，boyfriend）、“TMD”（他妈的）、“JJWW”（叽叽歪歪）、“SJB”（神经病/蛇精病）、“BB”（宝贝，拜拜）、“886”（拜拜喽）、“748”（去死吧）、“847”（别生气）、“55555”（呜呜呜呜呜）、“259758”（爱我就娶我吧）等。此外，有一些词汇造词能力暴涨，形成一个新的聚合体。例如“～族”“～哥”“～男”“～女”“～奴”[1]：

暴走族、傍款族、半漂族、啃老族、月光族、阿鲁族、密码族、闪婚族

浮云哥、淡定哥、海马哥、犀利哥、瞌睡哥、红娘哥、鳄鱼哥、章鱼哥

肌肉男、奶瓶男、快餐男、宠物男、贝塔男、素养男、余味男、极客男

阳光女、狂野女、优雅女、温柔女、矜持女、单贵女、山楂女、乐宅女

房奴、车奴、卡奴、妻奴、基奴、股奴、菜奴、团奴、孩奴

虚拟社会的飞速发展使得我们同一个时代的人迅速出现语言的分化，年长者

[1] 参看侯敏、周健（主编）《2010 汉语新词语》，商务印书馆 2011 年出版。

对年轻人的网络语言已经不甚了了，很多词汇已经不明其意。一些新的表达方式也随即出现，例如凡客体、梨花体、羊羔体、脑残体、回音体、乡愁体、本山体等。在文字方面，中国的网络出现了生僻的或新造的汉字，例如“囧”“烎”“槑”。语言变化的证据随处可见。

语言的历史变迁有四种结果：第一种是语言的统一，不同的语言或者方言在某种力量的推动下逐渐统一为一种语言；第二种是语言的分化，同一种语言在某种力量的作用下分化为不同的语言；第三种是语言的融合，不同的语言通过接触产生一种融合性的新的语言（混合语）；第四种是语言的死亡，某种语言由于某种外力作用逐渐退出交际，成为死亡的语言。这里涉及语言的竞争问题，我们下面讨论语言的竞争和语言的命运。

第四节　语言的竞争和命运

不同的语言之间是存在着竞争关系的。有的语言在竞争中胜出，成为影响广泛的、应用范围和领域不断扩大的语言，例如英语已经成为当今世界应用范围、应用领域最有优势的语言，这是有其历史和社会原因的。1640 年至 1688 年，英国的资产阶级革命推翻了英国的封建统治，建立了君主立宪的资本主义制度。英国资产阶级革命极大地促进了欧洲各国反封建的努力，起到了资产阶级思想启蒙的作用，对世界历史产生了重要影响。18 世纪后期发源于英国而后波及欧美主要国家的第一次工业革命，对人类社会的演进产生了空前深刻、巨大的影响。它为新生的资本主义制度奠定了坚实的物质基础，促使欧美诸国先后实现工业化，由农业国变成工业国。它为英国提供了历史机遇，利用工业化先发优势，确立了“世界工厂”的地位，也为英语成为“世界语言”创造了条件。可以说英语凭借工业革命的强劲东风走向了世界。工业革命使得英国有了雄厚的经济基础和科技竞争力，使得英国有了坚船利炮，使得英国能够开疆拓土，得以在世界各地经商、贸易和殖民，同时也把英语带到了世界各地。

由于航海技术的发达，历史上的葡萄牙、西班牙都曾经大规模在海外殖民，建立殖民地，法国、荷兰紧随其后，并依靠军事力量巩固其殖民统治。自然而然地，葡萄牙语、西班牙语、法语、荷兰语随着殖民者的脚步向海外扩张，今天的拉丁美洲成为西班牙语和葡萄牙语的天下与殖民地的建立是密不可分的。当葡萄牙人和西班牙人登上美洲大陆的时候，殖民者的语言成为强势语言，当地的土著语言渐渐地被消灭殆尽。

英语、西班牙语和葡萄牙语在竞争中胜出是由经济力量和军事力量决定的。而今天的英语成为科技语言和文化语言，很大程度上受惠于美国战后科学技术的发展、教育的发展和好莱坞大片在全球的影响。可以把这种力量概括为科技的力量、教育的力量和文化的力量。中国改革开放以后，经济力量迅速上升，目前已经成为世界上举足轻重的经济体，在这种力量的影响下，汉语也开始走上国际舞台，世界上学习汉语的人在增多。这也是由经济力量推动的。

阿拉伯语也是很有影响的语言之一，这不能不说与伊斯兰教的传播有关系。阿拉伯世界本来是由一些游牧部落组成的，公元 7 世纪，先知穆罕默德创立了伊斯兰教，统一了阿拉伯各个部落，随后建立了横跨亚、非、欧三个大洲的阿拉伯帝国，虽然历史上突厥人、罗马人、蒙古人、波斯人都曾经统治过这个地区，但是阿拉伯语仍然是阿拉伯人的共同语言，这很大程度上取决于《古兰经》以及伊斯兰教。现在阿拉伯国家主要分布在西亚和北非地区，也有一部分分布在西非和东非的一小部分地区。其中巴勒斯坦、约旦、叙利亚、黎巴嫩、沙特阿拉伯、伊拉克、也门、科威特、阿联酋、卡塔尔、巴林、阿曼等 12 个国家分布在西亚；阿尔及利亚、摩洛哥、突尼斯、利比亚、苏丹、埃及等 6 个国家分布在北非；非洲西部的毛里塔尼亚、非洲东部的吉布提和索马里以及印度洋西部岛国科摩罗也属于阿拉伯国家。

语言的竞争与文明的竞争是相伴相生的。世界上的古老文明都经历了由盛到衰的过程[1]，与之相应地，他们的语言竞争力也会随之发生变化。

两河文明：发源于中亚的底格里斯河（Tigris）与幼发拉底河（Euphrates）流域，是有史可考的最古老的文明，可以追溯到公元前 4000 年，正式形成于约公元前 3500 年。当时生活在两河流域的是苏美尔人，建立了苏美尔文明，留下

[1] 参看威尔 · 杜兰（1998）《世界文明史》(全 11 卷)，台湾幼狮文化公司组织翻译，华夏出版社出版；马克垚（2004）《世界文明史》，北京大学出版社出版；陈钦庄、詹天祥、计翔翔（2008）《世界文明史简编》，浙江大学出版社出版。

了古老的苏美尔文字（楔形文字）。继苏美尔人之后，闪米特人、赫梯人、亚述人、波斯人、马其顿人、罗马人、阿拉伯人和突厥人相继统治这片地区。苏美尔人的语言与闪米特人的语言不同，与今天的阿拉伯语也不同源，因此楔形文字的释读十分困难，苏美尔人的文明被闪米特人汉谟拉比所建立的古巴比伦取代之后，苏美尔人的语言也随之消失。

尼罗河文明：发源于非洲尼罗河（Nile）流域的古埃及文明也可追溯到公元前 4245 年，地域覆盖从尼罗河第一瀑布到尼罗河三角洲的大片地区，直至公元 641 年阿拉伯人征服埃及。一说古埃及文明从公元前 4245 年埃及南、北王国的首次联合，到公元 332 年马其顿王国亚历山大占领埃及，托勒密王朝覆灭，即通常所说的历时三千多年的法老王朝。现在的埃及人是阿拉伯人后裔，古埃及文明连同古代埃及的语言也已经烟消云散了，留给后世的只有神秘的大金字塔、倾颓的神庙、方尖碑、狮身人面像、法老的陵墓和古老的象形文字。

印度河文明：发源于亚洲印度河（Indus）与恒河（Ganges）流域，亦称哈拉帕文明（Harappan civilization）。其文明可追溯到公元前 3000 年，最终形成于公元前 2500 年左右。印度河文明是什么人创造的，又是如何毁灭的，至今仍然是一个解不开的秘密。关于他们的语言我们也不得而知。印度河流域与恒河流域的主人后来由雅利安人取代。

爱琴文明：发源于希腊爱琴海地区，形成于公元前 3000 年左右，也称米诺斯文明，发源于欧洲地中海的克里特岛（Crete），所以又称克里特文明，后被迈锡尼文明所取代。克里特文明也有文字，但是至今仍无法破解。

华夏文明（中华文明）：发源于黄河流域和长江流域，形成于夏、商、周时期，大约是公元前 2070 年到公元前 771 年（周幽王时期）。华夏文明是目前世界上唯一一个延绵 4000 多年没有断绝的文明。与华夏文明相伴相生的汉语（华语）也一直延续至今。

奥尔梅克文明：这是已知的美洲文明的源头，可以追溯到公元前 1200 年到公元前 400 年，产生于中美洲圣洛伦索高地的热带丛林当中，最终在公元前 400 年左右消失。大多数学者认为奥尔梅克文明是玛雅文明和托尔特克等文明的母体。但也有人认为奥尔梅克文明和其他中美洲文明的关系是姐妹关系。玛雅人留下的象形文字虽然没有得到完全破译，但是其中所包含的天文知识和历法知识是令人吃惊的。后世玛雅语系的语言与古代奥尔梅克文明的关系不是很清楚。

以上说的是古代文明和古代语言的发展与灭亡。语言的竞争与文明的竞争是分不开的，语言的命运也随着文明的命运起伏跌宕。有一个现象非常耐人寻味，中华文明实际上不是单质的，它融合了许多其他文明的元素，汉语也不是"蒸馏水"一样纯净的语言，它也融进了许多其他语言的成分。汉藏语系的语言、南亚语系的语言和阿尔泰语系的语言在这里交汇、碰撞、融合，中国的统治者并不总是汉人，鲜卑人、匈奴人、女真人、西夏人、满人都长时间统治过中国，但是汉语在竞争中一直处于胜利者的地位，这主要得益于农耕文明与游牧文明在竞争中所具有的优势，也得益于华夏文明深厚的文化基础。

北魏孝文帝拓跋宏（467~499）的汉化改革是最典型的例子。魏晋南北朝时期是北方草原游牧民族与南方中原汉族文化密切接触的时代，也是两种文明大碰撞大融合的时代。拓跋氏来自北方游牧民族——鲜卑族，该民族自东汉以来，经常与汉人接触，不仅占据匈奴故地，而且据有东起辽东、西至陇西的大片土地。拓跋氏统一北方以后，建立了由少数民族为主的北魏政权，并迁都洛阳。拓跋宏的改革主要内容是弃胡服，改汉制，尊汉俗，改汉姓（拓跋氏改姓元[1]），并在鲜卑贵族中禁说鲜卑语，改说汉语。孝文帝的改革是很有远见的[2]。据史书记载："孝文引见朝臣，诏断北语，一从正音，禧赞成其事。于是诏：年三十已上，习性已久，容或不可卒革。三十已下，见在朝廷之人，语音不听仍旧。若有故为，当降爵黜官。若仍旧俗，恐数世之后，伊洛之下，复成被发之人。朕尝与李冲论此，冲言：'四方之语，竟知谁是；帝者言之，即为正矣，何必改旧从新。'冲之此言，应合死罪。"（《二十五史・北史》）[3] 北魏孝文帝主动放弃母语，改说汉语，考

[1] 鲜卑贵族八大姓氏改成汉姓之后对照：

丘穆陵氏→穆氏
独孤氏→刘氏
步六孤氏→陆氏
贺赖氏→贺氏
贺楼氏→楼氏
勿忸氏→于氏
纥奚氏→嵇氏
尉迟氏→尉氏

[2] 参看程维荣（2007）《拓跋宏评传》，南京大学出版社。

[3] 引自北京大学汉语语言学研究中心语料库。

虑的是王朝的长治久安，因为汉文化有丰富的文化典籍，成熟的礼仪制度，为了避免“复成被发之人”必须学习汉族的文化，这是大势所趋，也是汲取了历史的经验教训。鲜卑语在与汉语接触的过程中渐渐地退出了历史舞台。

满族也是中国北方游牧民族，入关后建立清朝，统治中国300年之久。满语属于阿尔泰语系满–通古斯语族的语言，有自己的文字。满文是1599年清太祖命满族语言学者额尔德尼借用蒙古字母创制的，被称为“老满文”或“无圈点满文”，亦称“额氏满文”。1632年清太宗皇太极又命另一位学者达海加以改进，在字母右侧上加“圈”加“点”，以更加方便读写，被称之为“新满文”或“有圈点的满文”，亦称“达氏满文”。满族人在入主中原之后，与汉族文化有了密切的接触，一些满族知识分子和贵族开始学习汉族的语言、文学、科学、艺术、政治、历史，很多满族知识分子精通汉族文化，久而久之，汉族和汉文化已经融入清朝社会生活的各个方面，出现了很多用汉语创作的诗词大家，例如清末的著名词人纳兰性德，他在汉语文学方面的造诣已经登峰造极。到清朝覆灭的时候，满语基本上已经退出社会生活。辛亥革命一百年之后的中国，满族已经完全汉化，满语已经濒临灭绝（赵杰，1989/1993），满族姓氏改为汉姓，例如爱新觉罗氏改为“金”，叶赫那拉氏改为“叶”或者“那”，瓜尔佳氏改为“关”，计布出氏改成“计”。也有不同的姓氏改成同一个汉姓的，如喀什喀腾氏、喀尔沁氏、喀楚特氏、喀尔诺特氏、葛哲勒氏改成了“柯”，钮祜禄氏、钮呼特氏、钮呼勒氏、郎佳氏、拉库勒氏、钮赫氏、钮赫勒氏改成了“郎”，马佳氏、费莫氏、富察氏、玛尔屯氏改成了“马”，等等。

当今世界最有竞争力的语言除了英语之外还有汉语、法语、西班牙语、阿拉伯语、俄语，它们都是联合国工作语言。此外，德语、葡萄牙语、荷兰语、意大利语、日语、马来语也很有竞争力。为了提升本民族语言的国际竞争力，一些国家专门设立了语言推广机构，例如法国创建于1883年的法语联盟（Alliance Française），英国创建于1934的英国文化委员会（British Council），德国建于1951年的歌德学院（Goethe-Institut），西班牙建于1991年的塞万提斯学院（Instituto Cervantes），中国创建于2004年的孔子学院（Confucius Institute），等等。除了语言教育机构和语言文化推广机构之外，一些国家的文化产业也扮演着重要角色，例如美国的电影产业、法国的电影产业、日本的动漫产业、韩国的电视剧产业等在推广本国语言方面的影响也不容小觑。

除了文明的竞争之外，当代社会语言之间的竞争是非常剧烈的，这里边有政治的动力、经济的动力、文化的动力。当今世界最有竞争实力的语言无疑是英语，处于第二位的应该是西班牙语，汉语处于第三位，而且还有不断上升的趋势，法语处于第四位，阿拉伯语处于第五位。葡萄牙语、荷兰语、德语、俄语的地位在下降，日语、朝鲜语的地位在上升。有人对世界上各种语言的影响力进行研究评估，发现语言竞争力是由很多因素构成的，其中地缘政治因素、经济因素、文化因素、宗教因素是最重要的。人口因素也是一个很重要的因素，目前世界上使用人口最多的语言如下表（数据采自 Comrie，Weber 以及 SIL）[1]：

世界人口最多的十种语言（单位：亿人）

排名	语言	Comrie	Weber	SIL
1	汉语官话	8.36	11	12（1999）
2–4	印地语 + 乌尔都语	3.33	2.50	4.22（2001）
	西班牙语	3.32	3.00	3.22（1995）
	英语	3.22	3.00	3.09（1984）
5–6	阿拉伯语	1.86	2.00	3.23（2008）
	本加利语	1.89	1.85	1.71（1994）
7–8	俄语	1.70	1.60	1.45（2000）
	葡萄牙语	1.70	1.60	1.78（1995）
9	日本语	1.25	1.25	1.22（1985）
10	德语	1.00	1.00	0.954（1994）

第五节　语言的濒危和抢救

世界上的语言每时每刻都在发生着变化，语言之间的竞争也会长期存在下去，竞争的结果使得有一些语言处于危险境地，这些语言面临着灭绝的危险，我们把这些语言称为“濒危语言”（endangered languages）。尽管学者们的意见并不一致（徐世璇，2001；戴庆厦等，2004），但对濒危语言的判断是有一定标准的。

[1] 感谢储诚志兄提供维基百科线索，原表单位为百万，为了读者方便单位改成了亿。

2000年2月在德国科隆召开的濒危语言学会议，会员们一致通过将语言按现状分为7个等级，分别是：

1. 安全的语言：前景非常乐观，群体的所有成员包括儿童都在学习使用的语言。

2. 稳定但受到威胁的语言：群体内所有成员包括儿童都在学习使用的、但是总人数很少的语言。

3. 受到侵蚀的语言：群体内部的一部分成员已经转用了其他语言，而另一部分成员包括儿童仍在学习使用的语言。

4. 濒临危险的语言：所有的使用者都在20岁以上、而群体内部的儿童都已不再学习使用的语言。

5. 严重危险的语言：所有的使用者都在40岁以上、而群体内部的儿童和年轻人都已不再学习使用的语言。

6. 濒临灭绝的语言：只有70岁以上的少数老人还在使用、而群体内几乎所有其他的成员都已放弃使用的语言。

7. 灭绝的语言：失去了所有使用者的语言。

语言的濒危是有原因的，但是不同的语言濒危的原因却不尽相同。有的语言是语言使用者主动放弃本民族语言，改用其他语言，例如鲜卑族改用汉语；有的是迫于外部压力不得不放弃本民族语言，例如世界上很多殖民地国家都改用了殖民者的语言；有的是因为人口比较少，本民族语言使用范围有限，不得已必须学习其他语言，例如中国的赫哲语、土家语、塔塔尔语；有的是因为民族融合，语言也发生了融合现象，本族群的语言在融合中处于濒危状态，例如中国的满语；有的是因为族群迁移，到了一个被其他族群包围的环境，本族群的语言处于濒危状态，例如吉尔吉斯斯坦的东干语。当今世界正处于全球化时代，社会的变迁、经济的一体化、文化的融合、人口的流动、万维网络的发达、信息社会的形成对那些使用人口少、应用领域小、应用前景黯淡的语言来说是一个相当大的威胁。

每一种语言都是说这种语言的族群创造出来的，它是这个族群文化和历史的记录者，一旦死亡，就意味着这个族群的文化和历史无法传承下去，这对于人类来说无疑是一个重大的损失。语言的多样性与物种的多样性一样重要。按照萨丕尔的假说，每一种语言的语音系统、语法系统和语义系统的后面都存在着一个无意识的心理系统。对这个心理系统的了解有助于我们了解人类认知的规律。现代认知科学特别重视研究语言与外部世界的互动关系，研究大脑与生存环境之间的关系，通过语言我们可以知道一个族群认知世界的方式和视角，如果这个族群的语言不复存在，那么我们也就无从知道这个族群是怎样认识世界的了，他们的世界观、思维方式、社会形态、历史传说、口头文学都是宝贵的文化遗产，一旦失去就无法复原。古代两河文明、尼罗河文明、恒河文明、爱琴文明、奥尔梅克文明都随着它们语言的消失而消失了，古代文明所留下的辉煌建筑和他们精准的天文历法知识，我们也只能在残垣断壁和石碑上无法破译的文字中去管窥蠡测，这是人类社会的巨大损失。从这个意义上说，抢救一种濒危的语言就等于抢救一种文化形态。

濒危语言的抢救有不同的途径：一种是设立基金会，资助濒危语言的学习和传承；一种是建立语言档案，把濒危语言的有声资料和文化遗产保存起来。无论哪种方式，都不能真正拯救濒危语言，尤其是在网络时代、知识经济时代、全球化时代，一些濒危语言会加速死亡，因为说这些语言的人们已经认识到学习其他语言的重要性，那会改善他们的生活境遇，在这种情况下，我们基本上无力阻止语言濒危的进程，就好像我们目前还无法让生命不死一样。

世界上的濒危物种已经得到了环境保护组织以及一些国际组织的重视，而濒危语言的抢救在很多国家和地区都没有得到足够的重视。一些濒危语言的传承者在大声疾呼，希望政府、学界、公众关注濒危语言，但是这种声音非常微弱。一些濒危语言毫无悬念地逐渐消亡，他们的后人即使对祖先留下来的语言心存惋惜之情，也已经无能为力了。而全球一体化的大潮汹涌澎湃，语言的一体化已渐成必然之势。

【思考题】

1. 为什么我们无法确切地知道世界上有多少种语言？
2. 传统的语言类型学根据什么把世界的语言分成四种类型？
3. 孤立语与屈折语相比有什么特点？
4. 语言的家族是如何形成的？

5. 如何确认两种或几种语言有基因上的联系？
6. “语言是处在变化中的”，有什么证据可以证明这个结论？
7. 语言变化的内因是什么？外因是什么？
8. 是什么因素决定了某一种语言的命运？
9. 试分析满语濒危的原因。

第三章 语言的共性和个性

第一节 语言的共性

正如上一章所言，世界上有很多语言，没有人能精确地告诉你世界上到底有多少种语言，因为很多语言和方言的界限并不是很清晰，没有一个大家都能接受的划分语言和方言的标准。据语言学家保守估计，现在世界上还在使用的语言应该有6000种（Comrie，1987/2009）。世界上的语言种类如此之多，而且千差万别，这就让我们思考：它们之间有共性吗？或者说，人类语言有普遍性吗？如果有，它们是什么？如何发现它们？如果没有，操不同语言的人们之间的交流是如何进行的？不同的语言之间的翻译是如何实现的？关于这个问题，形式主义语言学家和功能主义语言学家尽管认识论和方法论都不一样，但是他们有一个共同的目标，那就是探求人类语言的本质。人类语言的本质是什么呢？要回答这个问题必须寻找人类语言的共性，因为语言的本质是建立在语言共性的基础上的，如果没有共性，那么我们只能说不同的语言是不同的东西，这显然是荒谬的。在这个问题上，形式主义语言学家和功能主义语言学家得出的结论是不一样的。以Chomsky（1957）为代表的形式主义语言学派认为，人类语言具有普遍性，他们用演绎的方法假设人类的大脑中存在着一个语言获得装置（LAD），不管你长大后说什么语言，你大脑中的这个装置是一样的。也就是说，人们的语言能力是天生的，人类语言的普遍性是以人类认知的普遍性为基础的，建立在这个普遍性基础上的、存在于人类大脑中的语言系统就是普遍语法（universal grammar），我们大脑中的语言系统是先验的、天赋的、自足的（独立于其他认知能力之外的）；而功能主义语言学派不认为语言是独立于其他认知活动而存在的，语言与我们对外部世界的认知有一种互动关系，说不同语言的人对外部世界的认知会有差别，他们从语言事实出发，用归纳的方法发现人类语言既有普遍性，又有独特性（Greenberg，1978）。可以说 Chomsky 的理论是理性主义的，是先验的；而 Greenberg 的理论是经验主义的，是实证的。Chomsky 的结论来自演绎推理，Greenberg 的结论来自田野调查的归纳概括。

世界上的语言有些来源于同一个原始祖语，例如英语、德语、荷兰语、挪威语等来自于同一个语族，法语、意大利语、西班牙语、罗马尼亚语等来自于同一个语族，它们又都来自于原始印欧语，彼此之间属于亲属语言，因此彼此之间具有某些结构共性不足为怪；有些语言彼此之间没有基因上的联系，但是它们在结构方式上也有一些相似之处，这是非常有趣的现象。例如日语、朝鲜语和阿尔泰语系的语言（如突厥语族的土耳其语、蒙古语族的蒙古语）在结构上有很多共性特征，它们都是 SOV 型语言，都是黏着语，都有丰富的格助词，等等，但是迄今为止我们还无法证明日语、朝鲜语这两种语言有亲属关系，也无法证明它们跟阿尔泰语系的语言（如土耳其语或蒙古语）有任何基因上的联系。这种结构上的共性特征是偶然发生的呢，还是有动因的？我们还不能给出一个圆满的解释。

什么是语言的共性？语言共性就是不同的语言之间所具有的共同特征。有些语言共性是全人类的，例如所有的语言都有名词和动词之分，所有的语言都是通过元音和辅音交替组合构成音节；有些语言共性是亲属语言之内的，例如印欧语系的语言都有冠词系统，都有性、数、格、时、体、态等曲折变化，而这些在印欧语系的语言中具有普遍特征的属性在其他语言当中不一定存在，比如说冠词系统在汉语、泰语、日语、朝鲜语、越南语中就没有。有鉴于此，语言共性可以分为不同的层次。

首先我们应该区别**绝对共性**和**非绝对共性**。所谓绝对共性是指在所考察的语言的语料库所能给出的材料范围内没有任何例外的语言共性，真正的绝对共性应该建立在对所有人类语言考察的基础上，这其实是一个很难完成的任务；非绝对共性指的是在所考察的语言的语料库所能给出的材料范围内具有明显倾向性的语言共性，允许有例外。我们相信绝对共性应该是很少的，即使有也没有多大意义，比如说所有的语言都有元音和辅音系统，而且元音和辅音交替组合构成音节。试想，如果某一种语言里边没有元音，那么只能像蛇一样发出一些“嘶嘶”的声音，或者像鸟一样发出“特特”的声音，或者像老鼠一样发出“吱吱”的声音，或者把一些辅音组合起来，那也只能是 sffff sffft mfsssst glp qrjk 等塞音、擦音等模糊不清的声音，没有元音就不会有响亮的音节，从听觉上来说无法分出单位来，那是不可想象的。如果某种语言没有辅音呢？那只能发出“啊”“衣”“呜”之类的元音，任何一种语言的元音数量都不会太多，元音组合的结果也很有限。因此，只有元音和辅音交替出现才能有无穷的变化。

其次我们应该区别**蕴含共性**和**非蕴含共性**。所谓蕴含共性指的是在所比较的语言里“只要有 X 就一定有 Y”这样的蕴涵命题，例如“以 VSO 为优势语序的语言总是使用前置词”（Greenberg，1966）；所谓非蕴含共性是指不依赖其他共性而单独存在的语言共性，例如“所有语言都是元音和辅音交替出现构成语符串的”（Greenberg，1962）。蕴含共性可以是绝对共性，也可以是非绝对共性。蕴含共性的蕴含关系可以是单向的（X 蕴含 Y），也可以是双向的（X 蕴含 Y，Y 也蕴含 X）。

第三，我们还应该区别**亲缘性共性**和**非亲缘性共性**。所谓亲缘性共性指的是来源于一个共同原始祖语的各个亲属语言之间所具有的语言共性，例如印欧语系语言的名词都有性、数、格的语法范畴，这是亲缘性的，不是偶然发生的；非亲缘性共性指的是没有亲属关系的语言彼此之间所具有的共性，例如汉语和日语都有句末语气词系统：汉语的“～啊”“～吗”“～呢”“～吧”，日语的“～ね”（ne）“～な”（na）“～さ”（sa）“～よ”（yo）“～か”（ka）（印欧语系的语言没有这个系统），汉语和日语是没有亲属关系的语言，它们彼此之间的这个共性特征不是因为亲缘关系造成的，究竟是因为地缘关系还是偶然发生的，我们还不得而知。

语言共性的研究是建立在统计的基础上的，有一些语言的某些特征只有某种倾向性。例如名词的格范畴，在印欧语中也有分布上的差异，英语名词的格范畴已经消失，只有人称代词还有格的区别性特征。性的范畴在印欧语中也并非高度一致的，英语的名词几乎没有性的区别性特征，而在与英语基因联系比较密切的德语中，所有的名词都需要标记出阴性、阳性或者中性。

语言共性特征往往体现在系统的对称性上。例如某一语言的语音系统中存在着不送气的塞音音位 /p/ 与送气的塞音音位 /pʰ/ 的对立，比如说汉语或者尼日利亚语，那么在这种语言中一定存在着 /t/ 与 /tʰ/、/k/ 与 /kʰ/ 的系统对立；如果一种语言中存在着浊塞音音位 /b/ 与清塞音音位 /p/ 的对立，比如说英语和日语，那么在这种语言中一定存在着 /d/ 与 /t/、/g/ 与 /k/ 的系统对立。这是非常整齐的，兹列表比较如下：

辅音有不送气与送气分别的语言

p	t	k
pʰ	tʰ	kʰ

辅音有浊与清分别的语言

b	d	g
p	t	k

语言共性的研究是全方位的，从语音、语义、语法、语用到篇章结构，无所不包。语音方面的共性研究如音位系统问题、元音和谐问题、重音问题、音位变异问题、音节结构问题、声调问题等。语义方面的共性研究如语义格问题、生命度问题、指称性问题（有定 / 无定等）、语义范畴问题、语义标记问题等。语法方面的共性研究最为热门，研究的领域和话题也特别多，例如语序类型学的问题、形态类型学的问题等。语序类型学主要探究语序蕴含共性的问题，形态类型学主要探究词法中的词缀、屈折、派生、重叠等构词手段，性、数、格、时、体、态、式、情态等句法手段，以及疑问、否定、感叹、推量、语气等句法语义手段，其中，语序的研究已经成为语言类型学研究的核心内容，所取得的成就也最为显著。语用方面的共性研究涉及的内容不多，主要包括谦敬策略、言语行为方式、礼貌原则等。篇章结构的共性研究就更少了，主要包括篇章结构模式、连贯衔接手段等。

到现在为止，我们所知道的人类语言的共性有以下一些是有共识的（Fromkin，Rodman & Hyams，2003）：

1. 凡人类皆有语言。

2. 世界上所有语言皆同样复杂，且有相等的表现力，没有哪一种语言是更原始的或者更文明的语言。

3. 所有的语言都会在时间的长河中发生嬗变。

4. 所有语言声音和意义的结合（包括体态语的手势和意义的结合）大部分是任意性的。

5. 所有的语言都是用有限的一套声音（或手势）构成有意义的成分或者词语，并用这些成分或者词语造出无限多的句子。

6. 所有语言的词语或者句子结构都是有语法规则的。

7. 所有语言都有元音和辅音。

8. 所有语言都有类似于名词和动词这样的基本语法范畴。

9. 世界上所有的语言都有一些基本的语义属性，如“雌、雄”“有生命、无生命”“人类、非人类”等。

10. 所有语言都有表达否定、疑问、命令的方式，都有指示事件发生时间的方式。

11. 任何一种语言的所有正常的说话人都有能力造出和理解无限多的句子。

12. 出生在任何地方的智力正常的儿童都能够学会自己的母语，不管他是什么种族，处于什么地理环境、什么社会环境、什么经济条件。

马建忠早在 1898 年就曾经指出：“盖所见为不同者，惟此已形已声之字，皆人为之也。而亘古今，塞宇宙，其种之或黄或白或紫或黑之钧是人也，天皆赋之以此心之所以能意，此意之所以能达之理。”[1] 马建忠认为人心（心智）有共性，所以人类语言也应该有共性。他的结论是建立在推论的基础上的，现在我们已经有了对世界语言的调查分析，回过头来再看马氏的结论，不能不佩服他的洞察力。人类在进化的过程中大脑的发展使人类“异于禽兽”，这到底是生物进化的偶然性使然，还是造化另有深意我们就不得而知了。

[1] 见《马氏文通·后序》，商务印书馆 1983 年版。

第二节　语言的个性

语言的共性是高度概括的，而语言的个性却是十分具体的。人们在接触到不同语言的时候首先感知到的是语言之间的差异，只有在一个更高的层次上才能发现其中的共性。语言的共性研究是普通语言学的任务，也是语言类型学的目标。而语言个性的研究则属于人类语言学的范畴，更多地与语言使用者的文化、传统、社会联系在一起（Duranti，1997）。而关于文化的概念，学界从来就没有达成共识。人类语言学把语言看作是一种文化现象，并从文化多样性的角度来观察语言的多样性。我们已经知道每一种语言都是一套非常复杂的符号系统，可以表达各种概念、现象、事件、理念、思想、信仰、时间、空间等事物范畴和疑信、毁誉、悲喜、谦敬或傲慢、赞叹、讥讽、恼怒等情感范畴，但是我们也知道不同的语言有不同的表达方式。这种差异可以是语言的（如结构方式的差异——汉语复合方位词"东南""西南""东北""西北"以东西为主要参照系，英语为southeast（南东），southwest（南西），northeast（北东），northwest（北西），以南北为主要参照系），也可以是言语的（如表达方式的差异——汉语说"我认为你不对"，英语说"I don't think you are right"（我不认为你是对的））；可以是符号系统的差异（如印欧语系的语言名词都有冠词、有数的变化，汉藏语系的语言则没有），也可以是符号功能之间的或语用方面的差异（如汉语和英语都有人名，但是在汉语中对尊者、长者不会直呼其名，而在英语中没有这样的限制）。

说共性比较容易，因为共性是概括的；说个性比较难，因为个性是具体的，同时也因为个性特征是在比较中才能知道的，很难说某一种语言的某种个性在其他的语言中就绝对没有，这也印证了"说有易，说无难"这个道理。

每一种语言都会有自己的个性特征，这是因为不同的语言群落生活环境不同，语言发生的社会环境不同，生活方式、生产方式、生产工具、居住环境、社会制度、社会结构、风俗习惯、宗教信仰等都会有独特之处，他们对外部世界的认知也会有独特之处。人类学家、民族学家Malinowski（1923）指出：一个语言群落要表达的全部事物与文化水平、地理环境、社会环境和经济状况有必然的联系，词的意义离不开文化因素。"语言环境决定论"成为伦敦学派的理论基础。例如，中国是一个以农耕经济为主要特征的农业社会，因此与农业生产有关系的语言现象十分丰富。中国的历法是中华文明的产物，中国的二十四个节气具有独特的意义：

立春，雨水，惊蛰，春分，清明，谷雨；
立夏，小满，芒种，夏至，小暑，大暑；
立秋，处暑，白露，秋分，寒露，霜降；
立冬，小雪，大雪，冬至，小寒，大寒。

一年分为春夏秋冬四季，每一个季节有六个节气，这六个节气跟生产生活关系密切，在汉语中与“节气”有关的俗谚也很多，例如中国东北地区流行的二十四节气歌，与当地的农业生产、地理环境有着密切的关系[1]：

打春阳气转，雨水偃河边，惊蛰乌鸦叫，春分地皮干，
清明忙种麦，谷雨种大田，立夏鹅毛住，小满鸟来全，
芒种五月节，夏至不纳棉，小暑不算热，大暑三伏天，
立秋忙打甸，处暑动刀镰，白露烟上架，秋分不生田，
寒露不算冷，霜降变了天，立冬交十月，小雪地封严，
大雪不出户，冬至不行船。小寒接大寒，过了又一年。

又比如阿拉伯人以游牧和商业为主业，骆驼是非常重要的生产工具，也是非常重要的财产，因此阿拉伯语中与“骆驼”有关的词语非常丰富。同一个语言群落在不同的历史阶段，语言个性特征也会不同。马在古代中国的社会生活中占有非常重要的位置，生产、交通、游猎、战争都离不开马，所以在古代汉语中不同的马有不同的词汇形式，用来区分不同的颜色、品类[2]：

骉：黑白杂毛的马。
駓：毛色黄白相杂的马。
骃：浅黑带白色杂毛的马。
骆：尾巴和鬃毛黑色的白马。
骊：纯黑色的马。
駹：暗色毛而面额白的马。
駽：青黑色的马。

[1] 因为是民间流传的歌谣，在中国不同地区有不同的版本。
[2] 参看《辞海》，上海辞书出版社 1979 年版。

騧：黑嘴的黄马。

骓：毛色苍白相杂的马。

騜：黄白色相杂的马。

驖：赤黑色的马。

骢：青白色的马。

騵：赤毛白腹的马。

騱：前足全白的马。

骄：赤色马。

骏：良马。

驽：能力低下的马。

骥：千里马。

騑：驾车的马，也叫骖。

骒：母马。

駒：三四岁的马

我们今天已经不能理解古人为什么对马的毛色那么看重。其实跟马的动作有关系的词汇还有很多，这些词汇在现代汉语中基本上已经成为“死去的词汇”。

在对外汉语教学或者翻译实践中，我们发现有一些词汇无法对译到另一种语言，例如汉语的“仁”“义”“礼”这三个概念很难译成英语，“热闹”“潇洒”“厚道”“机灵”也很难在英语中找到意义完全对应的词汇。反之亦然，英语的“smart”“sincere”“human”“serious”“gentleman”“lady”“fair play”可以在汉语中找一个词来翻译它们，但是不能完全准确地反映这个词的意义。尤其是诗歌中的意象，不同的文化有不同的解读。例如元稹的《行宫》，不同的译者有不同的翻译：

寥落古行宫，宫花寂寞红。

白头宫女在，闲坐说玄宗。

这首诗中的“寥落”“寂寞”“闲坐”“宫女”如果翻译成英语的话，我们会发现很难准确地传达出元稹诗的原意，更不用说诗的意境了。我们找了几个版本的译文做一些对比[1]：

[1] 参看许渊冲（1992）《中诗英韵探胜——从<经诗>到<西游记>》，北京大学出版社。

Deserted now the Imperial bowers
Saved by some few poor lonely flowers...
One white-haired dame,
An emperor's flame,
Sits down and tells of bygone hours.

Herbert A. Giles，1923

这个翻译只能说差强人意，大致的意思是对的，但是很多内容都被丢失了。如果再翻译成汉语就是：

现已废弃了的皇帝的行宫
保存着几朵可怜又孤独的花
一位白发的夫人，皇帝的情人
坐着讲述逝去的时光

另一位翻译家的译文与原诗更接近一些：

Empty and failing down is the ancient travelling palace.
The palace flowers put forth their red blooms in silent neglect.
Inside a white-haired palace woman
Idly mumbles of the glorious days of Hsuan Tsung.

Soame Jenyns，1940

这个翻译比较忠实于原诗，他把“寥落”翻译成“空落且倾颓”，把“寂寞”翻译成“沉默的忽略”，第三句“在里边一个白发的宫女”，原诗并没有交代是一个宫女还是几个宫女，也没有说在里边还是在外边，“闲坐”丢掉了“坐”，“说玄宗”说什么可以任意想象，译者加上“the glorious days”就把原来留白的地方填满了。翻译成汉语应该是：

空落倾颓的是古代的行宫
宫花默默无闻地绽开红色的花蕾
宫中一个白发的宫女
慵懒地含混不清地说着玄宗光荣的日子

许渊冲的翻译是最好的，因为他是中国人，对这首诗的理解和解读更接近原意。尽管如此，我们发现“寥落”“寂寞”仍然不见了踪影：

Deserted now imperial bowers.
For whom still redden palace flowers?
Some white-haired chambermaids at leisure
Talk of the late emperor's pleasure.

Xu Yuanchong，1984

美国好莱坞2003年的电影*Cold Mountain*中文译名为《冷山》，其实应该译为《寒山》，因为“寒山”在中国文化中有特别的意义，“冷山”则没有，就如同“板桥”与“木桥”的差别一样。电影改编自查尔斯·弗雷泽（Charles Frazier）的同名小说[1]，书的扉页上有两句诗：

Men ask the way to Cold Mountain.
Cold Mountain: there's no through trail.

——Han-Shan

这两句诗是诗僧寒山和尚的“人问寒山道，寒山路不通”[2]，原作者把它写在书的扉页上另有深意，但是译成“冷山”则失去了原有的深意。英文中的“cold mountain”如果放在中国文化的语境里会附加很多“词外之意”，但是在英语语境中则没有这些附加意义。“寒山”不等于“cold mountain”，它们有不同的语义价值，因为它们根本就不在同一个语义系统中。“寒山”这个词语背后有诗意，有故事，有历史深度，有文化厚度，而“冷山”没有，英文的“cold mountain”更没有。这就是原作者要在书的扉页上引用寒山子的两句诗的缘故，作者希望能够把这些诗意、故事、历史和文化附加意义放进去。这是具有不同个性的语言在借用的时候必须面对的现实。

不同的语言有不同的话语系统，每一个词都不是孤立的，只有在它所属的那个系统中才能确定它的价值（value）[3]。笛卡尔的哲学命题“我思故我在”在不同

1 Charles Frazier (1997) *Cold Mountain*. New York: Atlantic Monthly Press.

2 寒山原诗为“人问寒山道，寒山路不通。夏天冰未释，日出雾朦胧。似我何由届，与君心不同。君心若似我，还得到其中。”摘自豆瓣网《寒山子诗集》选一百零八首（2002年2月17日），网址 http://www.douban.com/group/topic/5185283/。寒山子是初唐人，曾在寒山寺旧址结屋而居，后隐居天台山，约有300首诗传世。他与另一位诗僧拾得是好友，两人因故失散，闻知下落后赶去相会。拾得为求好口彩，在路边荷塘折了一枝荷花；而寒山也担忧拾得一路赶来肚饥，手持一盒素斋。两人见面，一荷一盒而欣喜若狂。

3 “价值”本来不是汉语的概念，这个词的意义应该在西方语言学的话语体系中去理解。

的语言中表现形式不同：

法语：Je pense, donc je suis.

拉丁语：Cogito ergo sum.

英语：I think, therefore I am.

汉语：我思考，所以我存在。

英语的“be（am/is/are）”在汉语中对应的词有“是”“在”“存在”等，但是它的意义无法在汉语中找到准确的对应词。如“To be or not to be, that is the question”中的“be”就不适合翻译成“是”或者“在”。有人翻译成“生存或者毁灭，这是个问题”，这是根据上下文并结合英语的话语体系给出的最恰切的翻译了。英语的“be”还有“was”“were”“being”等词形变化，在汉语中也无法直接对应。德语的动词 sein 也是一个在汉语中很难找到简单对应词语的词，如果翻译成汉语，需要根据语境译成“是”“在”“有”“存在于”“于（时间 / 地点）”“来源于”“属于”“感到”“发生”等。同样的道理，汉语的“关系”在其他语言中未必能找到对应的词语，英语直接把“关系”音译为“guanxi”，德语也直接音译为“guanxi”，这是最简洁也是最无奈的办法。这是词语层面的问题，每个词都处于一个聚合体中，聚合体中的成员彼此通过语义关系联结在一起，如果把一个词单独拿出来，很难完全解读它的意义。不同的语言是在不同的文化背景中生长的，语言的个性实际上反映的是文化背景的多样性。文化的个性反映的是思维方式的差异，在语言上表现为表达方式的差异。例如当我们在社交场合听到这样一段对话的时候，我们知道这完全不是汉语的表达方式：

“非常高兴见到你！”

“能见到你是一件乐事！”

“我非常兴奋查尔斯王子生了个男孩子。”

“真的吗？”

“你说这个婴孩该取什么名字适合？”

“白金汉宫迟早会宣布，我相信。”

“我认为香港应该送一份体面的礼物给他们。”

“应该应该。”

“安公主在美国说的那堆话太教我遗憾了。”

“对了，亲爱的，太教人遗憾了。”

“伦敦的舆论怎么说？”

“报上说安公主的反应像醋一样甜，像刀一样利。”

“多聪明的评语！”

“多聪明的评语！”

“你介意把那瓶盐递给我吗？”

“这是我的光荣！”

“你注意到李夫人脸上的皱纹少多了吗？”

“我想是的。”

“……”

“……”

“这块牛扒酒味太浓了。我很抱歉我这样说。”

“你被原谅了。”[1]

在不同文化背景中产生并使用的语言具有各自的文化烙印不足为奇，同一个原始祖语发展出来的语言也会有独立的个性。同属于印欧语系的语言，法语和德语的名词都有性的语法范畴，但是这两种语言在具体名词究竟属于什么性的问题上也是有差异的，例如“太阳”和“月亮”在法语中分别是阳性名词（le soleil）和阴性名词（la lune），而在德语中恰好相反，“太阳”是阴性名词（die Sonne），“月亮”是阳性名词（der Mond）。我们在学习外语的时候，最先注意到的是语言之间的差异。例如中国人在学习日语的时候会注意到语序的差异，“我－看－书”在日语中要说成“我－书－读”（私$_{\text{我}}$は$_{\text{主语标记}}$本$_{\text{书}}$を$_{\text{宾语标记}}$よむ$_{\text{读}}$）；中国人在学习德语的时候会注意到德语的名词有性、数、格的变化，它们有不同的屈折标记；中国人在学习英语的时候会注意到人称的差异，在汉语中“我看书”“你看书”“他/她看书”动词都是一样的，不需要任何变化，而英语的第三人称单数要求动词有特殊的变化：

I read a book.

You read a book.

He/she reads a book.

---

[1] 董桥“让她在牛扒上撒盐”，采自《董桥自选集》，生活·读书·新知三联书店（北京）2002年出版。

中国人不理解为什么第三人称单数的时候动词要有特殊的变化。同样的道理，英国人在学习汉语的时候，也会注意到汉语有量词存在，这种存在会让学习者感到困扰。学习者不理解汉语为什么要用量词，量词什么时候应该出现，什么时候不应该出现。试比较：

英语	汉语	
One second	一秒（钟）*	一个秒（钟）
Half an hour	半小时	半个小时
Two hours	两小时	两个小时
Three days	三天	* 三个天
Four weeks	四星期	四个星期
Five years	五年	* 五个年

学习其他语言的时候最容易发现语言之间的差异，你会发现别的语言跟自己的语言不同，注意到别的语言有一些个性特征，当你学会了几种外语之后，你会意识到自己的母语也是有个性特征的。只掌握一种语言的人不太会意识到自己的语言有什么奇特的地方，正如同赵元任在美国教美国人学习汉语，因为他自己会说多种语言，所以他发现了汉语的许多个性特征。他的《中国话的文法》（1968）是站在汉语外头用西方人的眼光来审视汉语，所以才发现了我们这些“身在此山中”的人所无法发现的问题。

语言的个性特征实际上反映的是语言的差异，这也是通过对比才能发现的。语言的对比研究不仅要关注语言的共性，也要关注语言的个性。说到底，语言之间的差异反映的是文化的差异，思维方式的差异，认知的差异。例如中国人认为“心”是思维的器官，因此在汉字中凡是与思维有关系的词都有“心”（或者“忄”）这个部件，如：

思　想　感　念　爱　恕　怒　怨　志　忘　忠　愁　恋　恐……

怀　恨　愤　怖　情　悔　悦　惬　怜　悯　悼　惧　惜　愧……

这是反映中国人认知世界的结果，在英语中，在概念上与之相对应的词汇有“brain”（脑）、“heart”（心脏）、“mind”（心智）、“mentality”（精神）、“psychological”（心理的）等，它们属于不同的语义范畴。我们之所以说语言上的差异实际上反映的是文化的差异，这是因为语言只是一种思维的外在形式，语言系统的背后是一个完整的思维系统。还以汉语和英语为例，在汉语中“嫁”和“娶”是两个语义属性相反的动词，女性通过婚姻到夫家是“嫁人”，男性通过婚姻把女性接到自己家是“娶妇”，前者是“给予”，后者是“取得”，这是中国人的婚姻观和社会现实，在英语中“嫁”“娶”不分，只有一个动词“marry”，它的主语（施事）可以是男方，也可以是女方。与此类似的例子，汉语的“借”在英语中要区分“借入”(borrow) 和“借出”(lend)。这种细节上的差异是很有意思的。

语言的个性特征在语言的不同要素中都有表现。语音、语义、语法、语用、篇章都可以作为对比的对象。

不同的语言音位的数量和具体音位的发音部位、发音方法会有不同，例如汉语普通话有 22 个辅音音位，6 个元音音位，每个音位都有不同的变体；日语的五十音图反映的是日语的五十个音节，其中有 5 个元音音位，14 个辅音音位。汉语的辅音音位中塞音和塞擦音有送气和不送气的对立，但是没有清浊的对立，而日语的塞音和塞擦音没有送气不送气的对立，但是有清浊的对立。

不同的语言之间语义上的差异也很容易发现，例如汉语的“哥哥”“姐姐”不同于英语的“brother”和“sister”，在汉语中“哥哥”“弟弟”“姐姐”“妹妹”需要区分长幼，在英语中不需要区分，因此汉语与英语亲属称谓的语义场是不一样的：

汉语	英语
哥哥	brother
弟弟	
姐姐	sister
妹妹	
堂哥	cousin
堂弟	
堂姐	
堂妹	
表哥	
表弟	
表姐	
表妹	

在汉语中，父亲的兄弟要分长幼，比父亲年长的称“伯伯”，比父亲年轻的称“叔叔”，这与中国社会的嫡长子制度有关，而在英语中则不需要区分“伯伯”和“叔叔”。有趣的是，汉语的“舅舅”“姑妈”“姨妈”都不需要分长幼，因为他们在宗亲关系中跟自己比较远，他们不入“我”的家谱，死后不在“我家”的祠堂。正因为这种宗族关系，在汉语中必须区分血亲和姻亲，在英语中则不需要做这样的区分。试比较：

<table>
<tr><th>汉语</th><th>英语</th></tr>
<tr><td>伯伯</td><td rowspan="5">uncle</td></tr>
<tr><td>叔叔</td></tr>
<tr><td>舅舅</td></tr>
<tr><td>姑父</td></tr>
<tr><td>姨夫</td></tr>
<tr><td>姑妈</td><td rowspan="5">aunt</td></tr>
<tr><td>姨妈</td></tr>
<tr><td>伯母</td></tr>
<tr><td>婶子</td></tr>
<tr><td>舅妈</td></tr>
</table>

我们发现汉语的亲属称谓远比英语复杂，从语义上看，汉语的亲属称谓分得很细，如果做义素分析的话汉语需要更多的参数，而英语相对简单得多。

从语法上看，不同语言之间的差异可以表现在语序上，例如英语是 SVO 型语言，土耳其语是 SOV 型语言；汉语的修饰语与中心语的关系是“修饰语 + 中心语”(如“主力 + 军”)，越南语和泰国语则是“中心语 + 修饰语”(如“军 + 主力”)；也可以表现在语法范畴的差异上，例如德语的名词有性、数、格的变化，动词有时体态的变化，汉语没有；也可以表现为形态和句法上，例如印欧语系的语言形态丰富，在构词方面词缀比较发达，汉语形态不发达，在构词方面词缀比较少；汉语的复合词和短语在结构方式上是一样的，印欧语系的语言则与此不同；像汉语这样的孤立语，句子成分之间不需要有“一致关系”，因此一个句子可以允许有几个动词形式，印欧语系的语言则必须考虑“一致关系”，一个句子中只允许有一个主要动词，其他动词如果出现必须以分词或不定式的形式出现，或者用介词代替动词：

他派我托老张给他买一张票。

He let me ask Lao Zhang to buy a ticket for him.

对于说汉语的人来说，印欧语系的语言有很多冗余信息，例如：

他在吃早饭。

He is having his breakfast.（他在吃他的早饭。）

语用方面的差异也可以表现在很多方面。仍以亲属称谓为例。汉语的亲属称谓除了“爸爸”“妈妈”“姑父”“姨夫”“舅妈”等一些特定的称谓形式不能随便称呼没有亲属关系的人之外，很多亲属称谓可以用来称呼街坊、邻居、同事、朋友，甚至陌生人。我们在公共汽车上经常会遇到一个母亲让她的小孩子叫“爷爷”“叔叔”“哥哥”“奶奶”“大妈”“姐姐”等，这是一种与英语不同的语用原则：亲属称谓可以用来称呼没有亲属关系的人。在汉语社会，学会正确的称呼别人是一项非常重要的任务，因为在汉语中称呼是非常重要的语用技巧。《红楼梦》第27回有一个叫小红的丫鬟因为会说话得到了王熙凤的赏识，因为小红分得清各种关系，称谓上不会错：

小红上来回道：“平姐姐说，奶奶刚出来了，他就把银子收起来了；才张材家的来取，当面秤了给他拿了去了。”说着，将荷包递上去。又道：“平姐姐叫我来回奶奶：才旺儿进来讨奶奶的示下，好往哪家子去，平姐姐就把那话按着奶奶的主意打发他去了。”凤姐笑道：“他怎么按着我的主意打发去了呢？”小红道：“平姐姐说：‘我们奶奶问这里奶奶好。我们二爷没在家，虽然迟了两天，只管请奶奶放心。等五奶奶好些，我们奶奶还会了五奶奶来瞧奶奶呢。五奶奶前儿打发了人来说：舅奶奶带了信来了，问奶奶好，还要和这里的姑奶奶寻几丸延年神验万金丹；若有了，奶奶打发人来，只管送在我们奶奶这里。明儿有人去，就顺路给那边舅奶奶带了去。’”小红还未说完，李氏笑道：“嗳哟！这话我就不懂了，什么‘奶奶’”“‘爷爷’的一大堆。”凤姐笑道：“怨不得你不懂，这是四五门子的话呢。”说着，又向小红笑道：“好孩子，难为你说的齐全……”李纨笑道：“都像你泼辣货才好。”凤姐道：“这个丫头就好。刚才这两遭说话虽不多，口角儿就很剪断。”说着，又向小红笑道：“明儿你伏侍我罢，我认你做干女孩儿。我一调理，你就出息了。”

在大观园里，人物关系那么复杂，一个丫头能够说得那么清楚明白，不差辈分，又有分寸又得体妥帖，那需要非常高明的语用能力。这是汉语语言交际必须掌握的技能，很多孩子从小就会接受这样的训练。在英语的语用环境中，只要记住人名就行了。中国人也有人名，但是我们的名字不是可以随便称呼的。这是汉语和英语的语用差异。

第三节　语言调查与分析

语言共性和语言个性的发现都是建立在语言对比的基础上的，而语言对比不能离开用来对比的素材——语料。语料是通过语言调查得来的，没有语言调查就没有语料。

语言调查需要调查者的田野工作。这是一件既艰苦又复杂的工作。田野工作一般有以下一些步骤：

第一，要明确调查目的。田野调查不能盲目地进行，开始调查之前应该先确定调查的目的，因为调查的目的不同，工作路线和方法也会不同。例如濒危语言的调查和方言调查的目的不同，调查计划也不同。又比如人类学的语言调查和语言学的语言调查目的不同，调查的重点也不同。

第二，拟订调查计划。语言调查的计划包括调查目标、调查对象、调查工作用表、调查区域、调查路线、调查点、调查时间、人员培训、经费预算等。调查目标是指所调查的语言或方言；调查对象指的是合作者（发音人）；调查工作用表指的是事先准备好的表格，里边有调查项目、字表、词表、语法项、语篇、问题等；调查区域指的是到什么地方去调查，划定地区；调查点指的是在选定的调查区域内确定工作地点，调查点的分布要均匀，还要有代表性，当然还要考虑其他一些外在因素，例如合作者、交通状况、工作环境等；调查时间指的是田野工作开始到结束的时间段。调查者的培训和经费预算当然也必须在计划之内。

第三，调查计划的评估。拟订好调查计划以后要对这个计划做一次可行性评估，每一个环节都不能忽略。在评估的过程中有些项目还需要实地勘察，事先落实，或者做一些实验性的前期调查。在大范围的调查工作开始之前，准备工作做得越细致越好，但是不管准备得多么周到，还是会有预想不到的事情，需要调查组织者随机应变。调查计划的评估是大规模语言调查开始之前的重要步骤，如果可能，应该请一些有经验的同行进行多角度的评估，并在评估的基础上修改、完善调查计划。在拟订调查计划的时候还应该考虑所调查的语言或者方言是否有文字，是否有文献资料，其他调查者是否做过调查等因素。

第四，实施调查。调查计划评估修改之后就要开始实地的田野工作了。语言调查计划的实施可以是一次性的，也可以多次进行，可以分成若干个调查小组分头进行，也可以由一个调查组贯穿始终，逐个调查点分步实施。语言调查的实施经常会去一些交通不便、人迹罕至的地方，还应该注意人身安全。实地调查是一件艰苦的工作，需要调查者的细心和耐心，同时还需要调查者的敏感性。有一些问题在实地调查之前是不会发现的，调查者在实地调查的时候会与这些问题不期而遇，如果调查者不够敏锐，很可能会错过一些重要的问题。调查者的专业素质和对问题的敏感程度决定了调查质量的高低。真实的语言环境错综复杂，其中蕴含着丰富的宝藏，如果调查者不能把握机会，没有鉴别能力，宝藏即使摆在面前也不认识。实地调查需要记录调查内容，因此用国际音标对调查对象语言的听辨记录能否真实可靠也考验调查者的专业素质。有的时候还需要使用一些仪器和其他的设备，操作者也需要有专业训练。

第五，调查材料的整理分析。对实地调查所得到的语言材料要进行整理，分门别类，反复核实，归档备查。整理之后要根据调查计划所列项目进行分析。语言分析的项目和深度与调查目的有关，调查者根据需要掌握尺度。语言分析应该参考理论假设、前人研究，对原材料进行定性、定量、去伪存真的工作，并根据统计数据得出简单结论。

第六，调查语料的应用。语言调查所得到的语言材料可以用来撰写调查报告，也可以用来撰写学术论文，还可以用于语料库的建设。田野调查得到的语言材料是粗语料，如果用于语料库建设，还要对粗语料进行必要的加工，例如确定音位数目、分词、标注词性、标注语法点等，那应该是语料库语言学要考虑的内容了，在此不再赘述。

第四节　语言样本

语言的共性研究和个性研究都离不开跨语言的比较，没有比较我们很难说“这是某某语言的特点”，因为所谓特点就是唯我独有、对外排他的个性特征。要得到这样的结论离不开对语言样本的比较，而这种比较需要以语言调查为基础。如果不能亲自进行实地调查的话，那么语料库就是非常重要的依靠了。迄今为止我们还没有一个世界范围内的语言样本库，尽管小规模的样本库已经建立起来了。进入语言样本库的语料应该明确标明以下一些参数：

语言或方言名称

所属的语系、语族、语支、语种

采集时间

采集地点

采集方式

文字形式

音档形式

语言样本对于语言共性和个性的研究来说是非常重要的资源，但是语言样本的采集和整理、存储、检索却是一件工程量巨大的工作，非大规模合作无法完成。世界上的语言纷繁复杂，我们对语言样本的要求又是非常严格的，因此要完成世界语言样本库的建设几乎是不可能的。得力于信息技术的发达、网络技术的进步，以前无法想象的许多工程如今都已变为现实。现在世界上已经有了很多单一语种的语料库，跨语种的语言样本库还不多见。德国学者 Heine（德国科隆大学）和 Kuteva（德国杜塞多夫大学）2002 年的《语法化的世界词库》（图 3–1）可以算是一个（剑桥大学出版社），但是这也只是世界语言语法化的词汇样本。Kuteva 对非洲很多语言进行了调查，收集了丰富的非洲语言的样本。

图 3-1

单一语言的语料库比较常见，例如北京大学中国语言学研究中心的语料库（CCL 语料库）。这个语料库包含两个子库：现代汉语语料库、古代汉语语料库。图 3–2 是该语料库的查询页截图：

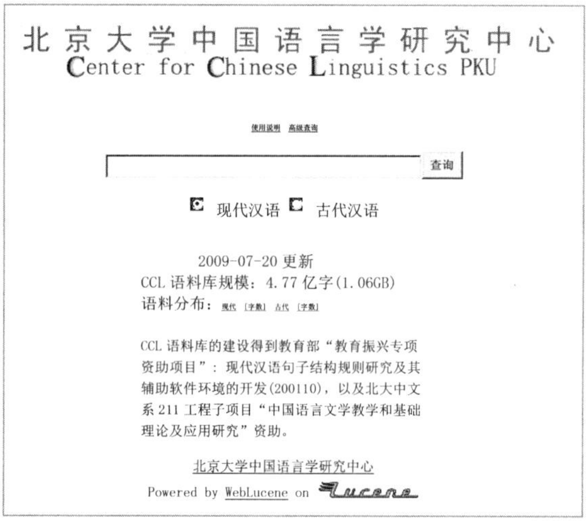

图 3–2

这个语料库没有经过深加工，但是对于采集现代汉语或者古代汉语的语言样本来说还是相当方便的。对于从事第二语言教学的教师和学者来说，还需要中介语语料库。例如“HSK 动态作文语料库”（图 3–3），收集的是汉语学习者的作文语料，这些作文语料全部来自 HSK 考试，所以主题有限。这是一个加工过的语料库，其中有学生国别、性别、年龄、学习汉语时间、HSK 等级等语言外相关信息，还有分词、词性、语法结构、语篇、偏误等语言内参数。对于作文的手写文本还用图片形式保存为原始语料，以方便查阅核对，尤其是对于那些关注学习者汉字学习状况的研究者来说非常方便。这个语料库由于是作文语料，很难达到动态平衡。对于保存语言样本来说它的任务已经完成了，对于研究者来说它还有很多不完善之处[1]。

[1] 目前我们正在合作建设的“全球汉语中介语语料库”语言样本来自世界各地，语料加工也更加专业。

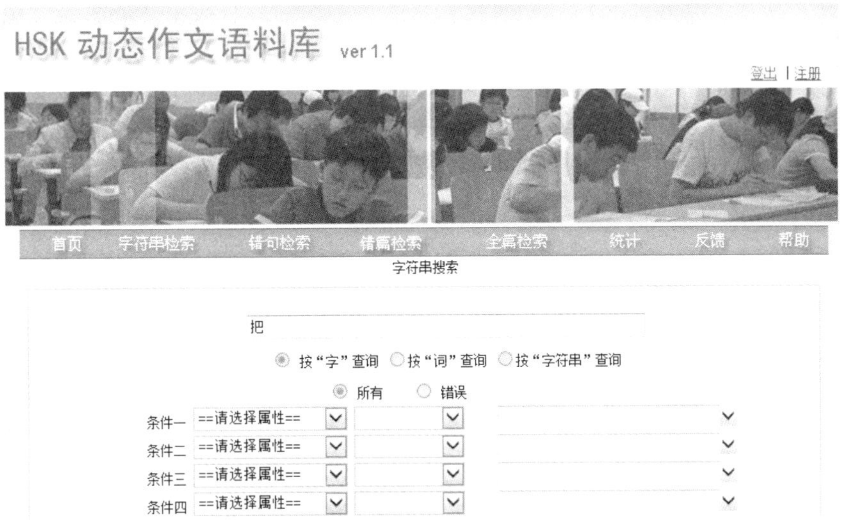

图 3–3

例如我们用字符串检索方式检索“把”字句，检索的结果显示如下图 3–4：

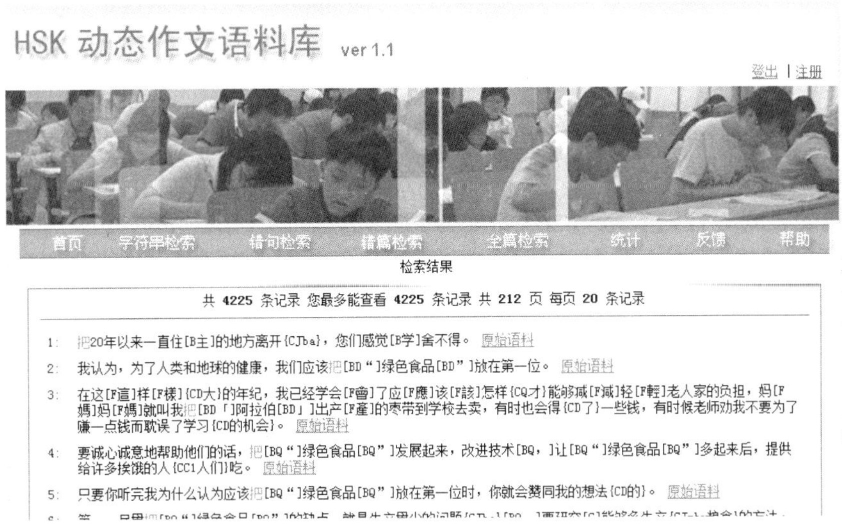

图 3–4

现在除了传统意义的语料库之外，有声语言资源库的建设也已经开始。声像资源不仅可以更生动地留存语言样本，还可以留存言语行为的样本。

语言样本的保存和管理对于那些濒危语言来说尤其具有重要的意义。濒危语言的抢救性调查主要就是保存语言样本，包括文字记录和声像记录。这项工作任务艰巨。语言样本的管理也需要认真研究，把濒危语言的文字资料、声像资料保存好、管理好，文博专家和档案管理专家应该发挥作用。

第五节 语言类型学

世界上的语言看上去千差万别，个性特征很明显。在这些语言的背后，是否可以找到一些共同的原则或者规则呢？这是语言学家非常关心的问题。18 世纪和 19 世纪以施莱格尔、洪堡特为代表的欧洲的语言学家们已经开始关注这一问题，他们受达尔文进化论思想的影响，以生物学的观念来看待语言，认为语言也是在不断进化的，那时候的类型学研究显然受到了生物分类学的影响（Croft，1990，p.1）。他们最关注的是语言的形态问题，所以那个阶段的语言类型学可以称作“古典的类型学”或者“形态类型学”（Whaley，1997，刘丹青导读 pp.15-16）。古典类型学所做的事情就是根据世界语言的结构进行分类，最初只是关注到了一些语言有形态变化，一些语言没有形态变化，后来才发现语言从结构类型上进行分类可以分出屈折语类型、孤立语类型、黏着语类型，再后来又发现北美印第安语的多式综合语类型（编插语类型），当然这种分类是粗线条的，所以那个时期的语言类型学也可以简单地称为分类类型学。现代的语言类型学是研究语言共性的学科，通过跨语言的比较寻找语言系统性发生的型式（patterns）。这种型式实际上是类型概括的结果，比如我们上文中提到的蕴含共性就是类型概括的结果。当我们说到语言类型学这个概念的时候，还意味着一种语言学理论的研究取向，这种取向是以语言对比为特征的，是功能主义的，因此也有人把语言类型学的研究取向称为功能–类型学的视角。语言学是经验科学，类型学的研究正好可以代表语言学作为经验科学的三个阶段（任何其他的经验科学也是如此）：第一个阶段是对语言现象的观察、分类和描写；第二个阶段是对各种相互联系的现象进行概括和解释，发现普遍规律；第三个阶段是用已经发现和概括出来的规律去检验更多的语言现象，建立符合语言事实的语言学理论。从这个意义上说，语言类型学不仅仅是对语言的描写、分类、概括和解释，它还是一种语言研究方法，即语言类型学的研究方法。为了探索语言的共性，形式主义语言学建立了一个“普遍语法”(universal grammar，简称 UG) 的假说，然后用逻辑推理的办法予以论证。而语言类型学则是通过跨语言的对比研究来发现事实。这是两种不同的研究路向。语言类型学的研究从方法论上来说是实证的，跨语言的考察比较是其方法论的核心内容 (Whaley，1997)。与 20 世纪上半叶相比，现代语言学最重要的发展是从描写到解释，语言类型学也不例外，在语言比较的基础上进行解释，同时注重用语言事实对得出的结论进行验证。

语言类型学是建立在调查、分析、统计和比较的基础上的，语言学者们要寻找语言之间的共性和差异就要对不同的语言进行对比，Greenberg (1966) 调查了 30 种语言，Keenan & Comrie (1977) 调查了 50 种语言，Hawkins (1983) 调查了 200 多种语言，Dryer (1992) 已经把调查的语言扩充到 900 种甚至 1000 种 (金立鑫，2006)。Greenberg (1962；1966) 发表的论文拉开了当代语言类型学研究的序幕，那就是超越了语言分类阶段、概括性更强大的语言学理论。在这里，语言类型学家建立了不同的解释模型，例如竞争动因、经济性、像似性、过程性以及概念结构中的语义地图等。跨语言之间的比较研究应该比较什么？这是语言类型学的核心问题。应该比较语言事实，比较语言系统内的范畴，比较语言的共性，比较语言的个性化特征，比较语言的一般化 (linguistic generalizations) 问题。例如英语人称代词不规则现象，第一人称和第三人称指人的人称代词都有主宾格的标记，第二人称代词和指动物或无生命事物的代词没有主宾格之分：

I——me

he——him

she——her

we——us

they——them

you——you

it——it

这个现象不是孤立的，它在格标记系统与生命度参数关系中广泛存在。至于第二人称代词，的确是一个比较特殊的问题，英语的 you 不仅没有主宾格的分别，也没有单数和复数的区别。在汉语中，第二人称代词也是比较特殊的，有“你”和“您”两个形式，其他人称代词都没有这么特殊（个别人会把第三人称代词的“您”作为尊称形式，这是一种变异，参看第四章）。在语言类型学最近的发展中，语言学家把语序类型学作为一个重要问题来进行比较，例如比较 V-O 型语序和 O-V 型语序，比较修饰语（定语和状语）与中心语之间的顺序关系，因为世界上的语言有“修饰语–中心语”和“中心语–修饰语”两种语序，那么这两种语序与 V-O 或者 O-V 语序之间有没有相关性？也就是我们前面说的蕴含问题。

【思考题】

1. 语言的个性与语言的共性是什么关系？
2. 日语、朝鲜语在结构类型上与阿尔泰语系的语言很相似，但是我们无法证明日语、朝鲜语与阿尔泰语系的语言有亲属关系。对这一现象你有何看法？
3. 马建忠有“盖所见为不同者，惟此已形已声之字，皆人为之也。而亘古今，塞宇宙，其种之或黄或白或紫或黑之钧是人也，天皆赋之以此心之所以能意，此意之所以能达之理”这样一段话，如何理解这段话的含义？
4. 为什么说诗歌是无法翻译的？试着从语言个性的角度阐释。
5. 如何采集语言样本？
6. 语言类型学的建立有什么意义？

第四章　研究语言的科学

第一节　语言研究的不同视角

语言是很古老的，人们对语言研究的兴趣也是很古老的。很多人都对语言有兴趣，这是因为语言与我们每一个人息息相关。尽管人们对语言的研究已经有很长的历史了，但是现代科学意义上的语言研究历史并不是很长。语言研究有不同的视角，这与人们对语言的认识有关，也与语言本身的复杂性有关。有人把语言看作自然现象，把它当作一套符号系统来看待，这就是语言的本体研究，是“就语言和为语言的研究”（索绪尔，1916/1980），也叫普通语言学（general linguistics）或理论语言学（theoretical linguistics）的研究；有人把语言看作一种精神现象，认为语言是思想的外在表现形式，把语言当作哲学问题来看待，这就是语言哲学（language philosophy）；有人把语言看作是一种文化现象，语言的差异反映的是文化的差异，把语言研究与人的研究结合在一起，这就是语言的人类学研究，或者叫作人类语言学（anthropological linguistics）；有人把语言看作是一种心理现象，于是诞生了心理语言学（psychological linguistics）；有人把语言看作人类认知的一部分，于是诞生了认知语言学（cognitive linguistics）；有人把语言看作是一种社会现象，于是诞生了社会语言学（sociolinguistics）；现代信息技术的发展对语言研究提出了新的要求，因为语言是信息的载体，信息的存储和传递都必须以语言为媒介，语言的自动处理诞生了语言工程学（language engineering）；语言需要学习，母语学习和外语学习都是教育领域的重要内容，语言教学（language teaching）、语言习得（language acquisition）、语言测试（language testing）都是其中重要有机组成部分，于是诞生了跟语言教育相关的学科，即狭义的应用语言学（applied linguistics）。

在语言学诞生之前有一门比较古老的学科叫作**语文学**（philology）。语文学的主要任务是注解古典文献，以便于后世能够读懂古代的文献，并由此发展出训诂学、音韵学、文字学等分支学科。语文学与语言学关系密切，但是两者之间的分别还是比较明显的（马学良、瞿霭堂、黄布凡、罗美珍、王远新，1997）。它们之间的分别主要有以下几个方面：

1. 研究对象和研究范围不同。语文学只研究某一种特定语言的书面文本，一般都是研究本族语的历史文献，而语言学的研究对象是人类所有的语言，虽然有的时候语言学也是以某一种特定的语言为研究基础的。从研究范围上看，语文学是比较窄的，它通常只关注文献的考据，解经注经，而这种考据和解注往往又是非常具体而零散的，无关宏旨；而语言学关注的则宽泛得多，它要关注语言内部的结构和系统、语言的工作原理、语言之间的关系、语言的普遍现象等。另外，语文学只研究书面文本，对口语不重视，而语言学认为口语与书面文本至少是同等重要的，如果不说口语更重要的话。

2. 研究目的不同。语文学的目标是为了注解经典，疏通文意，解决后人阅读古代经典时遇到的困难，侧重于对前人的经典进行具体而微的注疏解读、考订训诂；而语言学的目标是寻找人类语言的普遍规律，包括语言的结构规律、语言系统的发展变化规律、语言的接触和互相影响、语言的类型、语言的家族谱系等。

3. 研究方法不同。语文学的研究是经验主义的，重视个别的、具体的问题，不太关心系统的问题，研究者的知识积累非常重要，好的语文学者都是饱学之士；语言学的研究已经从经验主义中走了出来，开始重视实验研究，重视一般的、普遍性的问题，关心系统的问题，并把自然科学的研究方法应用于语言研究。从研究特点上看，语文学往往是就事论事的，有一分材料说一分话，所有的结论都是建立在语言材料上的，而语言学可以大胆假设，用演绎推理的办法得出结论，其研究过程中可以借重语言材料，也可以仅从一般规律中推导出结论。当然这个结论必须接受相应的验证程序的检验。

4. 语文学往往是经学的附庸，在中国，语文学被称为“小学”；而语言学是一门独立的学科。

语言研究可以分为两种：共时研究与历时研究，前者称作共时语言学，后者称作历时语言学。语言的共时研究是截取某一时间横断面对语言进行研究，这种研究通常都是对语言面貌的描写，因此又称作**描写语言学**。例如现代汉语的研究就是只截取某个时间断面来研究，不涉及纵向比较。语言的历时研究是把语言放在历史发展的进程中去研究，主要关注语言的发展变化，并对语言的发展变化做纵向的研究。对语言进行纵向研究有两种不同的取向：一种取向是就某一具体的语言进行历时研究，找出语音系统、语义系统、语法系统发展变化的脉络，总结出发展变化的规律，并对发展变化的内因和外因进行分析，比如历史语音学、历史句法学等；另一种取向是比较不同语言（通常是亲属语言）彼此之间的关系，确定亲属语言之间的远近亲疏，画出语言家族谱系树，构拟原始祖语，这种研究称作**历史语言学**。

语言研究有不同的理论基础。索绪尔把语言作为一套符号系统来研究，严格区分语言和言语，严格界定研究对象的边界，重视语言的共时研究，奠定了结构主义语言研究的基础。结构主义的语言研究在欧洲有布拉格学派（主要贡献在音位学）、哥本哈根学派（主要贡献在语符学）和伦敦学派（主要贡献在语境的研究和系统功能语法），美国有描写语言学派（主要贡献在对美洲印第安语言的调查描写和结构分析的方法）。概括起来说，结构主义语言学的语言研究有以下一些值得关注的要点：

（1）20 世纪 50 年代之前：结构主义的时代；

（2）研究对象：作为人类行为的语言；

（3）研究范式：发现程序（以音位学为例）；

（4）哲学基础：行为主义（受行为主义心理学影响）；

（5）关心的是对语言本身的结构和系统的描写；

（6）语言的三个要素语音、语义和语法中重视语音和语法；

（7）就语言而研究语言和为语言而研究语言。

当代的语言研究可以分为两种取向：形式主义语言学和功能主义语言学。1957 年美国语言学家 Noam Chomsky 发表《句法结构》一书，标志着形式主义语言学的诞生。Chomsky 把语言分成表层结构（surface structure）和深层结构（deep structure）两个部分，从深层结构到表层结构存在着一种转换生成的关系，这种转化和生成是基于规则的。他认为人的语言能力是先天的，我们的大脑中有一个先天的语言获得装置（LAD），这个装置决定了人类语言具有普遍性。语言学家的任务就是去发现或者证明这种普遍性。正因为如此，Chomsky 的语言研究被称作“语言普遍现象”研究，其目标是构建人类语言共同的“**普遍语法**”（universal grammar）。这对于传统的结构主义语言学是一种颠覆性的革命，在学术界产生了巨大的影响，这种影响远远超出语言学界。这一研究取向的改变史称“**乔姆斯基革命**”（Chomskyan Revolution）。后来 Chomsky 又不断修正和完善自己的理论，在美国甚至全球范围内，这种研究范式逐渐取得了支配地位。Chomsky 的语言分析是运用离散数学的方法进行形式化的推演，因此这种研究范式被称为形式主义的研究，或称形式主义（formalism）语言学。形式主义语言学的要点概括如下：

（1）乔姆斯基 1957 年发表《句法结构》标志着形式主义语言学的诞生；

（2）语言研究从“就语言和为语言的研究”转入由语言入手探索人类心智活动；

（3）研究对象：作为人类内在心智能力的语言；

（4）研究范式：把语言只是看作一套先验的算法并用形式化的方法去描述；

（5）哲学基础：理性主义和客观主义；

（6）科学信念：猜谜过程，知道谜底，但是要寻找解答的过程（如儿童习得母语没有困难是因为有一部天赋的普遍语法）；

（7）语言研究由描写到解释。

形式主义语言学在全球的语言学界取得了支配地位，并不意味着语言研究已经成了形式语言学的一统天下。与形式主义语言学相对的研究取向叫作**功能主义**（functionalism）**语言学**。功能主义语言学不认为存在着一个先验的普遍语法，语言的结构和功能应该被看作是人类一般认知活动的结果，我们的语言能力是后天获得的。语言研究必须重视人的经验基础，语言的结构和意义与人跟外部世界的互动有关，不能脱离具体的社会环境来研究抽象的语言，语言认知与人类其他认知活动没有区别，语法、语义系统都不是自足的，也不是先天就有的，所以我们的语言研究就是要发现语言范畴和语言构造的经验基础。概括起来说有以下几个要点：

（1）功能主义的认识论：语言的结构和功能应视为人类一般认知活动的结果和反应，语言能力不是自足的，也不是天赋的；语法和语义系统也不是自主存在的；

（2）研究对象：语言范畴和语言构造的概念及经验基础；

（3）哲学基础：非客观主义和经验主义；

（4）研究范式：内省的方法加上语言事实验证和实验验证；

（5）功能主义语言学没有统一的理论模型，其内部的各种语言学理论彼此之间并不互相排斥；

（6）认知语言学在功能主义语言学阵营中的地位正在上升，探求范畴化、概念化、语法化及其动因的研究追求已经把研究触角扩展到语言之外。

形式主义和功能主义在认识论、方法论上的差异是显著的，但是他们所追求的大目标是一致的：发现语言中的普遍规律，探索语言与认知的关系。

第二节　普通语言学

普通语言学把人类语言作为一般现象来对待，所以也叫一般语言学。“普通”也好，“一般”也好，都不能准确地反映这个概念的确切含义。普通语言学不是以某一种或几种具体的语言为研究对象的，它关注的是人类语言的普遍现象，包括人类语言的本质、结构、发展、变化，这种研究是建立在各个具体语言研究的基础上的，概括地反映了人类语言研究的综合成果，并在此基础上建构语言学的一般理论，所以也称**理论语言学**。普通语言学把语言看作是一套符号体系，研究这套符号体系的工作原理和普遍规律（索绪尔，1916/1980）。例如组合关系和聚合关系就是这套符号体系的重要特征。任何一个符号都不是孤立存在的，离开它所属的系统，孤立的符号没有任何意义，索绪尔关于棋子与棋盘的比喻最能说明这个问题，离开了特定棋盘中具体的位置，任何一个孤立的棋子都没有意义。把中国象棋的棋子放到国际象棋的棋盘里也没有意义。任何符号都可以跟同一系统中的其他的符号组合，这就是符号的组合特性；任何一个符号都以某些特征为联系的纽带与其他具有相同特征的符号处于一个聚合体中，同一个聚合体中的符号通常具有共同的组合特性（崔希亮，2009）。所有的语言符号都具有这样的特性：由有限的符号组成一定数量的音节、词、短语，再组合成无限多的句子，由无限多的句子表达无限丰富的意思[1]。换言之，语言中的符号数量是有限的，但是这些有限的符号可以按照一定的规则进行组合，组合以后生成新的符号。

音位 + 音位 = 音节

音节 +（音节）= 语素

语素 +（语素）= 词

词 + 词 = 短语

短语 +（短语）/ 完句成分 = 句子

句子 + 句子 = 句群

句群 + 句群 = 篇章

组合关系提供了符号与符号连接的可能性和连接规则，聚合关系提供了备选的符号库，符号组合的时候要到备选库中去选择，备选库的每一个子库都是由具有共同特征的符号聚合在一起构成的。哪个库的符号可以跟哪个库的符号结合是有规则的。下面图 4–1 中是四个聚合体，在 SVO 型语言中，哪个库中的成员能够出现在 S（主语）的位置上，哪个库的成员可以出现在 V（动词）的位置上，哪个库中的成员可以出现在 O（宾语）的位置上不是自由的。

A	B	C	D
苹果	兔子	吃	甜
草莓	大象	找	大
石榴	狐狸	摘	红
香蕉	田鼠	喜欢	漂亮
……	……	……	……

图 4–1

[1] 所谓有限和无限都是相对的，只有理论意义，在现实的语言世界里，任何一种语言的容量都是有限的，无限的意义在于语言系统的创造性，不断有新的语言形式产生，用来表达新的意义。

A 聚合体中的符号可以出现在宾语 O 的位置上，B 聚合体中的符号可以出现在主语 S 的位置上，C 聚合体中的符号可以出现在动词 V 的位置上，如例①，D 聚合体的符号不能出现在这三个位置上，如例②。这四个库中的符号谁可以跟谁组合是有规则的，例如 D 聚合体中的成员只能出现在 A 类符号的左右，如例③，或 B 类符号的左右，如例④，偶尔能出现在 C 类符号左面，但大多数时候不能，如例⑤，偶尔能出现在C类符号的右边，但大多数时候不能，如例⑥。举例如下：

① 兔子－吃－苹果

② * 甜－吃－苹果 /* 兔子－甜－苹果 /* 兔子－吃－甜

③ 甜－苹果 / 苹果－甜

④ 大－兔子 / 兔子－大

⑤ * 甜－吃 /* 红－摘 // 大－找

⑥ * 吃－甜 /* 摘－大 // 喜欢－漂亮

这是就一般情况而言的，麻烦的是语言中到处充斥着例外，语言学家为了对这些例外进行解释费尽了心思。也正是因为有例外才促使研究者进一步思考以求得合理的解释。有人说某某语言是有规则的，某某语言是没有规则的，这种说法只是一般印象，是完全没有语言研究的经验所致。其实所有的语言都是有规则的，只不过不同的语言可能使用不同的规则罢了。

普通语言学关心的是人类语言的所有现象，其目标是建立一种理论模型，这种理论模型可以用来解释所有的语言现象。要实现这一个目标，这个理论模型应该是建立在具体语言研究的基础上的。但是我们知道，世界上的语言有 5000~6000 种之多，很多语言的面貌还没有被描写和揭示出来，因此这样的理论模型肯定是不完善的，理论语言学家的任务就是要不断地完善这个理论模型。

语言学理论和语言事实的关系是相辅相成的。首先，理论是建立在对语言事实的认识这个基础上的，语言事实就是现象，人们看到了现象，并对现象进行分析归纳，并从中总结出规律，这些规律就是理论的奠基石。然后，人们用这些理论去观察其他的语言，检验理论的普遍性，或者发现新的规律。没有理论指导的研究是盲人摸象，就如同在沙漠中行走的旅人没有指南针和导航仪，看不到大的格局，注定只能是就事论事的研究。语言理论要接受语言事实的检验，没有经过检验的理论还只能是个假说。

第三节 语言与哲学

语言与哲学的关系也是十分密切的。哲学家和语言学家都关注语言中的哲学命题，探究语言的本质、语言的本源、语言的运用等问题，探究语言中的逻辑、命题、推理、真值关系等问题（陈映嘉，2003；Lycan，2000），最近十年哲学界也开始探究语言与认知的关系问题。语言的哲学研究分为两个流派：分析哲学和欧陆哲学。分析哲学主要关注语言中的意义、语言的认知、概念结构以及语言与真实世界的关系；而欧陆哲学把语言当作逻辑、历史和政治的一部分。很多哲学家同时也是语言学家（参考 Lee，2011）。如 Paul Grice（1957；1969；1975；1978；1981；1982；1989）在意义方面做过很多研究，他的研究既是哲学的，也是语言学的。概括起来说，语言哲学主要研究以下一些课题：

1. 探究意义的本质。诸如什么是意义？意义是从哪儿来的？意义是如何被解读的？同义词的来源是什么？句子的意义是否等于句子各个组成部分之和？如果不是，那是什么导致了句子的意义不等于各个组成部分之和？

什么是意义？或者说意义是什么（What's meaning's meaning）？这是一个看似简单，实则很难简单回答的问题。我们可以说“这个词的意义是什么”，这里所说的意义指的是语言符号所指涉的内容；我们也可以说“牛顿的发现很有意义”，这里所说的意义指的是人类社会赋予事物的价值，它是社会意识的反应；我们也可以说“郑板桥所画的兰花有特殊的意义”，这里所说的意义指的是事物所负载的情感内容和暗喻内容，“兰花”长在深山中，远离尘俗，清幽洁净，在中国文化语境中暗喻“君子”。那么这些意义是从哪里来的呢？一个词指涉一个意义是约定俗成的，这就是语言符号与符号所代表的意义之间的关系，似乎没有什么动因，用什么符号指涉什么意义是社会全体成员共同约定的。“牛顿的发现”有意义，这里的“意义”来自于社会的价值判断，它指涉的是特定的“用处”。“兰花”所暗喻的事物也是一种意义，但这不是兰花的本意，而是它的引申意义。在语言现实中，有些词的意义很暧昧，人们用双关的手法使一个词的意义增殖。例如汉语的“鸭子”本来指的是一种家禽，双关的意义指涉“男妓”，这个意义的获得来自于“鸡”(暗指“妓女”的意义，“鸡”与“妓”谐音)，如果没有这个桥梁引介，我们就无法知道“鸭子”的双关意义是怎么来的。一句话到底是什么意思有的时候是很不确定的，例如：

你要钱还是要命？（崔希亮，2001：9-10）

如果是抢劫者说这句话，他的意思可能是“把钱给我，不然我要你的命”，你不会理解为像“你要茶还是要咖啡”这样的意义，尽管这两个句子在结构形式上一模一样；如果是你的亲人跟你说这句话，他的意思可能是“别玩儿命赚钱了，生命比钱更重要”。是什么因素导致了同一个句子意义上的不同理解？社会因素。说话人与听话人之间的关系不同导致了这一差别。可见，意义除了规约的意义之外还可能产生言外之意。美国脱口秀演员“囧叔”在最近一期的节目中挖苦北京的雾霾天气时说：

也许我们的情况很糟，但是起码我们的空气不牙碜。

没有背景知识的人不会理解这句话的“意义”。因此，我们说意义不是独立于语言系统之外的，也不是独立于社会环境之外的。意义从哪里来？来自于社会成员的约定俗成，来自于我们对世界的认识。

2. 探究语言交际问题。诸如说话人与听话人是如何运用语言进行交际的？社会因素如何影响语言行为？语言的学习和创造过程是怎样的？

语言是人类的交际工具，这是语言最重要的社会属性。语言交际离不开交际者（说话人和听话人）、交际话题、交际内容、交际的社会环境。用什么样的话语形式（例如是否用敬体）、什么样的语体（是口语还是书面语）、什么样的口气（正式的还是随意的）、什么样的风格（庄重的还是诙谐的）等取决于交际的场合、说话人和听话人之间的关系、话题和内容、交际的目的等外在因素。有的时候还要选择不同的语言，选择听话人的母语可以拉近彼此的距离，如果为了保持一定的距离则可能做出相反的选择。

3. 语言的阐释。诸如语言如何反映心声？说话人的意思到了阐释者那里为什么会有增减？翻译的基础是什么？两种语言之间为什么能够进行翻译？

中国人说“言为心声”（扬雄《法言》），意思是说，说出来的话代表了说话人的心中所想。一般的情况是这样，但是也有言不由衷的情况，说话人说的和想的不一样。所以，语言如何反应心声的问题在语言学家看来也不是一个很简单的问题。中国人还说要“察其言，观其行”，除了“听话听声儿”之外还要根据说话人的行为来判断说话人的意图和真实目的。既然语言会有歧义，那么如何阐释说话人的意思就成了问题。孔夫子说“民可使由之，不可使知之”(《论语 · 泰伯》）到底是什么意思？起码有两种可能的理解（句读不同，意思也不同）：

（1）子曰：民可使由之，不可使知之。

（2）子曰：民可使，由之；不可使，知之。

第一种理解是“老百姓可以让他们按照我们指引的道路走，不可以让他们知道为什么”；第二种理解是“老百姓如果可以驱使就由他们去，如果不好驱使就要教育他们”。可见两种理解相差何止万里！不同的语言之间可以进行翻译是因为人类社群尽管操着不同的语言，但是却有着共同的社会心理基础。我们生活在一个星球上，彼此之间有着千丝万缕的联系，人类的认知基础是一样的，人们的本性、情感、价值取向、审美、对世界的看法都有共同之处，这是翻译的基础。我们可以做到“老吾老以及人之老，幼吾幼以及人之幼”(《孟子·梁惠王上》)“各美其美，美人之美，美美与共，天下大同”(费孝通语)，人同此心，情同此理，语言不同，人性相同。

4. 语言与世界的关系。语言与外部世界的关系如何？语言中意义的真值如何判定？语言哲学家们关注哪一类意义为真或为假，关注那些无意义的句子的真假问题，关注那些不存在的事物所代表的命题的真假问题（Austin，1962）。语言与外部世界的关系涉及人类对外部世界的认识，这种认识是不断发展的。有的时候我们对外部世界的认识已经发生了变化，但是语言中却仍然保留着固有的认识，没有与时俱进。例如我们中国人本来有“天圆地方”的概念，“地球中心论”的概念，我们曾经认为地球是静止的，其他星球是运动的。现代科学已经告诉我们这个认识是错误的，但是我们仍然说“太阳从东边升起，从西边落下”，这句话不符合科学事实，却是我们认识世界时非常重要的启示：以自身为参照。我们对外部世界的认识都是由近及远、由己及人的，“远取诸物，近取诸身”(《抱朴子》)。

第四节　语言与人类学

人类学主要包括四个分支学科：考古人类学、文化人类学（包括民族学）、语言人类学和体质人类学。在语言学领域，语言学与人类学的跨学科研究就是人类语言学（anthropological linguistics）。**人类语言学**涉及语言或方言的历史比较、语言发展的历史轨迹、语言与文化的关系、语言与社会人群之间的关系等，研究语言与社会角色、社会认知、社会组织结构的关系，研究人类的言语行为并对此做出人类学的解释（朱文俊，2000）。有人把人类语言学和语言人类学作为同一概念来对待（Duranti，1997），认为两者都是在人类学的语境中讨论语言问题。语言学与人类学的关系十分密切，许多著名的人类学家同时也是语言学家，例如欧洲的 Wilhelm von Humboldt，美国的 Edward Sapir，Benjamin Lee Whorf，Franz Boas 等。人类语言学通过调查一些少数族群的语言来了解他们的文化，例如对美洲印第安人的研究、对亚洲马来人的研究、对澳大利亚土著人群的研究、对太平洋诸岛土著人群的研究、对非洲部落的研究等。

人类的语言历史久远，家族众多，结构复杂，不同的语言之间差异很大，每一个人类族群的语言都负载着这个族群的文化内容，因此我们可以透过语言来研究人类社会的不同文化样态，包括社会的风俗习惯、价值观念、宗教信仰、文学艺术、神话传说、民族心理。例如我们可以通过汉语的亲属称谓系统来观察汉民族的社会结构，通过日语的敬语系统来观察日本社会的价值观念，通过英语与宗教相关的词汇系统来观察英国人的宗教信仰，等等。

人类语言学研究文化与社会学研究文化的取向不同。语言是文化的载体，不同的语言负载着不同的文化样态，而不同的语言背后往往是不同的社会群体、不同的部落、不同的民族、不同的国家、不同的文化共同体；语言又是社会交际的工具，在一个文化共同体中人们可以选择不同的交际方式。因此人类语言学的语言与文化研究的范围主要涵盖以下一些内容（参看 Duranti，1997；Foley，1997）：

1. 作为从自然中分离出来的文化。所谓文化最宽泛的定义就是人类创造的一切物质财富和精神财富的总和。所以首先我们要明确文化不是自然现象，文化是社会现象，没有社会就没有文化。在一个社会群体中，文化通过学习、模仿、传授、继承等方式一代一代地传承下来。文化不是先天的、不是基于遗传的，文化是后天获得的。文化的获得往往与语言的获得同步。语言是文化的一部分，因此在讨论人类文化现象或者文化行为的时候，语言是题中应有之义。

2. 作为知识的文化。文化在一个社会群落中为所有社会成员共享，因此一个社会群落的文化就是这个社会群落认识世界的方式。我们所有的关于外部世界的认识都来源于我们的文化知识，而这些知识往往都是通过语言来表达的。例如我们对天地的认识、对人鬼的认识、对时空的认识、对山川风物的认识、对人情世故的认识、对社会风俗的认识、对世道人心的认识等，都有相应的语言形式来描写或者表达。例如在中国文化中“天道酬勤”“天行健”“天生我才必有用”的文化观念里有“天”这样一个概念，这个概念在中国文化的语境中有特定的含义，它反映了中国人关于天地的知识。在我们的知识体系里，“天”是自然，例如“天要下雨，娘要嫁人”中的“天”；“天”是最高主宰，例如“人在做，天在看”中的“天”；“天”是我们上边的穹盖，例如“天苍苍，野茫茫，风吹草低见牛羊”中的“天”；“天”是时间单位，例如“一年三百六十五天”中的“天”。特定的人类群落有自己的认知模型，我们称之为特定的思维方式，特定的语言编码和解码方式。比如说不同的人群可能有不同的隐喻（metaphor）系统。例如在中国文化的隐喻系统中，“江湖”隐喻泛指各地，专指武林或者官场、绿林、生意场、娱乐圈等环境险恶、需要时刻绷紧神经的地方。“江湖”的本义在强势的隐喻系统中渐渐地退居次要地位，我们说“相忘于江湖”的时候还能想起它的本义，我们说“人在江湖，身不由己”或者“桃李春风一杯酒，江湖夜雨十年灯”（黄庭坚诗句）的时候更多地联想到的是它的隐喻意义。从这个角度看，文化与社会心理有着非常密切的关系。换言之，一个社会群落对外部世界的认识与这个社会群落的心理息息相关。从“木秀于林，风必摧之”到“出头的椽子先烂”，再到“枪打出头鸟”，社会心理脉络一目了然。

3. 作为交际的文化。有人把文化作为标记体系来看待（Lévi-Strauss，1963；1978），这是一种符号学的视角。从这个角度看，文化是我们所生活的这个世界的再现，是我们诠释这个世界的方式，它存在于我们的传说、神话、故事、理论、俗谚和文化产物中。而这些传说、神话、故事、理论、俗谚和文化产物都依赖于语言来作为表情达意的媒介。没有语言的参与，这些文化财富的传承是无法想象的。

4. 作为工具和价值体系的文化。语言的运用就发生在我们的周围，发生在我们出生和生活的地方，不可须臾离开，就如同我们运用生活中的其他物品一样。

从这个意义上说，语言就是工具。按照一般的定义，工具是劳动者在生产过程中用以改造环境和创造财富的器物，它一边连接着劳动者，一边连接着一件物理实体。工具的价值是无须论证的。语言作为人类社会所使用的工具，与斧子、锤子、雨伞不太一样，它是一种中介物，我们通过它表达自己的思想，了解他人的思想，通过它来了解世界，认识我们身边的万事万物。我们的信仰、价值观念也都蕴藏在语言中，例如“真”“善”“美”“仁”“义”“孝”，它们不仅仅是语言中的一个一个符号，它们是一种带有文化价值的符号。“君子”“淑女”“英雄”“豪杰”和“小人”“坏蛋”“强盗”“骗子”也是一种文化标签。我们用语言把这种文化价值体系完整地保留下来了，以至于让它们成为我们生活中的大众信条和行为指南（崔希亮，1997）。例如在中国文化的价值体系中有“君子成人之美”“好汉不提当年勇”“好男不和女斗”“远亲不如近邻”“退一步海阔天空”等说法，每一种说法都反映了我们价值体系中的一个观点。

5. 作为人类实践活动的文化。从动态的角度看，文化也是一种人类实践活动。宗教仪式、戏剧演出、音乐会、社交活动、美术展览、结婚典礼、体育比赛、狂欢节等都是人类的文化实践活动，在这些活动中，语言通常都是不可或缺的角色。不同的文化实践活动所运用的语言形式会有差别，这些差别有的时候是有意义的。比如宗教仪式所用的语言往往与日常生活中所用的语言不同，佛教仪式中使用的梵语，基督教宗教仪式中使用的拉丁语，伊斯兰教宗教仪式上使用的阿拉伯语，犹太教宗教仪式上使用的希伯来语等。宗教是神与人之间沟通的渠道，因此宗教仪式上所用的语言一般都比较古老，有的时候现代人是听不懂的。比如说萨满教（世界各地的萨满教情形不一样）的萨满所唱的“神歌”需要翻译才能理解。即使在一般的宗教词汇系统中，也总会有一些特殊的词汇形式，它们有特定的宗教意义，例如我们都熟悉的佛教词汇，“色”“受”“想”“行”“识”，尽管已经翻译成为汉语的词汇，但是没有宗教文化背景的人仍然不知道它们的具体意义。

人类语言学关注语言多样性、语言变体、语言与民族、语言符号的象征性、语言的意义与形式、语言社会行为等问题。由此我们可以看出，人类语言学所关注的语言问题不单纯是语言问题，它与地域、人种、人类迁徙、人类活动有关，语言作为考古证据、文化现象、认知的外在表现形式、各种人类活动的伴随现象、人们社会交往的工具以及负载价值观念的媒介物而存在。

第五节　语言与心理学

我们曾经说过，语言具有心理属性，从语言的心理属性上来说，语言是思维的工具。实际上语言不仅仅是思维的工具。我们的记忆、推理、信息储存、信息加工（从语言的感知、分析、解码到语言编码、生成）都不能离开语言。语言存在于我们的心理空间，语言同时也反映了我们的心理活动过程。如果按照索绪尔的说法，语言符号实际上也是我们的心理符号，它们是不可直接观察的，我们能够观察到的只有言语。如果要通俗一点说，语言有内在形式和外在形式，内在形式是心理的，外在形式是物理的。语言与心理学的关系是非常密切的，例如美国的描写语言学受行为主义心理学的深刻影响，表现为语言学中的刺激—反应理论（Bloomfield，1933）。

语言的心理研究关注的问题有以下几个方面（Carroll，1999）：

1. 语言的心理机制。我们的大脑迄今为止还基本上是个黑箱，因此语言的心理机制到目前为止也还是一些模型或者假说。我们说大脑基本上是一个黑箱是因为已经有一些脑科学家用技术手段观察到不同语言刺激下不同脑区的不同反应。我们说有关心理机制的研究还只是一些模型或假说也基于这个原因。Carroll（1999，p.47）采用信息科学中关于信息处理的模型来解释人类语言的心理机制问题（见图 4–2）。

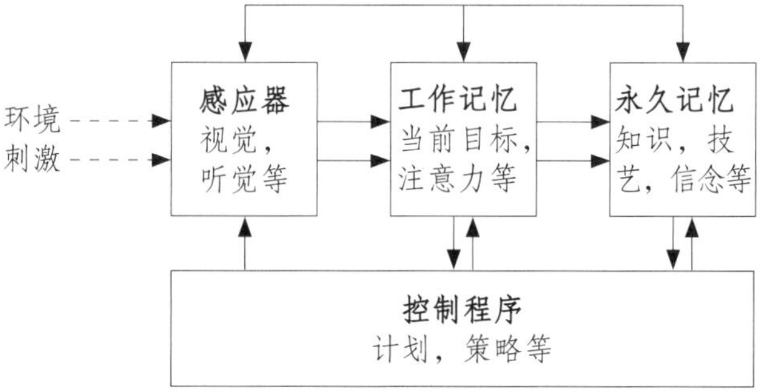

图 4–2

这个模型包含三个模块：感应器、工作记忆、永久记忆。感应器通过视觉、听觉器官接收外部环境刺激，工作记忆根据当前目标需求等处理短时记忆的问题，永久记忆根据知识、技艺和信念等处理语义和情节等问题，当然这些处理都接受第四个模块——控制程序指挥。这是一个一般的关于语言心理机制的模型，这个模型不同于 Chomsky 关于表层结构、深层结构和转换生成规则的模型。感应器接收到不同的颜色、声音、气味、味道，我们假设听觉通道与视觉通道是不同的感应系统，在语言信息接收过程中它们被分别送入不同的处理器进行加工。工作记忆负责处理当前任务中的短时记忆，永久记忆负责处理语义和背景知识信息。

2. 语言的感知。语言的感知可以分为两种：一种是言语信号的感知，一种是书写信号的感知，前者由听觉通道完成，后者由视觉通道完成。言语信号的感知主要涉及语音的听辨实验，包括三个阶段：第一个阶段是接收到所有的声音，第二个阶段是在接收到的声音中听辨出语音，第三个阶段是对语音进行音位处理（主要关注是否区别意义）。言语信号的感知不仅仅是分辨一个一个孤立的语音单位，还要在进行音位处理的同时对语符串的结构进行处理。实际上言语信号的感知涉及语音的区别性特征（DF）、音素、词、短语、句子等单位，而这些单位彼此之间是互相影响的。被试的永久记忆不同会激活不同的单元。例如：

北京大学生运动会今天在国家体育馆举行。

当我们听到这个句子的时候，“北京大学”有可能被当成一个记忆单位被激活，可是当我们听到“生运动会”的时候，无法在永久记忆中找到匹配项，于是我们会在短时记忆中重新分析成“北京–大学生–运动会”。

关于书写信号的感知，不同的书写系统可能会有不同的处理过程。字母文字的处理过程与汉字的处理过程应该不同，已经有人做过相应的对比研究，但是可信的结论还有待于进一步实验。字母文字的感知首先是识别字母，然后对词汇单位进行识解。因为目前通行的字母型拼音文字都是分词的，所以对于词的分辨不是问题。而对于汉字来说，首先要分辨的是汉字的结构特征，通过分辨不同的汉字特征来识别不同的汉字，汉字本身就是一个形音义结合的单位。相邻的汉字是否是一个词在汉字文本中是一个需要特殊关照的问题，我们需要切分出一些被称作“词”的单位。在这里，词的优越性效应（word superiority effect）并不显著。

3. 心理词库。心理词库指的是我们永久记忆中的词汇库，也称作内在词汇。我们都知道词汇不仅仅有形式（声音形式或者书写形式），还有内容（意义），在心理词库中，词汇的形式和内容是统一的。在心理词库中，词的语义表征是最复杂的，意义的记忆和提取依赖于词的语义表征。词汇的意义既包括它的理性意义，也包括它的色彩意义。与此同时，词汇意义与它所指称的事物紧密地联系在一起，而所指称的事物属于外部世界，不属于我们的心理词库。例如“狼”这个词，在心理词库中有一个语音形式“láng”，它的词义基本就是词典意义“哺乳动物，外形像狗，面部长，耳朵直立，毛黄色或灰褐色，尾巴向下垂。昼伏夜出，冬天常聚集成群，性凶暴，吃野生动物和家畜等，有时也伤害人。”(《现代汉语词典（第6版）》第773页，商务印书馆，2012）与此同时，关于“狼”的一些相关语义表征也存储于我们的词库中，比如“狼心狗肺”“狼子野心”“狼狈为奸”“豺狼虎豹”“狼奔豕突”中对于“狼”的认识和评价，在激活“狼”的语义表征的时候同时也被激活。它所指称的外部世界的事物就是我们在动物园或者电视里所常见到的野生动物（如图4–3）。

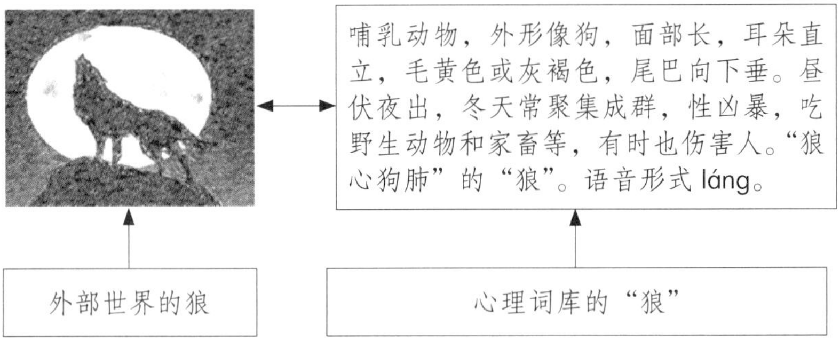

图 4–3

在我们的心理词库中，词汇的储存是按照一定的结构组织起来的，Carroll（1999, p.110）称之为“分级网络模型”（hierarchical network model）。心理词库中的词汇包括语音知识、语义知识、句法和词法知识，所以当我们激活心理词库中的某一个词的时候，它的语音形式、语义内容（包括理性意义和隐喻意义）、句法和词法要求都会同时被激活。同时被激活的还有这个词在词汇家族中的地位，它的上位词汇和下位词汇，它的同级词汇聚合，等等。例如当我们接收到“饭店”一词的刺激信号时，在我们的心理词库中可能扩展激活的词汇网络是一个很大的系统（如图4–4）：

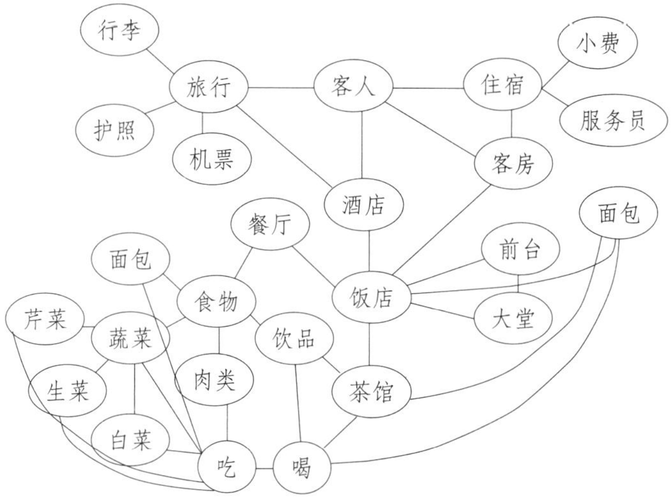

图 4–4

我们的心理词库实际上也是一个知识库，每一个词都处在一个巨大的网格结构的节点上，词汇提取的时候会受到网络中相关因素的影响，例如相邻的词汇、词的使用频率、词的语音特征、词的句法和词法特征、歧义问题、话题相关度等。高频的或者与当前话题高度相关的词汇会被优先激活。

4. 语言理解。语言理解的过程是对语言符号进行解码的过程，这个过程包括对句子的理解和对篇章的理解。对句子和篇章的理解是建立在心理词库的基础上的，没有心理词库，任何理解都无法完成。单纯就句子理解来说，包含了句子的句法分析和上下文搜索两个阶段。句法分析涉及句子的句法结构（句子成分和层次）、语义结构（句子成分的语义角色）、当前相关信息分析（如时间结构、谦敬标记）等，上下文搜索涉及句子的语境信息、语用规则的运用状况（如是否有言外之意、是否委婉表达、有没有双关意义、逻辑上是否说得通等）。篇章理解是在句子理解的基础上进行的，但是有关篇章理解方面的研究还很薄弱，所以我们知道的很有限。

语言理解与记忆的关系十分密切。句法信息的理解、语义信息的理解、篇章信息的理解都与记忆有关，而记忆又与语言形式表征、认知图式和理想的认知模型有关，这一点我们将在语言认知研究中专门讨论。

5. 语言的产生。语言的产生实际上表现为言语的编码过程，包括四个阶段：

第一个阶段是产生要表达的意念（包括思想或情感），并把它们转化为要传递的信息；第二个阶段是形成言语计划，把要传递的信息编入言语计划；第三个阶段是执行言语计划，通过一个复杂的心理—生理过程把内在的信息转变为可以直接感知的物理信息；第四个阶段是对言语产生的各个环节进行自我省察，校正言语计划，改正言语失误，并保障言语交际顺利进行。这只是一个很抽象的言语产生模型，在现实的语言交际过程中，情况千差万别。对于言语产生的主体（说话者）来说，在不同的交际环境中，编码过程也会有差别。言语计划的执行要看是独白、对话、演讲还是复述，按照崔希亮（2001，p.3）的说法，“讲”“述”“谈”“说”是不同的语言交际行为。在对话中，编码的过程与解码的过程是交互进行的，因此说话者的言语产生包含着一个不断调整计划、及时校正会话内容的过程。

6. 语言能力的发展。语言能力的发展包括的内容很多，这也是心理语言学重点关注的问题之一。语言能力指的是个体对语言信息进行编码和解码的能力，当然，这个能力包含了心理词库的发展、信息处理能力的发展。一些心理语言学家对儿童语言能力的发展进行研究，还有一些心理语言学家对成年人第二语言的习得过程进行研究。儿童语言习得研究儿童的语音习得、词汇习得、语法习得，可以分为早期语言习得和后期语言习得。有一个大家都觉得惊奇的事实是儿童语言能力的发展速度是惊人的。与成年人习得第二语言相比，儿童简直就是天才。心理语言学家想知道是哪些因素影响了语言能力的发展。他们从三个角度进行观察：第一个是语言环境，第二个是认知过程，第三个是内在的语言机制。在研究中发现一些问题：为什么有些孩子的语言能力发育得比较迟缓？为什么有些孩子数学能力很强但是语言能力很弱？为什么有些孩子到了后期仍然有语言障碍？儿童语言能力发展不一致是内在语言能力的个体差异还是后天环境造成的……如果要详细分析，还要考察言语感知能力的发展、言语生成能力的发展、词汇的发展、语法的发展、交际技巧的发展等方面。第二语言习得与儿童语言习得的过程是否相同？影响第二语言习得的因素都有哪些？母语的负迁移作用、文化差异、学习动机、学习环境、目的语与母语的差异、年龄、性别、学习方法、教学方法、教材等因素都可能影响习得过程。

7. 语言与大脑。大脑是语言的生物学基础。以前我们对大脑的语言机制进行研究主要通过失语症患者，或者利用脑电技术，对于大脑是如何处理语言的我们所知甚少，尽管我们已经知道了大脑的不同半球、不同区域与语言的关系是不同的，左半球负责语言的句法和语音加工过程，右半球负责处理歧义和语境信息，不同的脑区受损导致不同的语言障碍（参看崔希亮，2009，pp.71-74），但是离我们真正了解语言的生物基础还有很长的距离。现在科学家利用脑成像技术（主要有正电子发射摄影术 PET 和核磁共振成像技术 MRI、功能性核磁共振成像技术 FMRI），可以直观地观察大脑不同区域对不同语言刺激的反应，也可以直接观察儿童语言习得的过程，离我们揭开大脑的秘密又向前走了一大步。

第六节　语言与认知科学

认知科学是 20 世纪 50 年代以后发展起来的一门新兴学科，主要研究两个方面的问题：大脑（brain）的工作机制和人类心智（mind）活动的机制。认知科学是一门高度综合的学科，它涵盖了神经科学、哲学、心理学、语言学、人类学和计算机科学六个学科领域。语言是人类大脑机能的一部分，同时也是人类心智活动的重要内容之一。因此在语言与认知科学领域生长出两个分支：一个是神经语言学（neurolinguistics），一个是认知语言学（cognitive linguistics）。

神经语言学是一门探讨语言神经机制，进而揭示人类语言能力的基础学科，具体包括探究人类语言的产生、接收、分析处理、记忆储存的过程。这种探究有两种方法：一是病理学的方法，观察大脑损伤对语言能力的影响；二是电子生理学的方法，测试大脑在言语活动过程中的反应。语言的产生是一个由语言神经处理器把意念转换成语言信息，再经过一系列的神经生理过程（肺部、喉头和口腔协同发音）之后变成物理信号的过程。这其中的每一个环节都需要神经系统的参与。或者说，这一系列的环节都是在神经系统的指挥下完成的。我们的神经系统是一个非常复杂的系统，它遍布我们身体的各个部分，但是大脑的神经树是最重要的部分。中枢神经系统位于这里，它控制着所有的神经活动（如图 4–5 所示，采自维基百科）：

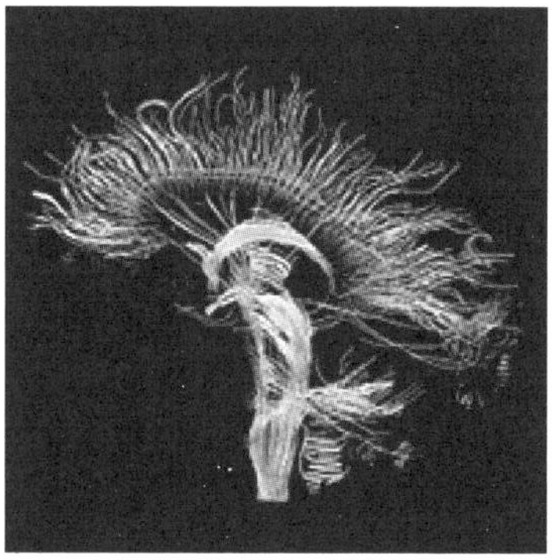

图 4–5

对于大脑，我们已经积累了许多解剖学和病理学的知识，但是对于脑神经的工作机制仍然所知不多。如果把大脑比作计算机的中心处理器的话，目前世界上任何一台计算机的中心处理器都不如人脑那么精微，也许在计算速度上计算机可以领先，但是在综合分析、推理判断和语言表达方面，计算机还不能与人脑相提并论。神经语言学就是想揭开人脑神经系统这个谜团。

认知语言学与神经语言学不同，它不关心大脑神经的工作细节，而只是关注结果——输入、输出、知识库，从而推断人类语言的认知规律。认知语言学要解决的是语言与心智的问题，而心智是一个极其复杂的概念，远远超出神经科学、生物科学、心理学和人工智能的范畴，而更接近哲学范畴。语言与心智的关系涉及认知科学的重要命题：我们的语言能力和语言知识是先天的还是后天的？语言认知与人类其他认知活动相比有特殊性吗？我们的语言知识与外部世界的关系如何？我们的语言知识和百科知识构成语义网络存储于大脑中，这个语义网络的形成有什么样的动因和机制？ Lakoff 和 Johnson（1980）提出了“我们赖以生存的隐喻”这个重要命题，我们才意识到，离开了隐喻我们真的寸步难行。而隐喻是在认知过程中形成的，我们可以根据隐喻的结构上溯认知过程，也可以根据隐喻的普遍性探求人类语言认知的普遍性。认知语言学兴起于 20 世纪 70 年代中期，80～90 年代开始走向成熟（赵艳芳，2006）。认知语言学的学者们在基本原则、认识论和方法论等方面提出了一些基本理论问题，例如原型理论（Langacker，1987，p.371；Lakoff，1987，p.137）、标记论（Lakoff，1987，pp.59-61; p.549；沈家煊，2000）、范畴化理论（张敏，1998，p.50）、意象图式理论（Langacker，

1987，p.110）。Talmy（2000）对认知语义学的研究做出了突出贡献，尤其是在概念整合和概念化研究方面贡献巨大。

认知语言学有几个基本假定（崔希亮，2001，pp.315-316）：

1. 语言的基本功能是传达意义，语言为什么会这样构造而不是那样构造、语言为什么会这样用而不是那样用、语言形式为什么不对称等问题都是必须要回答的；

2. 特定的语言形式表达特定的意义是有动因的，而非任意的，这一点颠覆了自索绪尔以来主流语言学的观点；

3. 语言运用和语言发展的动因在语言结构之外，我们的经验基础和世界知识起到了非常重要的作用，语言结构外部的解释比内部的解释更有力量；

4. 语言是历史的产物，因此语言的发展变化有自己的动力和机制，认知语言学的目标是寻找这种动力和机制；

5. 历时与共时的区别来自于不同的透视域，而非事实本身；

6. 语法变化是单一向度的，从词汇到语法，再从语法到更加抽象的语法化，这个过程是不可逆的。

基于以上假定，认知语言学的研究方法是内省法加上语料库语言学、语言类型学和实验语言学的办法。认知语言学的热点问题是范畴及原型问题、隐喻和转喻问题、概念空间问题、意象图式问题和语法化问题（李福印，2008，pp.33-36）。其中范畴化和概念空间问题是核心，因为范畴化问题涉及我们对万事万物的分类并用词汇形式给万事万物命名，这是我们认识世界和解释世界的基础，试想如果没有范畴化的认知过程，这个世界对于我们来说就是混沌一团的。用什么样的方式、从什么样的角度、根据什么样的原则来给世界分类实际上是我们认知的核心问题。原型理论和图式理论都是用来阐释范畴化的，是由范畴化问题衍生出来的问题。例如我们把人类之外的动物分成禽、兽、蛇、蝎、鱼、鳖、虾、蟹等，这样的分类实际上反映了我们对客观世界的认识。我们可以试着用原型理论来解释范畴这个概念，每一类事物都是一个范畴，每一个范畴都有典型成员和非典型成员，例如鸟类作为一个范畴，雀、鸡、鸭、鹅都是范畴内的典型成员，企鹅和鸵鸟则不是，尽管在汉语使用者的认知空间里企鹅和鸵鸟是归入鸟类范畴的（在汉字书写系统中它们都是以“鸟”字作为义符的）。其中雀是鸟类范畴中最典型的成员，鸡则次之，鸭和鹅又次之，企鹅和鸵鸟在范畴的边缘。鸟范畴最重要的属性特征包括以下几点：

1. 脊椎动物；
2. 卵生；
3. 有羽毛；
4. 二足；
5. 有喙；
6. 会飞；
7. 巢居。

在我们例举的几个范畴成员中，企鹅和鸵鸟不会飞，企鹅不会做巢，野生的鸡、鸭、鹅会飞，家养的飞行能力已经退化。在这个范畴中，雀是范畴的原型，其他成员都是因为与这个原型有共同特征而被归入这个范畴的，每一个小类与原型之间共同特征的多少决定了它与原型的距离。图示如下：

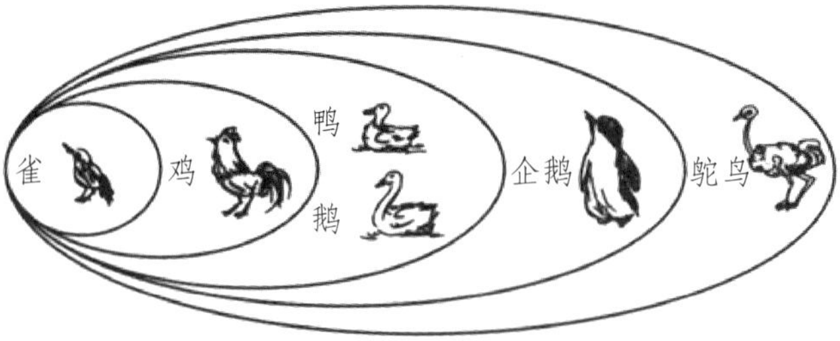

图 4–6

由范畴化问题衍生出来的问题还有家族相似性的问题（崔希亮，2009，p.68），范畴与范畴之间的关系有亲疏远近之别，就好像人类社会的家族关系一样。范畴化的问题涉及我们认识世界的全部问题，这是因为我们对世界万物的所有知识都是建立在分类的基础上的，而这个过程就是范畴化的过程。我们的知识系统就是由范畴建构起来的，这些知识可能与科学知识不一致，但是它决定了我们日常生活的语言交际。现在我们根据科学知识知道了“鲸鱼”不属于“鱼”这个家族，“袋鼠”不属于“鼠”这个家族，“熊猫”不属于“猫”这个家族，但是这并不影响我们的日常语言交际。人类的认知是一个动态过程。

概念空间的问题与范畴化的问题是有关联的。概念是我们在认识世界的过程中形成的思维单位。人类认识世界的过程是一个从感性认识上升到理性认识的过程，即把所感知的事物的共同本质特点抽象出来，加以概括，形成概念。也就是说概念是通过使用抽象化的方式从一群事物中提取出来的认知单位，每一个概念都反映了一类事物的共同属性特征。这个抽象化的过程也就是概念化的过程。范畴是根据区别性特征对事物进行分析的结果，概念是根据共性特征对事物进行抽象的结果。范畴也好，概念也好，在我们的认知系统中都与语言单位相互对应，并以网络的方式存储，这是逻辑推理和语言表达的基础。

第七节　语言与社会

语言是社会的产物，又是社会不可或缺的交际工具。所以，语言与社会的关系是非常密切的。它既存在于社会之中，就必然要受到社会的影响，同时也会对社会产生影响。因此，讨论语言与社会之间的关系的学科就应运而生了，那就是社会语言学（sociolinguistics）。社会语言学主要关注语言的社会变异（Labov，1966/1996；2010），语言变异的结果叫作语言变体，包括语言的性别变体、年龄变体、环境变体、阶级变体、行业变体、民族变体、地域变体等。这些变体包括语音的变化、词汇的变化、语法的变化、语用的变化、篇章结构方式的变化等。

语言的性别变体在很多语言当中都存在，但是在不同的社会环境中性别变体的差异程度是很不相同的。例如在英语和汉语中男女性别语言差异不是十分明显，但是在日语中性别差异却非常明显，在语音、词汇和语法、语用层次上都有表现。我们说英语和汉语的性别变异不明显并不是说在英语和汉语中就不存在性别变体。例如汉语的第一人称代词“人家”成年男人是不用的，而第一人称的傲称形式“老子”女性也基本不用，女性如果要用傲称形式可以用“老娘”。还有一些表达方式如果男性这样说就会被认为有“伪娘”之嫌。例如：

你真坏！

坏死了！

不要嘛～～～

真的好期待哦～～～

讨厌！

缺德！

嗨哟！哇塞！

就是酱紫啦。

当然也有一些表达方式男性用得比较多，多是一些比较粗糙的、带有性别特征的形式。例如：

爷们！

就一娘们儿。

我靠！

你老兄也来啦？

哥们儿靠边儿！

男性比较粗犷，语言形式中带点儿脏话社会是可以接受的，但是如果女人也这样说话，社会的接受程度就差多了。在语音层面，有时男女差异表现在辅音上，例如北京话的“女国音”现象[1]。中学女生把舌面音读成舌尖音听起来比较“嗲”、比较“贱”，有撒娇的意涵在内。在词汇层面，女孩子撒娇的时候可以借用外来语称呼爸爸妈妈“爹地”“妈咪”或者“阿爸吉”“阿玛尼”，男孩子不会这样用。在语法层面，女性比较多用感叹词和情态副词。例如：

女性	男性
好呀好呀！	好哇！
真好诶！	真好！
一起去呗！	一起去吧！
好开心耶！	真他妈开心！
记着给我写信哦。	给我写信！
好滴！	好！

在语用层面，女性说话比男性委婉，例如：

女性	男性
我能要杯咖啡吗？	来杯咖啡！

[1] 罗常培1920年在对北京女中学生进行语音调查时发现的，最早发现于劈柴胡同师大女附中，因而又叫作劈柴派读音。主要表现是在青春期女生中，把齐齿呼之前的舌面音声母j、q、x念成类似舌尖音z、c、s。

以上所列举的例子用来说明汉语社会语言的性别差异是没有问题的，但是社会是复杂的，现在 90 后群体出现了新的变异现象，我们可以称之为“性别倒错”，即男性使用女性的语言，女性使用男性的语言。如果女性过多地表现自己的性别特点会被人嘲笑为“装”“淑女”或者“卖萌”。这实际上是社会心理学的课题。

语言的年龄变体是语言社会变异的基础，一代人有一代人的社会方言。例如现在中学生经常说的“我去！”(感叹词)、“真心（非常）漂亮”、“巨（特）傻”、“校草”(学校里最帅的男生)、“玻璃”或“BL”(男同性恋，boys' love)、“放鸽子”(爽约)、“蛋白质”(笨蛋白痴加上神经质)、“悲催”(不幸)、“女神”(美女)、“腐女”[1]（在幻想中喜欢男男爱情故事的女性）、“颜值”(脸的漂亮程度）等用法在 50 岁以上的人听来可能不知所云。还有一些杂糅的用法在中学生中也很常见，如“I 服了 you”(我服了你)、“give you some color see see”(给你点儿颜色看看)、“放假了思密达”(“思密达”系模仿韩语)、“到了 call 我”(到了给我打电话)。不同年龄段的人生活在不同的时代，其语言一定会打上时代的烙印。例如有一位老者会说“晚上我给你摇一个电话”，因为在他年轻的时候电话还是手摇的；现在 50 岁以上的人会说“拨个电话”，因为他们经历过拨号电话时代；按键电话出现以后，再说“摇”和“拨”其实已经过时，现在的年轻人干脆说“call 我”或者“电我”。在 50 岁以上的人听来，“电我”是“给我拍电报”的意思，而不是“给我打电话”的意思。顺便说说，现在已经很少有人使用电报了。

互联网出现和普及之后，出现了新的语言变体——网络语言。这种变体既是环境变体，也表现为年龄变体。使用网络语言的人群主要是青少年。例如“楼主”或“LZ”(发帖者)、“马甲”或“MJ”(网络注册用户另外使用的名字，带有隐蔽性)、“油菜花”(“有才华”的谐音)、“菜鸟”(生手)、“坐沙发”(抢得第一个回帖子)、“汗”(羞愧、汗颜)、“吐槽”(调侃、讽刺、揭老底)、“卖萌”(刻意地装可爱)、“灌水”(向论坛发大量无意义的帖子)、“水军”(有人雇佣的专门负责灌水的人）等。为了打字便捷，网民们还发明了一些字母词，这些字母词有的来自汉语拼音缩写，例如“BT”（变态）、“SL”（色狼）、“JJWW”

[1] 来自于日本，全称“腐女子”(ふじょし)，指那些喜欢幻想中男男爱情（男同性恋）的女性。一部分腐女也会对真实世界或文学作品中男性间的关系产生遐想，例如：偶像、历史人物等。

（叽叽歪歪）、“MPJ”（马屁精）、“GG”（哥哥）、“MM”（妹妹）；有的来源于英文，如“BB”（babe 或 者 bye-bye）、“CU”（see you）、“BBL”（be back later）、“GF”（girlfriend）、“BF”（boyfriend）；还有一些数字通过谐音表达意思，例如“748”（去死吧）、“88”（拜拜）、“8147”（不要生气）、“1414”（意思意思）；还有的是数字、字母或者其他符号混合使用，如“3Q”（thank you）、“+U”（加油）、“Me2”（me too）、“4 人民”（for 人民）、“ORZ”（跪了，其形状像一个人跪在那里）等。网络语言的主体使用者是青少年人群，青少年的语言特点是求新、求简、求奇、求变。语言变异一般来说都是渐变的，而网络时代带来的语言变异则是突变的。面对网络语言的这种变异，一些人惊呼“看不懂”，呼吁“保持语言的纯洁”，“消灭字母词”。《现代汉语词典》（第 5 版）在附录中收录了字母词在社会上掀起轩然大波，一些人激烈反对，一些人坚决拥护，这说明语言的变异已经引起了社会的关注，甚至冲突。

语言的阶级变体指的是语言在不同社会阶层中的变化。社会的阶级划分可以有不同的参数，可以根据职业来划分，也可以根据收入水平来划分，还可以根据受教育程度来划分（Labov，1966/1996）。在一个正常的社会中，职业、收入水平和受教育程度是相关的。不同的参数可以合并考虑，例如 Joseph A. Kahl 1957 年在《美国的阶级结构》一书中将人群分成 5 个阶层：

阶级	教育程度	从事的职业	收入描述	人口比例
V. 上层	名牌大学毕业	一流专业人士、巨商、大企业高管、高级官员等	不为钱所困扰	1
IV. 中上阶层	大学毕业	事业有成人士、经理、官员、大公司职员等	收入很高，但是量入为出	9
III. 中低阶层	高中毕业，多次参加职业培训	白领、半专业人士、办事员等	可供子女上大学	40
II. 工薪层	一些人上过高中	技工、蓝领工人等	拥有汽车、电视机等	40
I. 低层	小学或更低	劳工阶层、临时工等	为生存奋斗	10

不同阶级的人在一些语言变体的表现上是不同的。这很容易理解：因为他们所受

的教育程度不同、工作环境和周围的人素质不同，导致他们在语言的价值取向上产生差异。

不同的行业也会有自己的行话，这就是语言的行业变体。例如计算机行业经常会用到一些专业词汇：

硬件、软件、CPU、上传、下载、远程控制、云计算、大数据……

而第二语言教学行业经常会用到另外一些行业用语：

母语、目的语、迁移作用、文化冲突、中介语、偏误、习得……

行业变体的极端例子就是某些特殊行当隐语，不希望为外人听懂，比如江湖的黑话，又叫“切口”“春点”“唇点”“寸点”“市语”等：

豆儿（女孩）、芽儿（男孩）、空子（外行）、点子（对象、对手）、青子（兵刃）、挺子（匕首）、亮盘（亮相、照面）、盘道（套话、对暗号）……

民族变体指的是同一种语言在不同的民族人群中的变异。例如在纽约，有爱尔兰裔的人群、犹太人群、非洲裔人群、西班牙裔人群、意大利裔人群、华裔人群等，不同的人群有各自的口音，很容易辨识。北京的牛街是回民聚居区，那里有一些回民特色的变体。例如在亲属称谓方面，牛街回民称呼父亲的兄弟为“baibei”，包括伯父和叔父；“baibei”的妻子称为“dada”，包括大妈和婶婶；父亲的姐妹称作“娘儿”（姑姑）；姑父称为“gubaibei”；祖父称作“baba”。在牛街，对自己尊敬的人即使是第三人称也要用尊称“您”。

语言的社会变体叫作社会方言，任何一个社会单位都可能有自己的社会方言。例如在北京某大学“上厕所”的委婉表达方式是“去大使馆”，后来演变为“办签证”，这就是小的社会方言岛。与社会方言相对的是地域方言，它是语言的地域变体。

语言的地域变体指的是同一种语言在不同的地理空间上的变异，通常情况下我们直接把这种地域变体称作方言。例如汉语有北方方言、晋陕方言、吴方言、闽方言、粤方言、客家方言、赣方言、湘方言八个大的变异区域，每个区域里边又有变异，例如北方方言有东北–华北次方言、西北次方言、西南次方言和江淮次方言。北方方言通行范围最广，又称作官话，每个次方言也都是官话的变体。东北–华北官话中还有更小的变体，如北京话、天津话、胶辽话、济青话等。语言的地域变体在方言学家那里画成了方言地图，各种变异元素在方言地图（图4–7）中一目了然（曹志耘，2008）。

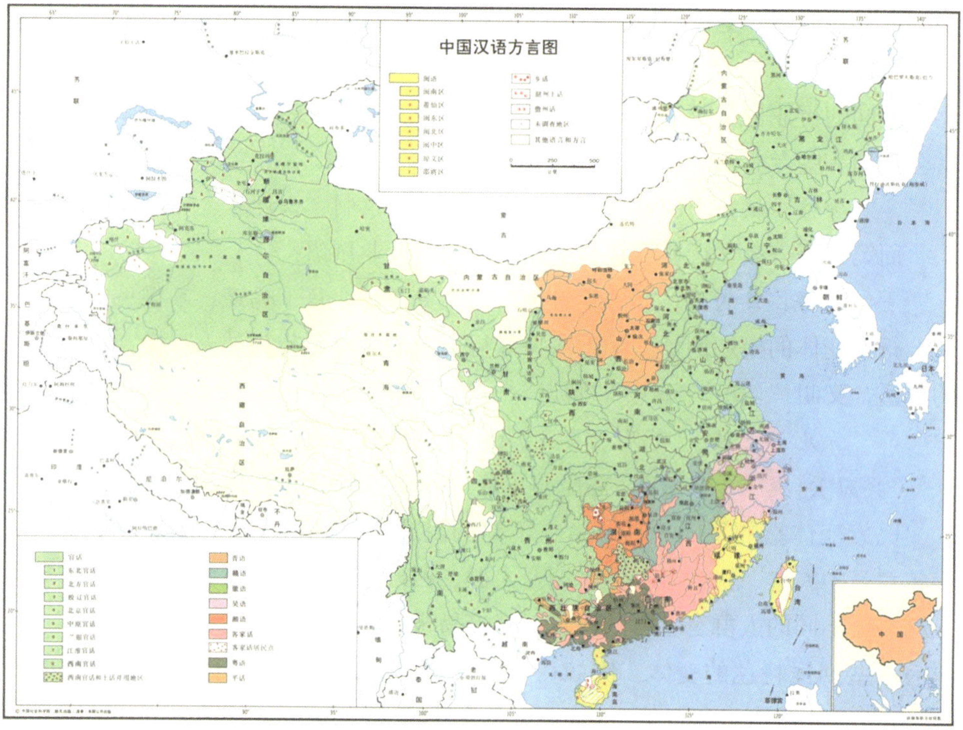

图 4–7　语言的地域变异

社会语言学的研究方法有自己的特色：第一是对田野工作的重视。社会语言学的数据采集都是通过田野调查实现的；第二是对统计方法的运用。田野调查得来的数据要经过统计分析才能看到语言变异的趋势、范围、路径、结果、影响因子等，如 Labov（1966/1996，p.138）对美国纽约市英语变异状况的调查研究。无论是社会变异还是地域变异都是有动因的，每一种变异都有各自的动因。社会的历史变迁，人口的流动迁徙，大都市的政治、经济、文化影响力，传媒的影响等因素都会成为语言变异的动力。中国历史上经历过很多次的分裂和统一，久合必分，久分必合，春秋战国时期的诸侯割据奠定了今天汉语地域变异的基础，后来的战争、移民、开疆拓土、不同语言的接触、行政区划的变化等又给语言变异加上新的筹码。

语言与社会的研究还包括语言政策的制定、语言规划、语言规范化、濒危语言的抢救、语言的对外传播等现实问题。一个国家如果不止一种语言，不同的语言之间可能会有竞争甚至冲突，例如加拿大的英语和法语之间的竞争，还有比利时的法语和佛莱芒语之间，新加坡的英语、华语、马来语和印地语之间，印度的印地语和英语之间，中国的汉语和少数民族语言之间都有竞争。如何制订语言政策、做好语言规划是一个国家必须要研究的问题。语言的规范、濒危语言的抢救、语言的对外传播也都是语言应用过程中的现实问题。世界上的语言存在着竞争关系，英语、汉语、法语、俄语、阿拉伯语、西班牙语都是应用范围广、使用人口很多的语言，每一种语言都希望扩大自己的国际影响，增强自己的国际地位，在政治上多一些话语权，在科学、文化领域多一些影响力。即使是一些比较小的语言也都在不遗余力地推广自己的民族语言，以期增强本民族的文化软实力，如日语、韩语、德语、意大利语等。在竞争中处于劣势的语言最终会被淘汰，成为濒危语言或者死亡的语言，这种语言所承载的文化也会成为濒危的或者死亡的文化。语言也与物种一样，物竞天择，适者生存。也有人试图复兴已经濒危或死去的语言，例如犹太人对待希伯来语的态度，但是语言的生存或者消亡自有其自身的规律，非人力所能左右。一个国家在政治、经济、文化、军事方面的影响力对于这个国家或者民族的语言来说是至关重要的传播动力。

第八节 语言与工程

语言不仅仅是社会交际的工具，现代信息科学和技术的发展离不开语言的贡献。信息的储存、传递、接收、解译都以语言为媒介。语言在工程领域的应用已经变得十分重要。语言在工程领域的应用是语言学与计算机科学、人工智能科学的交叉学科。语言信息处理是自然语言信息的自动化处理技术，例如语言信息的发现、提取、存储、加工与传输等过程都属于语言工程的范畴。语言工程具体的应用领域主要包括语言信息处理中的机器翻译系统、语言自动校对系统、语音输入系统、语言学习辅助系统、自适应语言能力测试系统、自动文摘系统、语料库检索与监测系统等和人工智能领域的人机接口、语言自动分析与理解等。

机器翻译（machine translation and interpretation，简称 MTI）是一项十分具有挑战意义的工程。人类社会已经进入到信息化时代，每天都有大量的信息在制造、传播、积累，其中包含重要的信息内容，也有大量的信息垃圾。如何甄别有用信息、提取有用信息是一项非常有意义的工作，但是这项工作已经非人力所能完成，必须仰仗机器的自动处理，除了机器的自动甄选之外，还需要机器进行自动翻译。机器的自动翻译就是把一种自然语言翻译成另外一种自然语言，反之亦然，这需要对两种语言的词汇、句法、语义和语用系统做充分的研究；如果是多语种之间的自动翻译情形就更加复杂。机器翻译有着巨大的应用空间和市场潜力，因此政府机构和公司投入巨资研究开发机器翻译的产品，目前已经有很多产品投入市场。自然语言处理专家和资本结合，根据市场需求研制开发出了不同的产品，比如随身携带的语言翻译器、计算机文本处理用的即时词汇对译系统、移动电话中的语言翻译系统等。"译星""雅信""通译""华建"等翻译工具已经开发了几代产品。机器翻译主要有两种类型，一种是基于规则的（rules-based），一种是基于语料库的（corpus-based），前者由**词典**和**规则库**构成知识源；后者由经过加工标注的**语料库**和**统计数据库**构成知识源。目前世界上绝大多数机译系统都采用以规则为基础的策略，一般分为词汇型、语法型、语义型、知识型和智能型几种类型，不同类型的机译系统由不同的成分构成。抽象地说，所有机译系统的处理过程都包括以下步骤：对源语言的分析或理解，在语言的某一平面进行转换，按目标语言结构规则生成目标语言。基本流程如图 4–8 所示：

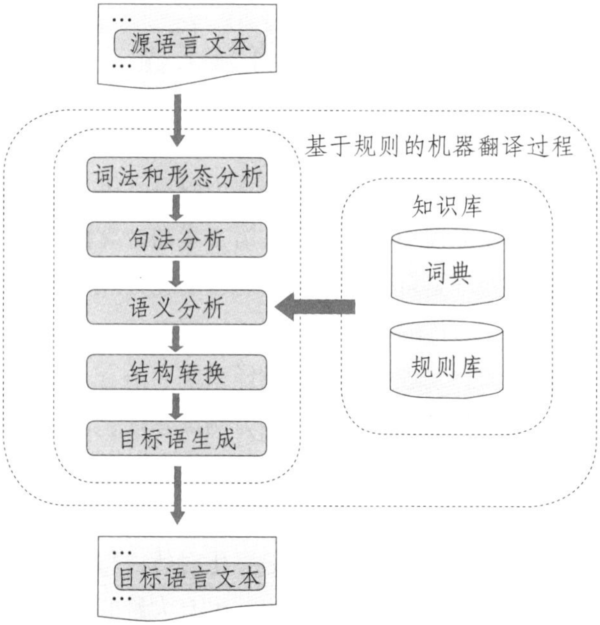

图 4–8

语言机器翻译的难点不在于如何写程序，而在于我们如何对自然语言进行分析。自然语言是非常丰富和复杂的，要做到对自然语言的充分描写与合理分析是很困难的。

语言自动校对系统我们都比较熟悉了，它们都是基于文本的。现在我们所使用的文本处理系统都附带自动校对系统。Microsoft Word 是我们使用最频繁的文本处理系统，已经开发了多语种的自动校对系统，包括拼写校对和语法校对。

语音输入系统（也称声控输入技术）也是比较常见的语音机器处理工程，主要包括语音的识别技术和转换技术。与键盘输入相比，语音输入的要求更高。对于像汉语这样的有声调而又方言众多的语言来说，语音识别和加工处理是比较困难的。目前已经开发了一些服务于电脑、iPad、iPhone 和其他智能手机系统的语音输入软件，但是这些软件的识别准确率和稳定性都还有待于进一步提高。

语言学习辅助系统包括两种类型：一种是语言学习自我辅助系统，一种是语言教学辅助系统。前者是学习者自己使用的，后者是教师和学习者共同使用的。语言学习辅助系统的功能很多，如数字化复读、电子阅览、自由点播、模拟测试、仿真会话、听力 / 口语复读对比、语音波形比较等。语言学习辅助系统具有的优势是自主性、交互性和机动性，它是课堂学习的有效补充。

自适应语言能力测试系统是语言测试（language testing）的重要组成部分，它的出现改变了传统的纸笔测试模式。自适应语言能力测试系统又称为“裁缝式”语言测试，或者叫作“机考”，它是针对应试者的语言能力量体裁衣地给出试题，就像我们在眼科测试视力一样，如果这道题太难，机器会自动降低难度，如果这道题太简单，机器会自动增加难度，直到测出应试者的实际语言能力为止。自适应语言测试系统是一个智能型的测试系统，它需要一个大规模的试题库，每一道题都有信度、效度、难度系数等相关数据。图 4–9 是语言自适应考试 CAT（Computer-Adaptive Test）逻辑图（柴省三，2014）：

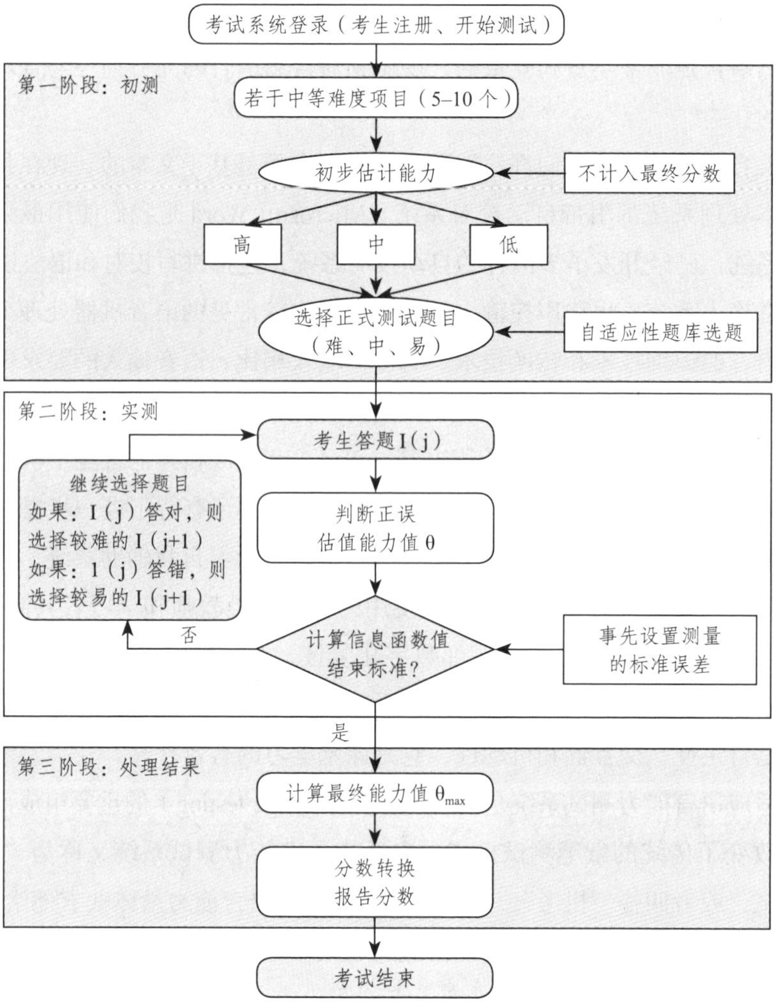

图 4–9

自动文摘系统也是非常有用的，所谓自动文摘就是利用计算机技术自动地从原始文献中提取关键词和重要观点，并自动生成概括原始文献中心思想的摘要性短文。自动文摘技术主要有机械文摘和理解文摘两种。机械文摘能够适用于非受限域，面向真实语料，但是由于它局限于对文本表层结构的分析，所以文摘的质量并不理想。而理解文摘对技术的要求比较高，在某一受限领域经过训练可以得到理解加工后的文摘。自动文摘的基本原理如图 4–10 所示：

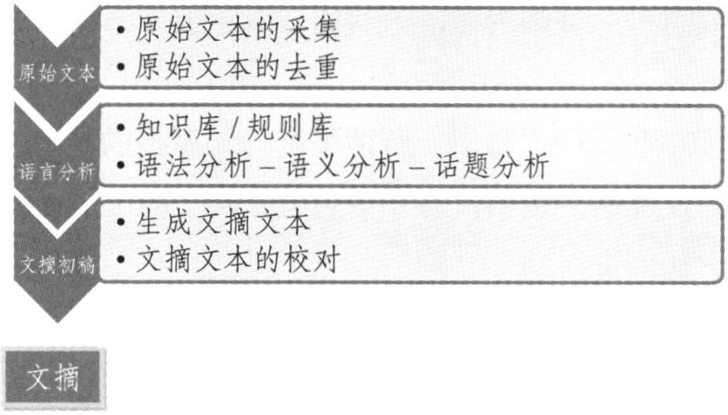

图 4–10

语料库语言学是近年来发展比较迅速的一门新兴学科。所谓语料库就是把真实的语言素材（语音材料或者文本材料）集中起来，以计算机为载体进行储存，经过加工标注可以进行检索和统计的数据包和知识库。语料库的建设对于词典编纂、教材编写、语言研究和语言教学有很大的帮助。语料库有几个特征：

第一，所收录的语言材料应该是自然语言的真实样本；

第二，这些语言样本经过加工标注可以进行自动检索和统计分析；

第三，所收录的语料是按照一定的需求选取的，不是随意收录的。

语料库可以根据不同的标准分为几种不同的类型：

1. 通用型语料库和专用型语料库。通用型语料库所收录的语料内容包罗万象，涵盖百科，而不是以某一专门的领域为样本。从体裁上包括政论文章、小说、散文、科学论文、诗歌、传记、评论、新闻报道、应用文等，从题材上包括文学、文化、历史、军事、生活、娱乐、时事、科学、艺术、教育等，比如北京大学中国语言学研究中心的“CCL 语料库”。专用型语料库所收录的语料只限于某一领域，例如北京语言大学的“汉语中介语语料库”和“HSK 动态作文语料库”都是专门收录汉语第二语言学习者的语料，它的用途也是只为汉语第二语言教学和研究服务。这两个语料库可以帮助我们检索来华留学生的语篇，也可以检索某一特殊句型或者语言点，其中的“HSK 动态作文语料库”还可以检索到学习者的考试成绩。当然，语料库还记录了其他一些参数，例如语料提供者的性别、年龄、学习年限、母语背景、国籍等信息。

2. 单语语料库和双语（多语）语料库。只收录一种语言材料的语料库是单语语料库，收录两种语言材料的语料库为双语语料库，如果同一个语料库中所收录的语言材料等于或超过三种则为多语语料库。双语或多语语料库还可以分为平行语料库和比较语料库。

3. 平衡语料库和非平衡语料库。所谓平衡语料库指的是所收录的语料类别在比例上是经过精心设计的，例如台湾“中央研究院”的 Sinica Corpus 语料的分类与选取是按照如下比例进行的：

主题	哲学	科学	社会	艺术	生活	文学	总计
平衡语料库百分比	10	10	35	5	20	20	100

国家语委的语料库也是平衡语料库。如果所收录的语料不是按照比例选取的，那么这个语料库就是非平衡语料库。

4. 静态语料库和动态流通语料库。所谓静态语料库指的是语料库中的语料是静态的，语料库一旦建成，库中所有语料都不再有变化；而动态流通语料库是第三代语料库，以流通度和语感为出发点，让计算机处理复杂多变的语料。动态流通语料库的语料是动态的，因此这个语料库实际上是个历时语料库，所有的语料累积起来越来越多，聚沙成丘。动态语料库的工作原理如图 4–11 所示：

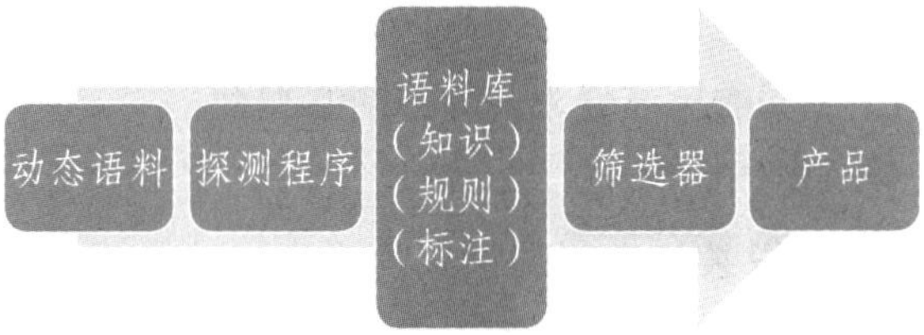

图 4–11

5. 单模态语料库和多模态语料库。传统的语料库存储和加工的语言信息大多只有文本形式，语音语料库存储的是单纯的音档和文字转写材料，这样的语料库是单模态的；随着多媒体技术和网络技术的发展，现在的语料库可以做到除了音频、文档之外，还有视频、动画、图片等形式，这样的语料库就是多模态语料库，这对于研究语言行为和真实的文字书写过程来说是很有必要的，它弥补了单模态语料库的不足。

与语言工程密切相关的分支学科叫作计算语言学（computational linguistics）或者数理语言学（mathematical linguistics）。它通过建立形式化的数学模型来分析和处理自然语言，并在计算机上用计算机程序来实现分析和处理的过程，其目的是让机器来模拟人的部分语言能力乃至全部语言能力。机器模拟人类的语言能力是一项综合的工程，它涉及实验语音学（分析和辨认人类语音、模拟发音过程）、物理学（模拟人类发音器官）、计算机科学（建立自然语言理解模型、编写相应的程序）、认知科学（了解人类语言编码和解码的神经过程）、句法语义学（分析句子的结构和语义关系）、语言工程专家（建立模拟现实世界的知识库）等。在人工智能领域如何让机器与人交流互动是个非常重大的课题，首先要让机器听得懂人类的自然语言，然后要让机器模拟人类的自然语言。这个过程的物理实现并不困难，难的是语言分析和处理的过程。智能机器人的芯片相当于人的大脑，我们对大脑的研究会为智能机器人的研究提供镜鉴。

语言工程研究的应用前景十分广阔，在语言学领域最容易形成产业的分支学科一个是语言工程，一个是语言服务，包括翻译、咨询和语言教育。

第九节　语言与教育

语言与教育的关系是应用语言学（applied linguistics）研究的课题。语言教育包括两个部分：一是母语教育，一是外语教育。或者说，第一语言的教育和第二语言的教育。

什么是母语？这是一个有争议的命题。《现代汉语词典（第6版）》第921页对母语的解释是：一个人最初学会的一种语言，一般情况下是本民族的标准语或某一种方言。这个定义其实有两个问题：如果一个人在双语环境下长大，他最初学会的语言不止一种，我们能否说他的母语不止一个？第二个问题是他最初学会的语言不一定是他本民族的标准语或者方言，很多移民的后代最初学会的语言并不是本民族的语言或方言。宽泛地说，母语的概念不仅仅是语言学意义上的、初次学会的或在自然环境下自由习得的语言，它还跟文化、血缘、民族情感紧密相连，因为“母”有母亲、母体、生命之源的含义在内。为了避免概念上的纠缠，在语言学领域我们区分第一语言和第二语言。在自然环境下自由习得的语言是第一语言，长大以后再开始学习的语言是第二语言（第二语言也许不止一种）。

第一语言的教育从幼儿时期就已经开始了，所谓“牙牙学语”阶段，幼儿的老师就是他的父亲母亲和家庭成员。正规的幼儿教育自幼儿园开始（现在有些城市已经把幼儿的语言教育大大提前），之后的小学、初中、高中、大学都会不间断地学习。所以母语教育实际上是伴随一个人一生的。母语的语言教育主要聚焦在语文能力的提高和人文素养的培养。外语教育或曰第二语言教育与此有很大的不同。我们学习一种外语时通常已经自然习得了第一语言，因此我们已经不再是白板一块，第一语言的知识会不自觉的影响第二语言的学习。

外语教育或曰第二语言教育问题涉及五个方面的内容：教什么、怎么教、怎么学、用什么手段教、在什么环境里教（如图 4–12）。这五个方面是互相关联的，教学内容与教学法有关系，用什么样的教学法要考虑教什么，怎么学也跟教学法有关，学生的学习过程受教学法影响很大，用什么教学手段、教材、辅助工具也要跟教学法配套，所有这些因素都不能脱离教学环境——在哪里教。

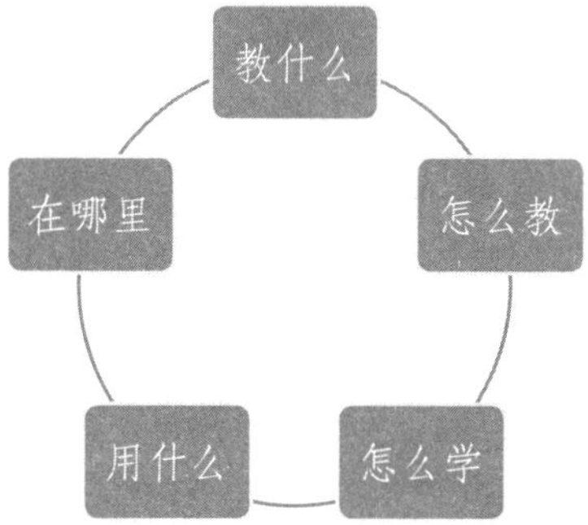

图 4–12

教什么的问题我们称为本体论，主要涉及语言本身的问题。例如我们教汉语，必须研究汉语的类型特征、汉语的语音、语法、词汇、汉字、篇章、汉语史、汉语方言等一系列本体问题。如果我们不了解汉语本身的问题，要想成功地完成语言教学任务是不可想象的。对语言自身特点和结构规律的了解是教学的基础，没有了这个基础，其他的都是空中楼阁。学习者会问这样的问题：汉语为什么可以说“一分钟、一天、一年”，不能说“一个分钟、一个天、一个年”？又为什么可以说“一个小时、一个星期、一个月”？为什么可以说“我爸爸、我妈妈”，不能说“我狗、我猫”？

怎么教的问题我们称之为方法论，主要涉及语言教学法。例如到底用翻译法、听说法、功能法、认知法、阅读法、情景法、直接法、沉浸法、静默法、启示法还是全身反应法？或者任务型教学法？语言教学法的背后是语言教学的理念和理论，第二语言教学有各种各样的教学法，但是没有哪一种是最好的，各有各的用处，各有各的长处，如何选择还要看教材、教学对象、教学内容、教学环境等外在因素，也要考虑语言自身的内在因素，不同的语言可能在教学法的选择上会有不同。

怎么学的问题我们称之为认识论，主要涉及学习者的认知过程，关于这个过程我们知之甚少。为什么不同的学习者会有差异？比如说：日本学习者和英国学习者的语音习得有什么不同？为什么日本人把“我肚子饱了”说成“我兔子跑了”？洋腔洋调是怎么形成的？相同语言背景的人个体差异是怎么形成的？为什么有的人学得快，有的人学得慢？学习成绩与很多因素有关，如学习动机、学习方法、学习者的经验、学习者的心理调适、学习者的学习能力等，这需要从认知的角度去研究。

用什么手段教则是工具的问题。手段和途径问题我们称之为工具论，主要涉及运用什么样的教学手段来完成教学任务，比如口语、听力、阅读、写作等分技能教学应该有不同的手段，多媒体教学手段的运用应该适度等。

在哪里教是我们考虑怎么教、用什么手段、教材和工具的前提条件，在母语环境里教语言和在目的语环境里教语言是非常不同的。教学内容也要因环境不同而调整。

【思考题】

1. 语言学与语文学有什么区别？
2. 普通语言学研究什么问题？
3. 语言学都与哪些学科有交叉关系？
4. 社会语言学的主要任务是什么？
5. 心理语言学的主要任务是什么？
6. 认知语言学与心理语言学是什么关系？
7. 形式主义语言学与功能主义语言学的分野是什么？
8. 语言工程可以有哪些领域？
9. 语言教学有哪几个重要方面？它们彼此之间是什么关系？

第五章　语言的体和用

语言作为一套符号系统有不同的层次：最外层是语言的物质外壳——语音。最里层是语言的核心部分——语义；我们的思想观念和知识概念部分都处于思维系统的最深处，语义是思维的伴生物，而要把语义传达出来还必须有一个中介——语法。语音、语义和语法是语言的三个要素。语言交际过程就是编码—解码的过程，说话人与听话人之间交替进行编码和解码活动。我们可以用一个简图（图 5–1）把语言交际的过程图示如下：

图 5–1

在这个过程中，语音是人类的发音器官发出来的有意义的物理声音。这个物理声音是我们的听觉器官能够识别并处理的，它以声波的形式在空气中传播，到达听话人的听觉感受器官。语音的产生是一个复杂的心理—生理—物理过程。说话人在心里把要表达的思想观念组织成语音形象（sound image），这个过程是一个心理活动的过程，涉及大脑神经的一系列操作；在大脑神经系统的指挥下，说话人调动发音器官（肺部、气管、喉部、声带、口腔和鼻腔）协同运动，把语音形象变成物理声音，这个过程是一个心理–生理过程；从发音器官发出来的语音经过空气传播到达听话人的听觉接收器官，这个过程是一个物理过程。对于听话人来说，这个过程正好是反过来的：听话人接收到一串声音，这串声音是物理声波，听话人首先要辨识不同的声音，然后把它传递到大脑进行解码处理，然后才能理解说话人的意思（如图 5–2）。在说话人编码和听话人解码的过程中，语法都是不可或缺的，否则那些声音就是没有意义的“噪音”。所以，当我们听到熟悉的语言时，语音符号自然会被转换成语义信息，而当我们听到不熟悉的语言时，语音信息无法转换成语义信息。

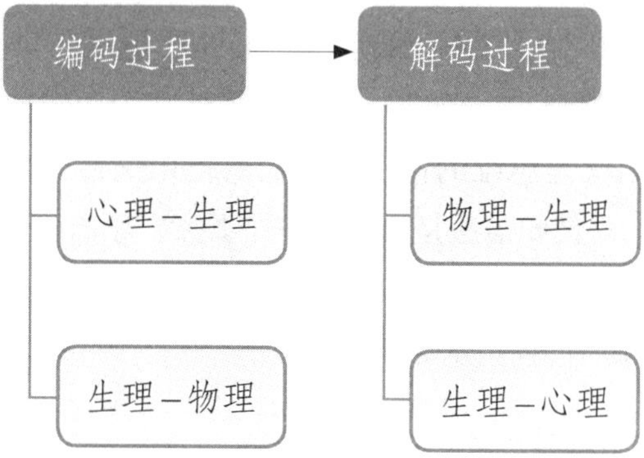

图 5–2

第一节　语音

如果说语言是一套抽象的心理符号，那么说话就是言语行为，通过说话这样一种言语行为，让我们能够听到一串一串的声音。说话的过程就是把内部语言转换成外部言语的过程。研究语音的学科称为语音学（phonetics）。语音学主要任务是研究语音的生理属性和物理属性。从生理属性的角度入手，语音学家主要研究发音器官和语音感受器官，其中发音器官主要关注发音部位和发音方法，以及某一具体语言的心理感受单位——音位（某语言或方言中能够区别意义的最小语音单位）。从物理属性的角度入手，语音学家主要研究语音的物理要素：音高、音强、音长和音质，研究语音的这四个要素在某一具体语言的语音系统中的地位，同时根据人类语音的特点，分析出不同层次的语音单位：音节、音素、区别性特征等。

任何一个物理声音都是由于物体的震动引起的，语音也不例外。物体的震动有几个要素是不可或缺的：第一个是动力来源，对于语音来讲肺叶的伸张和收缩是气流运动的动力源；第二个是动力调节器和发音体，对于语音来讲就是喉头，它是肺部和口腔之间调节气流大小的阀门，我们的发音体——声带也被包裹在喉头里边，气流通过声门的时候在喉头形成不同的阻碍形式，发出不同的声音来；第三个是共鸣器，咽腔、口腔和鼻腔是发音的共鸣器，双唇、牙齿、舌头和小舌位于口腔的不同位置，他们彼此配合可以改变共鸣腔的形状，从而发出不同的声音来，形成不同的共鸣效果。所以，从语音的生理属性来看，三个组成部分是必不可少的（见图 5–3）：

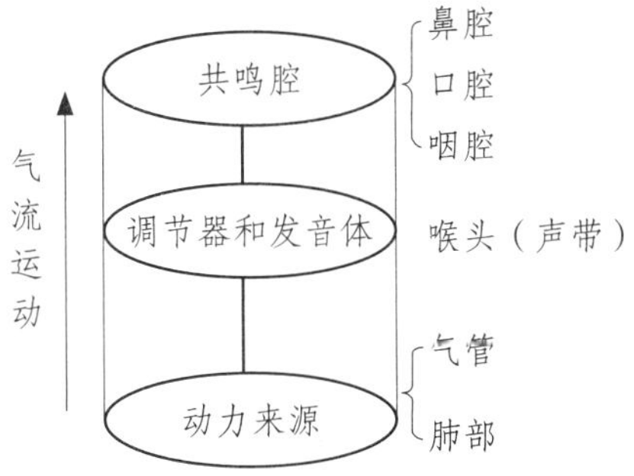

图 5–3

我们通常观察到的发音器官只有唇、齿、舌，对于隐藏在喉头里边的声带和口腔深处的软腭和小舌都是不太了解的。小舌除了震动发出小舌音之外，还有一个重要的作用就是调节气流走向，气流从咽腔出来以后可以流入口腔，形成口音，如 [a][i][u]；也可以流入鼻腔，形成鼻音，如 [m][n][ŋ][ɱ]；或者让气流同时流入口腔和鼻腔，形成鼻化音，如 [ĩ][ñ]。这个过程由小舌控制。

发音过程与我们的呼吸同步进行，一般来说，语言中的语音多是呼气时发出的音，很少吸气音，因为吸气时发音不如呼气时发音省力。气流从肺里出来，通过气管流向喉头，喉头里边的声带开合构成声门，调节着气流的大小和声带是否振动，气流通过声门在咽腔、口腔和鼻腔与舌、齿、唇、颚等部位形成不同的阻碍形式，发出不同的声音。不同的语言阻碍的部位和形式可能不同，因此就形成了不同的语音个性——音质。图 5–4 是发音部位从声门到口腔、鼻腔的示意图：

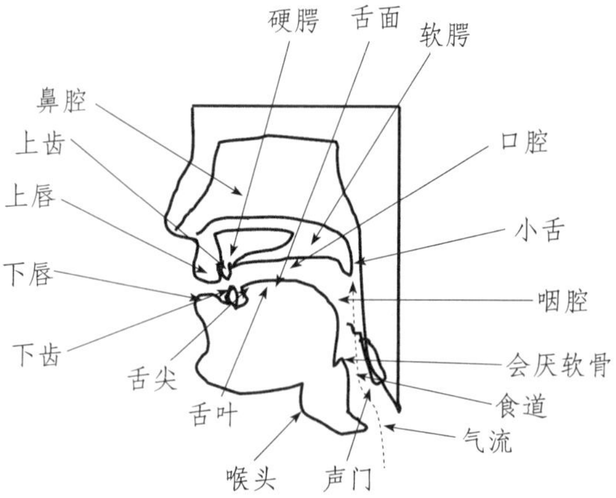

图 5–4

根据发音器官的不同运动方式，我们可以发出不同的声音。气流通过声门时声带振动发出的响亮的音是**带音**（voiced sound），又称为**浊音**，声带不振动的是**非带音**（voiceless sound），又称为**清音**。我们调节自己的发音部位和发音方法就可以发出不同的音来。这些声音可以根据气流受阻的部位、发音部位紧张的情形和气流强弱区分为两大类别，一类叫作**元音**（vowel），又称为**母音**，一类叫作**辅音**（consonant），又称为**子音**。元音和辅音是语音系统中不可缺少的两个大类，世界上的所有语言都是由元音和辅音交错组合构成音节的，没有哪一种语言只有元音或者只有辅音。

元音发音时在声带振动的同时，气流在咽腔和口腔内都不会受到阻碍，例如音素 [a][o][e][i][u][y]；而辅音发音时气流在发音器官的某一部位一定会受到阻碍，气流只有克服阻碍才能发出音来，例如音素 [b][p][d][t][g][k]。发元音时发音器官的各个部位保持均衡紧张，而发辅音时发音器官形成阻碍的地方特别紧张，比如双唇、唇齿、舌尖、舌叶、舌面、舌根等部位。发元音时由于气流不需要冲破阻碍才能发音，所以气流比较弱；而发辅音时因为气流必须冲破阻碍，所以气流比较强。

不同的元音音质是由共鸣腔的形状和气流的走向决定的，而改变共鸣腔的形状或者改变气流走向不外乎有以下几种方法：（1）调节舌位的高低；（2）调节舌位前后；（3）调节嘴唇的形状（圆唇不圆唇）；（4）通过小舌调节气流通道。试比较下面的三组元音：

[i]—[a]	[i]—[u]	[i]—[y]
高元音—低元音	前元音—后元音	不圆唇元音—圆唇元音

辅音和元音同样重要。辅音在发音的时候主要从发音部位和发音方法两个方面来调节。发音部位指的是发辅音时气流通过共鸣腔时造成阻塞的部位，例如双唇音，气流在双唇部位受到阻碍，冲破阻碍发出来的音就是双唇音，比如 [p][p^h][m][ɱ]。唇齿音、齿间音、舌尖前音、舌尖中音、舌尖后音、舌叶音、舌面前音、舌面中音、舌面后音（舌根音）、喉音、小舌音等以此类推。发音方法指的是发音时某个部位形成阻碍及气流冲破阻碍的方式，例如：

塞音 [p][t][k] 等（突然冲破阻碍形成的爆破音）

擦音 [s][ɕ][x] 等（摩擦发音）

塞擦音 [ts][ts^h][tɕ] [tɕ^h] [tʂ] [tʂ^h] 等（既有爆破又有摩擦所发出来的音）

清音 [p][t][k][f] 等（发音时声带不振动）

浊音 [b][d][g][v] 等（发音时声带振动）

送气音 [p^h][t^h][k^h][ts^h][tɕ^h] [tʂ^h] 等（发音时气流比较强，气流从阻碍部位急速冲出）

不送气音 [p][t][k] [ts] [tɕ] [tʂ] 等（气流比较弱，发音时没有很多气流）

边音 [l]（流音，发音时气流从舌叶两边流出）

颤音 [r] 等（双唇、舌尖、小舌等发音部位受气流冲击产生颤动）

发音部位和发音方法稍有变化就会带来音质的变化，汉语的后高元音是圆唇的 [u]，日语的后高元音是不圆唇的 [ɯ]，日本人学汉语时通常会把圆唇元音发成不圆唇元音，反过来也一样，中国人学日语往往会把不圆唇的后高元音发成圆唇元音。不同的个体发音器官的形状会有差异，导致发声学上音色的差异，但是如果不区别意义，在语音学上我们会忽略这种差异。例如有的人鼻腔共鸣的色彩比较明显，如果这种鼻音色彩不区别意义，听的人会忽略这种个体色彩。

是否区别意义在语音学中是一个非常重要的标准。什么叫作区别意义？在同一种语言或者方言中（必须是在同一种语言或方言中），如果两个发音相近的音（前提是两个不同的音，发音部位或者发音方法有差别）对于操母语者不会产生理解上的歧义，那么我们说这两个音不区别意义，例如在汉语普通话中清塞音 [p] 与浊塞音 [b] 没有区别意义的作用：

[bɑu]—[pɑu]

说普通话的人听上去没有区别，[mian bɑu] 和 [mian pɑu] 听起来都是“面包”。但是在普通话中是否送气是一个能够区别意义的区别性特征：

[pɑu]—[pʰɑu]

在说普通话的人听来，这显然是两个不同的东西，前者是“包”，后者是“抛”，在普通话中意义完全不一样。能否区别意义在语音学中有特别重要的价值，因为它催生了语音学中的一个分支学科——音位学（phonemics）。**音位**是某一语言或方言中有区别意义作用的最小的语音单位。每一个音位都有可能包括两个以上的变体，这是由音位的语音环境决定的，音位在不同的语音环境中会发生变异，只要这种变异不区别意义，在音位系统中就不必单独设立一个音位。例如在普通话中 [b][p] 是两个音，但是它们在普通话中没有对立，因此我们把它们处理为一个音位 /p/，[b][p] 是音位 /p/ 的两个变体。归纳音位有几个原则：

第一个是对立原则，有对立则分为不同的音位；

第二个是互补原则，没有对立而又互补分布的音可以归纳为一个音位，是否归纳为一个音位还要看第三个原则；

第三个是语音相近原则；

第四个，还要照顾到这种语言的语音系统性和历史发展情况，还要考虑到经济性原则（崔希亮，2009，pp.118-126）。

为什么要归纳音位呢？因为如果我们要给一种语言设计字母文字，那么没有音位系统是没有办法设计的。原则上说，有多少个音位就应该设计多少个字母。经济性原则对于设计字母文字来说是非常必要的。

从物理属性的角度我们可以对语音进行声学分析，分析出不同的语音单位。这种分析与音位学的分析目的不同，它不必局限于哪一种具体的语言，而是对语音做一般化的分析，或者叫作普通语音学的分析（林焘、王理嘉，1992）。说出来的话听起来是一连串的声音，这些声音是可以分析出不同的单位的。我们能够自然感知到的最小的语音单位是**音节**（syllable），音节还可以继续分析为更小的语音单位，中国传统的**音韵学**（phonology）把汉语的音节分为声母和韵母两个部分，从语音学的角度看，这还不是最小的语音单位。语音学家从物理学的角度根据语音的音质分出更小的语音单位——**音素**（phone）。音质是声音的个性特征，是一个音区别于其他音的个性化色彩。前面我们说过，决定音质的因素有三个方面：一是发音体；二是发音方法；三是共鸣腔的形状。这里边有一个问题：大人和孩子、男人和女人发音体的大小、松紧、薄厚是不一样的，即使发音方法和共鸣腔的形状相同，发出来的音也是不同的，从物理学的角度看，它们应该有不同的音质，所以应该是不同的音素。但是在语音学中我们似乎忽略了这种差别。我们通常说音质也叫音色，但不是这里讲的"音色"。男女老少个体区别在我们研究人类语音的时候没有特别重要的价值。发音体的大小、松紧、薄厚决定了声波的高低、振幅和频率，它们在不同语言的语音系统中地位是不一样的。音素还可以分析为一些**区别性特征**（DF），在语音学中，区别性特征的分析和描写可以为机器自动理解和模拟人类的语音提供一个矩阵。任何两个音素的区别往往只有某个区别性特征不同。例如：

	双唇	塞	清	送气
[p]	+	+	+	+
[p^h]	+	+	+	−

[p] 与 [p^h] 的区别在于送气或者不送气这一区别性特征。同理，[b] 与 [p] 的区别只在于声带是否振动（浊音还是清音）：

	双唇	塞	清	送气
[b]	+	+	−	+
[p]	+	+	+	+

语音学的研究手段比较多，取得的成果也比较丰富，尤其是**实验语音学**（experimental phonetics）的发展开辟了语音研究更加广阔的空间，它把语言学由经验科学变成了实验科学。传统的实验语音学从录音设备到喉镜、浪纹计和语图仪都比较笨重，电子计算机技术的进步改变了这种状况。计算机软件可以模拟发

音部位、发音方法，为语言学习者提供口型、舌位、波形验证，这对于语言学习者语音偏误的分析来说是最直观、最方便的。实验语音学对于声调、语调的研究为第二语言学习提供了实验数据。语言信息处理领域，实验语音学可以分析在语音通讯中什么是“载信单元”什么是“羡余成分”(redundancy)，发现连续语流中的变量和恒量，为信息传输、电声系统、合成识别、语音控制、语音监听等语言工程提供数据。

第二节　语义

语义是语言三个要素中的核心要素。语言符号的主要功能是负载语义信息。什么是语义呢？简单地说，语义就是语言符号的意义。语言符号的意义有两重含义：一个是静态语言符号的意义，一个一个语言符号存在于我们的心理词库中，每个符号都有它的意义；另一个是符号组合以后的意义，它们存在于我们的言语行为或者言语作品当中。我们到哪里去寻找语言的意义呢？有人可能会说：“语言符号的意义都在词典里呢。”诚然，词典所收录的词语都有它的语义解释（释义），但这只是一部分语言符号的外在解释，带有人为的色彩、主观性的色彩。任何一部词典都不可能把语言符号的意义完全描写出来。**语言符号的意义是人们对客观世界概括的反映，这种反映不是某个个体的反映，而是社会全体成员约定俗成的反映**。从本质上看，这种概括的反映是一种认知活动，语义是一种认知的结果，而认知的主体是我们的大脑。因此，语义存在于我们的心理空间，它是以网络的形式存在的。换言之，每一个语言符号的意义都不是孤立的，它们都处在一个大的语义网络当中。例如“橘子”在客观世界是一种水果，而这种水果在我们的心理词库的语义网络中占有一个位置，它通过联想、抽象、概括、隐喻等认知过程与其他语义单元形成网络（如图 5–5）。

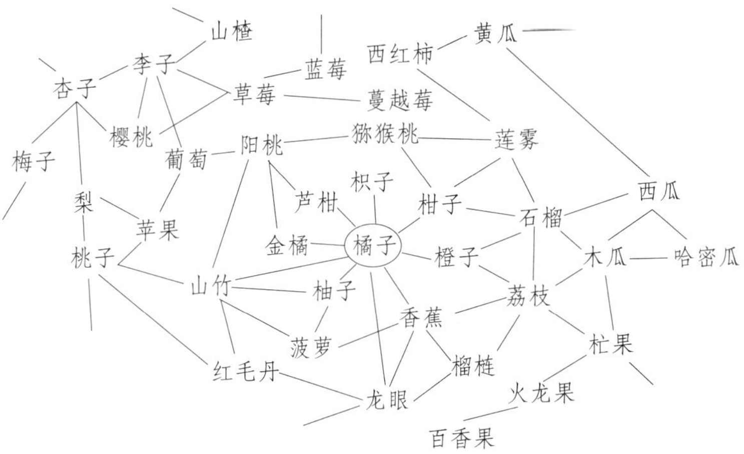

图 5–5

这个语义子网络是个开放的网络，还可以有一些语义单元与之连接。由“橘子”还可以联想到“橘色”，而“橘色”又处在一个颜色的语义网络中（如图 5–6）。

图 5–6

语义的网络是一个层级体系，我们的心理词典与我们可以看到的各种词典在结构上是不一样的。我们现在看到的词典所有的词条都是按照一定的顺序排列的，目的是方便检索，而我们的心理词典是按照层级体系排列的，这是我们认识外部世界的自然结果。“水果”作为一个语义单元处在上位节点上，它下边的层级是“热带水果”“温带水果”等语义网络节点，热带水果下面是“橘子、香蕉、荔枝、菠萝、百香果……”等。“水果”与“蔬菜”“粮食”等处在同一层级，它们的上位层级是“食物”，依此类推（如图 5–7）。

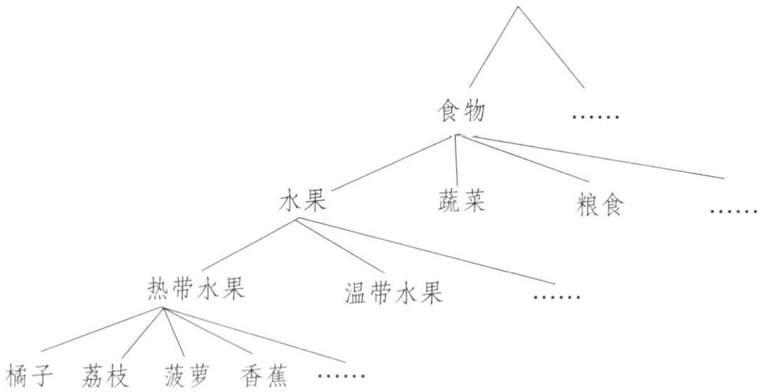

图 5–7

认知语言学认为**意义就在我们能够意识到的经验当中**（Talmy，2000）。发现意义的途径只能通过内省，通过联想、抽象和概括等一系列思维过程。我们要寻找语义的全貌，应该到我们的心理空间去找这个语义网络。问题是，我们的心理空间是无法直接观察的，我们只能反观内省或者求助于外物。所谓外物就是我们说出来的语言符号——词汇和句子。我们说出来的话就是一面镜子，它可以折射出我们心理空间的语义网络之大致面貌。

研究语言意义的学科叫作**语义学**（semantics）。既然语义是我们心理空间的网络系统，照理说语义研究应该研究这个网络系统。实际上语义研究开始的时候是从语义的外在形式入手的。所谓语义的外在形式指的是言语中有意义的语言单位。言语中有意义的语言单位有哪些呢？语言学家分析的结果是把言语片段分为不同的单位，例如语素、词、短语、句子、句群、篇章，语素是最小的单位，然后研究语素的意义、词的意义、短语的意义、句子的意义、句群的意义、语篇的意义。这些意义都是比较具体的，例如语素“光”是什么意思、词“光棍”是什么意思、短语“打光棍”是什么意思、句子“他打了一辈子光棍”是什么意思等。一个言语单位可能不止一种意义，例如“光”有好几种意思，有的时候要在一个语义场中才能解释清楚某些言语单位的意义，例如“妻子”要跟“丈夫”一起说才说得清楚。语言学家发明了**语义场**（semantic field）这个概念，用来分析语义。“场”的概念来自于物理学的“磁场”“电场”“重力场”，在语义学中，相互具有共同语义特征的词类聚在一起就构成了一个语义场，语义场中的成员互相紧密联系。他们把语素或者词的意义再分析为**语义特征**（semantic features），这种分析叫作义素分析。“妻子”和“丈夫”构成了一个小的语义场，用义素分析的办法可以看出它们彼此之间的差别：

	ANIMACY	HUMAN	ADULT	MALE	MARRIED
妻子	+	+	+	–	+
丈夫	+	+	+	+	+

语言当中除了一些有实在意义的成分之外，还有一些没有实在意义的成分，它们在基本语言单位构成更大的语言单位这一过程中是不可缺少的。例如“的”“了”“着”“过”“也”或者英语的 of，at，on，for，as 等，它们与“树”“云”“人”“牛”不同，没有实体意义，只有语法意义。语言中的虚词都是如此。在研究语法意义的时候，我们发现语言中有表达时间、空间、性、数、格、指称性、情态等意义的成分，这些也是语言意义的有机组成部分。例如时间意义与事件相联系，有事件的内部时间和外部时间两种，事件的内部时间指的是时间处于“开始”“进行中”“完成”等阶段意义，语言学中称之为**体**（aspect），外部时间指的是事件发生于过去、现在还是未来，语言学中称之为**时**（tense）。在印欧语系的语言中，体和时这样的时间意义有专门的语言形式来表达。语法范畴的意义都是如此。

指称（reference）是指语言中的体词性成分（名词性词语）与客观事物之间的一种联系，在抽象语义的范围里，我们说的指称意义指的是句子中的体词性成分是不是有指的、是不是实指的、是不是定指的等抽象意义。**有指**（referential）和**无指**（non-referential）、**实指**（identifiable）和**虚指**（non-identifiable）、**定指**（definite）和**不定指**（indefinite）、**专指**（specific）和**泛指**（non-specific）概念是高度概括的，它们在一些语言中有标记，在另一些语言中没有标记。试比较英语和汉语：

The president gave a speech.

校长做了一次演讲。

英语的定冠词 the 是定指的标记，president 是定指的；汉语没有这样的定冠词系统，但是在这个汉语句子中，“校长”仍然是定指的。这是因为汉语用不同的位置来标记它的指称性：

客人来了（“客人”是定指的，已知信息）

来客人了（“客人”是不定指的，未知信息）

情态（modality）标记是说话人表达感情的手段，不同的语言也不一样。汉语用语气词来表达情态意义。例如：

明年去上海看你啊！

明年去上海看你吧！

明年去上海看你喽！

明年去上海看你嘛！

明年去上海看你哈！

明年去上海看你喔！

明年去上海看你啦！

汉语的语气词非常发达，每一个语气词都表达不同的情态意义，有的时候一个语气词还可以表达不同的情态意义。例如语气词“吧”可以表达不同的意义：

咱们走吧！（祈使意义）

今天是星期五吧？（测度意义）

你看，我说没问题吧。（自夸意义）[1]

说你傻吧，你还真傻。（假设意义）

告诉你吧，其实我早就知道了。（容让意义）

语言中的情态指的是言语行为中交际者的态度、信念、观点、情绪、立场、语气、意愿、观察角度等因素，这些因素都是跟说话人的主观背景有关。在话语中，一个句子通常是由情态加上命题组成的：

句子（Sentence）= 情态（Modality）+ 命题（Proposition）

[1] 这句话里的“吧”有自夸得意的语气。如果换一句话“你看，这下惨了吧，让你不听我的”，这个“吧”没有达到得意那么高的程度。这类“吧”好像是说：发生了一件事，这件事的结果不管是好是坏，对于说话人来说早就想到了。如果是好事，那么“吧”会衍生出自夸意义，因为好的结果和说话人事先想象的一样，说话人在事发之后把这件事拿出来夸耀，目的是得到听话人的认可；如果是坏的结果，“吧”会衍生出质询的意味（你看怎么着？被我说中了吧！）。因为坏的结果说话人已经想到但是听话人当初可能没有在意或者并不同意（王咸慧注）。

命题是句子中情态以外的部分，由一个动词和与之相关的若干个**格**（case）构成，即：

$$P = V + C_1 + \cdots\cdots + C_n$$

每一个格在句子中都代表一个语义角色，比如“施事”（agent）、“受事”（patient）、“方位”（locative）、“数量”（quantity）、“当事”（experiencer）、“与事”（dative）、“领事”（possessor）、“受益者”（beneficiary）、“时间”（time）、“时段”（duration）、“频度”（frequency）、“目的”（purpose）、“原因”（cause），等等。

语言中的意义除了语言符号本身所负载的内容之外，还包含语言形式之外的意义——语用意义，这是**语用学**（pragmatics）研究的内容。语义学与语用学都要研究语言的意义，二者的区别在于：语义学关注的是语言形式之内的意义，或曰“言内之意”，而语用学关注的是语言形式之外的意义，或曰“言外之意”。语言形式之外的意义包括**预设**（presupposition）意义、**会话含义**（conversational implicature）、**蕴含**（entailment）意义和**推断**（inference）意义（如图 5–8）。

语用意义
- 预设意义
- 会话含义
- 蕴含意义
- 推断意义

图 5–8

预设是话语交际中的附带信息，它是双方共同认可的背景知识，背景知识在说话人看来是无可争议的。例如：

法国国王是个秃子。

这句话的预设意义是“法国有国王”，它在交际中是已知信息，我们用 S 表示说话人，H 表示听话人，P_i 表示交际中的预设意义，则 S、H 与 P_i 构成了一个三维世界（如图 5–9）。

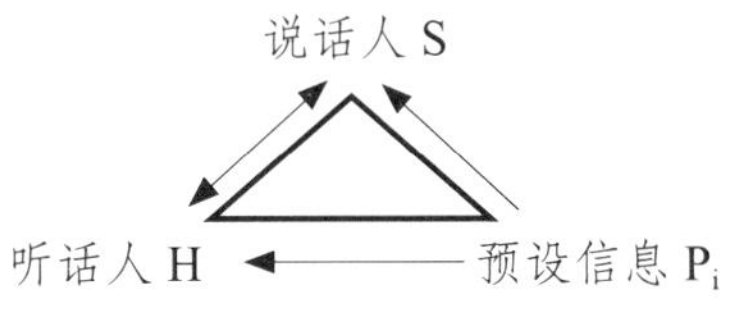

图 5–9

在言语活动中，S 与 H 处于互动状态，他们共享背景知识，共同维护语用原则。在这里，S 和 H 对 P_i 可能有不同的认识，但对于 S 来说：

第一，S 相信 P_i；

第二，S 认定 H 知道 P_i 并相信 P_i；

第三，S 认定 H 知道 S 认定 H 知道 P_i 并相信 P_i。

话语的会话含义是规约意义之外的意义，也属于交际中的“言外之意”，它是说话人着意突出出来的信息，也是说话人的主要意图所在。话语交际有三个基本要素：即说话者 S，听话者 H，以及交际的背景知识 K。S、H、K 构成一个相对封闭的会话环境（如图 5–10）。

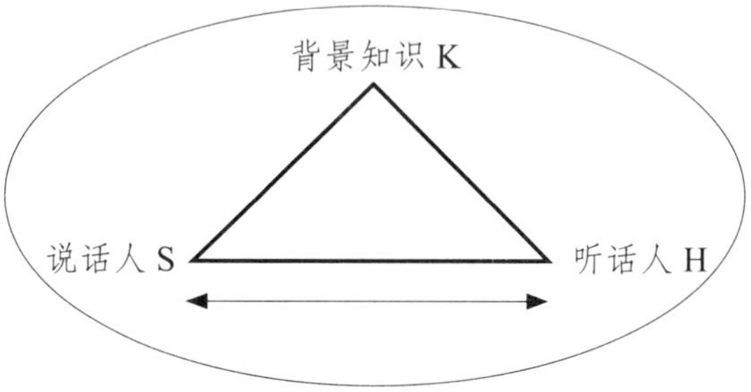

图 5–10

在 S、H 与 K 三者中，K 是个变量，属于语境范畴，会话含义的传达和理解必须依赖语境。在 K 不变的情况下，S 要把会话含义传达给听话人 H 必须有三个步骤（崔希亮，2001，p.28）：

S 说 P；

S 不说 Q；

S 意在通过说 P 而传达 Q 意。

P 是话语的规约意义，Q 就是话语的会话含义。例如：

a：你带钱了吗？（P）

b：我想向你借些钱用。（Q_1）

句子 b 是句子 a 的会话含义。随着 K 的变化，句子 a 还可能有别的会话含义，如句子 c、d、e 也可能是它的会话含义：

c：你要是没带钱我可以借给你。（Q_2）

d：你如果带钱了，我要买那条项链。(Q_3)

e：你要是没带钱，怎么请我吃饭？(Q_4)

其中K这个变量起码可以包含以下一些内容：

1. S与H之间的关系（亲疏／长幼／上下／尊卑／男女／敌友等）；

2. H对S的了解（S的身份／性格／习惯／修养／对H的态度等）；

3. 会话场合（公开的／私下的／正式的／随便的／有其他人在场／无其他人在场／会话的上下文等）；

4. H的语言知识和文化知识（词义的感情色彩／语气的强弱／表达习惯／社会价值观念／人际交往的规范等）。

蕴含意义是话语交际中可以推导的信息。当说话人说句子a的时候，听话人根据自己的知识可以从a中推导出b的意义，我们就说a蕴含了b，或者说b是a的蕴含意义：

a. 我买了一本《唐诗三百首》。

b. 我买了一本书。

推断意义也称为衍推意义。假设a、b两个句子代表两个断言A和B，这两个断言是用不同的形式表述相同的事实，如果我们根据自己的语言知识可以从a句中推导出b句，那么b句就是a句的推断，反之亦然。例如：

a. 有些国会议员是狗娘养的。（断言A）

b. 有些国会议员不是狗娘养的。（断言B）

从形式上看，句子b是句子a的否定形式，从逻辑上说B不应该等于A，B应该是A的反面，但是从语用意义上看，B与A是一个事实的两面，它们是等值的（如图5–11）。

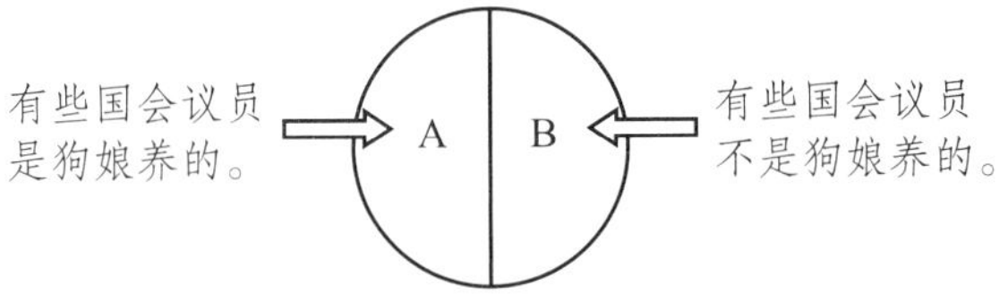

图 5–11

语言中的意义是说不完的，因为语言的工作原理就是用有限的符号通过组合变化来表达无穷的意义，这是语言的神奇之处。句子的理性意义或曰规约意义应该是比较明确的，否则我们的交际也无法进行，但是一旦掺入语用的因素，意义的变化就有了太多的变量，例如：语言交际的目的、场合、环境、氛围、交际者彼此的关系、背景知识等语言以外的因素都会影响语言形式的意义。“今天太热了”有多种可能的会话含义：

1. 把天气作为话题打破沉默，开启话轮，“天气热”的命题意义被消解。

2. 希望听话人打开空调。

3. 想吃冰激凌。

4. 不想穿那么厚的衣服。

5. 不想去跑步了。

6. 建议听话人不要外出。

……

如果说话人与听话人之间缺乏共同的背景知识，有的时候谈话很难进行下去，因为彼此不能完全理解对方的意思，话不投机。例如：

甲：皇马提请在巴萨主场踢国王杯决赛。

乙：皇马是谁？

第三节　语法

什么是语法？语法就是语言结构的规则。语言是有结构的，语言的结构是有规律的，语言结构的规律就是语法。关于语法，需要澄清几个概念：一个是客观语法，一个是专家语法，一个是教学语法（崔希亮，2009，p.116）。

客观语法（objective grammar）指的是语言结构当中客观存在的内在规律性，这种内在规律性可能是已经被发掘出来的、为大家所认可的，也可能是隐藏的、尚未被发现的。语法学家的任务就是在纷纭复杂的语言现象当中发现这种规律。例如在现代汉语中，如同其他语言一样，有名词、动词、形容词等不同的词类，否定词“不～”只能出现在动词和形容词之前，如“不吃”“不去”“不争论”“不热”“不贵”“不漂亮”，却不能出现在名词之前，如“* 不人”[1]“* 不桌子”“* 不苹果”；程度副词“很～”只能出现在形容词之前，如“很热”“很贵”“很漂亮”“很大方”，不能出现在名词之前，如“* 很人”“* 很桌子”“* 很苹果”，也不能出现在动词之前，如“* 很吃”“* 很去”“* 很争论”，这就是规则。但是这个规则要加以限定，在对举结构中可以说“不人不鬼”。客观语法指的是语言结构中的一般规律。例如上面的例子就可以归纳为：

　不 +VP/AP

* 不 +NP

　很 +AP

* 很 +VP/NP

或者列出表格进行对比：

修饰词	VP	AP	NP
不	+	+	–
很	–	+	–

上面所说的规则都是深藏在语言现象背后的，它们是客观存在的，这样的规则或者规律还有哪些、还有多少，这有赖于学者们去挖掘和探微。

专家语法又称**理论语法**（theoretical grammar），是语言学家在研究语法的过程中建立起来的模型和理论框架，包括一些假说及对这些假说的求证方法。对于相同的语法现象，不同的学术流派可能有不同的解释，这就决定了专家语法的多样性和不确定性。专家语法是对客观语法的发掘、描写和解释，至于描写得好不好、解释得对不对，往往是见仁见智的事。专家语法的目标是建立理论模型，并用这个理论模型去解释现象。这里边有认识论和方法论的问题，如何看待语言、如何看待语法及如何建立科学的方法论体系是他们关心的问题。语法的理论研究有很多角度，有基于结构的研究，有基于数学模型的研究，也有基于认知的研究、基于功能的研究，从而发展出不同的语法学流派，比如生成语法、配价语法、格语法、功能语法、蒙太古语法、词汇语法、认知语法、角色与参考语法、功能认知语法、语义功能语法等，每一个语法流派都有自己的认识论背景和方法论体系。

[1] “不人不鬼”这种对举结构是一种特例。

教学语法（pedagogical grammar）指的是语言教学中所建立的语法体系，这个语法体系是在一定的语法理论指导下建立起来的，目的是用于教学。教学语法只限于某一种具体的语言，一般包括两个部分：构词法和句法。构词法主要讲词根、词缀、词头、词尾、词的形态变化、词的结构形式、重音、韵律等，句法主要讲句法单位、句子分析、句子成分、句法范畴（性、数、格、时、体、态、式）、语序、语法形式和语法意义等。根据不同语言的语法特点，每一种语言的教学语法都不相同。教学语法除了关注语法知识之外，更重要的是要循序渐进地揭示语法规律，让学习者通过语法学会语言。教学语法一般来说是成体系的，否则会引起学习者的困惑，而这个体系是人为规定的，它不一定就是最接近客观语法的，但它一定是最方便学习的。

我们在这里所讨论的语法指的是客观语法。至于专家语法和教学语法，因为各有各的目标，各有各的研究领域，应该在特殊语法主题中去讨论，专家语法是为理论建设服务的，教学语法是为学校教学服务的，所以有的时候又称作学校语法（school grammar）。客观语法所关心的是自然语言中客观存在的内在的组织结构规律。

我们到哪里去找客观语法呢？怎么才能发现客观语法的规律？如何描写刻画这些语法规律？这实际上是三个不同性质的问题。第一个问题涉及我们的认识和观念，甚至信念，我们相信在纷纭复杂的语言现象背后存在着符号组织结构，而这个组织结构不是杂乱无章的，就如同我们身体里的细胞组织一样，是有序的。第二个问题涉及我们的方法论问题，语言学是经验科学，它与实验科学有很大的不同，经验科学依靠实证和内省，实验科学依靠实验设备和实验手段。第三个问题是学术取向问题，用数学语言来描述客观语法呢，还是用日常语言来描述？这是不同的选择。数学语言精确、简练，但是不容易刻画语法的精微之处和众多的例外。

科学研究有不同的程序：第一是要发现事实（fact），然后还要对所发现的事实进行鉴定（identify），确认其性质，然后还要在事实和事实之间建立联系（linkage），下一步是对所建立起来的联系进行抽象概括（generalization），这种抽象概括就是发现规律的过程，最后要对概括出来的语法规律进行描写（description）和解释（interpretation），最后是建立理论模型（model），如图 5–12 所示。

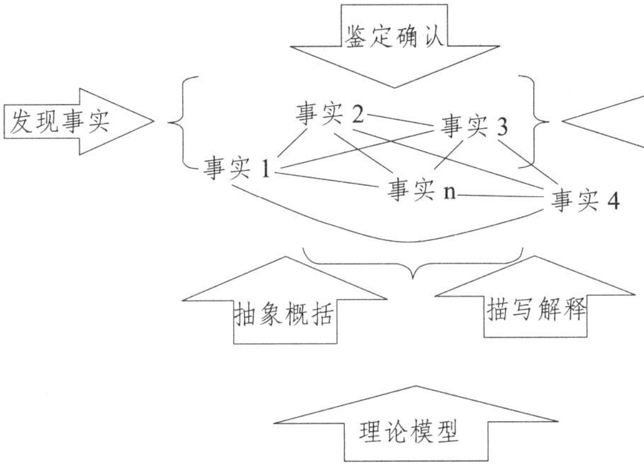

图 5–12

到哪里去发现语法事实？历史句法学只能到历史文献中去发现事实，而共时的语法研究则会利用言语作品或者语料库。语法事实就在言语作品当中。如何才能发现这些语法事实呢？第一，我们不是盲目地去寻找，抓到什么是什么，而是有计划、有目的、有预见、有系统地去发现。在这个过程中可以以世界上被发掘得比较充分的语言作为蓝本。任何一种语言的语法都是成系统的，不同的是每一种语言各有各的系统。假如我们要描写和解释汉语的语法，那么汉语语法的系统性可以为我们提供一个网格结构，网格的每一个节点都应该是有内容的，如果没有，一个可能是这个假想出来的网格有问题，一个可能是节点上的内容是隐性的。汉语语法的网格结构是在印欧语语法的网格结构框架下建立起来的，所以有很多节点无法契合。因此学者们提出要建立符合汉语特点的语法体系，或者说要用汉语的眼光来看汉语，避免用印欧语的眼光来看汉语。这件事说起来容易实行起来难，从理论上说完全正确，真正做起来就会发现已有的语法知识会不断地干扰我们对汉语的认识。

怎样才能发现客观语法的规律呢？首先是观察，言语作品的丰富完全超出我们的想象，只有带着问题观察才能发现问题。其次是对比，很多问题是通过对比发现的，例如我们比较汉语和德语的“在 +$NP_{Locative}$”（崔希亮，2001，p.174）：

我在火车上写字。

这个句子在汉语里到底表达什么样的现实场景是不清楚的，也就是说汉语的“在 +$NP_{Locative}$”这个结构负载的信息量非常大，可以根据不同的语境得到不同的解读：

(1)写字的人在火车里，字写在纸上。

(2)写字的人在火车里，字写在火车上。

(3)写字的人不在火车上，字写在火车上。

(4)写字的人在火车顶上，字写在火车顶上。

(5)写字的人在火车顶上，字写在火车以外的什么物体上。

如果只观察汉语我们可能还不清楚问题所在，与德语进行对比后我们发现，德语的介词有三个形式可以对应汉语的“在”，“在里边”用 im，“附着在其表面”用 an，“在其上面并有接触关系”用 auf，同时还有冠词的格标记共同起作用：

(1) Ich schreibe im Zug.　　我在火车上写字。

(2) Ich schreibe an den Zug.　　我把字写在火车上。

(3) Ich schreibe auf dem Zug.　　我在火车顶上写字。

再次是通过不同的视角来发现以前没有发现的问题。在第二语言学习或者教学过程中经常可以发现一些操母语的人习焉不察的现象，例如在汉语第二语言教学中我们发现学习者对有些问题非常不解：例如为什么“我爸爸”“我妈妈”可以不用“的”，而“* 我狗”却必须说“我的狗”？为什么“打人”的“打”还可以用来表达“打电话”“打酱油”“打毛衣”“打光棍”？为什么“我昨天去游泳了”可以说，“* 我昨天去了游泳”就不可以说？“我昨天去游泳了”还可以说成“我昨天游泳去了”，这两句话意思一样吗？“我在北京住”和“我住在北京”意思一样吗？在这种语言里边大家认为理所当然的事到了另一种语言里边可能完全不是这样，德语中名词都有性的标记，例如“Die Sunne”(太阳)是阴性的，“Der Mond”(月亮)是阳性的，“Das Fräulein”(姑娘)是中性的，这对于说汉语的人来说完全不能理解。印欧语的语言中有单数和复数的区别，例如英语的 book–books，复数有标记，有的语言还要区分得更细：单数、双数和多数。这样的标记在汉语里也是不能理解的。所以，用不同的眼光（视角）可以看到不同的问题。在汉语里我们说“鸡不吃了”是歧义句，因为“鸡”既可能是施事，也可能是受事，在有格标记的语言当中完全可以分得清“鸡”是主格还是宾格，例如德语；在有格助词的语言中也不成问题，例如日语主语后边的格助词是“～は”，宾语后边的格助词是“～を”，标记是很清楚的。

如何描写和解释已经发现的语法问题？只要能把语法规律刻画清楚，任何方法都是可取的。用数学推演的方式固然可以，用语言来进行白描也未尝不可。从经济和精确的维度看，数学语言是最佳选择；从可读性的维度看，白描式的方法是最佳选择；从醒目的维度看，列表是最佳选择。

语法的研究和应用范围很广泛，语言学家研究语法是为了发现语言符号或者语言系统里边隐藏的规律，计算机科学家研究语法是为了让机器能够理解自然语言；教师研究语法是为了用有限的规则把复杂的语言现象说清楚，方便学习者掌握；认知科学家研究语法是为了发现人类语言的组织结构方式与认知的关系，解释其认知上的动因和机制；生理学家研究语法是为了了解人类语法能力的生理基础，找到语法能力受损的生理原因；哲学家研究语法是为了找到人类语言的普遍性；语文学家研究语法是为了编写详尽的语法词典；神经科学家研究语法是为了发现大脑编码和解码的机制……不一而足。

语法研究中的核心问题是厘清**形式**与**意义**的关系。语法形式和语法意义是一对不能分开的概念，因为语法形式和语法意义的关系是互相依存的，谁也离不开谁，任何语法意义都必须通过一定的语法形式表现出来，任何语法形式都表达相应的语法意义。一个语法形式，比如汉语的“～了”，英语的“-ed”，表达什么样的语法意义？语法形式是语法意义的外在表现形式，这些语法形式都是表达语法意义的手段，不同的语言用不同的手段来表达相同的语法意义，例如印欧语系的语言用冠词这样的语法形式来表达语言中的指称意义（有定—无定等），汉语用语序来表达同样的意义；英语用名词词尾“-（e）s”来表达复数这个语法意义，汉语用名词后缀“～们”来表达复数这个语法意义。有趣的是，英语的“-（e）s”与汉语的“～们”并不能一一对应，英语的名词只要是规则形式，复数意义都用加词尾的语法手段来表达，汉语则不然，只有指人的名词和人称代词可以用“～们”来表达复数意义，如“老师们”“孩子们”“姑娘们”“你们”“我们”“他们（它们）”，而不能说“*狗们”“*马们”“*鱼们”“*桃们”“*枣们”“*桌子们”（童话故事里拟人用法除外）。语法形式有哪些呢？包括词缀、词尾、冠词、格标记、词序、语序、虚词、形态标记、重叠、轻重音、内部屈折、构式等，这些都是语法手段，有的时候也会用词汇手段来表达语法意义，比如汉语的“时”这个语法意义没有相应的语法手段，只能用词汇形式来表达，因为词汇的意义是很具体的，而语法意义是高度抽象的，所以我们不会把词汇手段当作语法形式来对待。对于汉语这种形态手段不发达的语言来说，语法形式的研究主要是虚词、语序和构式。

语法研究中的另一个重要问题是语法形式的**分布规律**的问题，如“～了”在什么条件下出现在动词之后？在什么条件下出现在句子之后？什么条件下必须用？什么条件下不能用？迄今为止这个问题还没有人能够描写清楚。“-ed”出现的语法环境是什么？再如汉语的“把”字句，需要什么样的语法条件才能成立？为什么不能说“* 我把饺子吃在五道口”？为什么不能说“* 孙悟空把王母娘娘的蟠桃吃”？

语法研究的第三个重要问题是**对称**与**不对称**的问题。语法形式的分布一般来说应该是对称的，比如汉语“跑得快”的否定形式是“跑不快”，与此相类的形式都是这样，我们说这种分布是对称的：

V+ 得 +Adj	V（得）+ 不 +Adj
跑得快	跑不快
走得稳	走不稳
举得高	举不高
写得好	写不好
吃得饱	吃不饱
打扮得漂亮	打扮得不漂亮
交涉得顺利	交涉得不顺利
估计得充分	估计得不充分
回答得精确	回答得不精确

是不是所有的动词和所有的形容词都可以构成这样对称的肯定和否定形式？不是的。有一些否定形式没有相应的肯定形式，或者反过来：

V+ 得 +Adj	V（得）+ 不 +Adj
* 说得错	说得不错
* 吃得坏	吃得不坏
饿得慌	* 饿得不慌
想得慌	* 想得不慌

这是因为“不错”“不坏”“～得慌”都已经词汇化了，它们在构造形式上与“V+ 得 +Adj ”和“V+ 不 +Adj”是一样的，而实际上这种不对称恰好告诉了我们它们之间的差别。语法上的对称与否有的时候表现在频度上。例如：汉语方位词

“上”“下”“左”“右”“前”“后”“东”“南”“西”“北”在“向＋方位词”这个结构中都是出现频率较高的宾语，这时句子所指涉的都是位移事件，“向”引出位移的方向。但是有趣的是，在我们所统计的语料中，出现在“向”后边的方位词存在着不对称现象：“上”比“下”高、“左”比“右”高、“前”比“后”高、“东”比“西”高、“南”比“北”高（崔希亮，2004）：

上 98	下 32
左 16	右 15
前 93	后 25
东 27	西 26
南 15	北 11

这种不对称与并列式复合词两个音节的顺序是一致的：上下、左右、前后、东西、南北。这也许只是一个巧合，也许是有动因的。这种不对称是频度上的。在任何一种语言中，词汇的出现频率都是参差不齐的，出现频率高的词是有标记的。例如“长短”“厚薄”“高低”“深浅”“大小”“冷暖”“远近”“好坏”等并列式双音词，第一个语素出现频率高，它们是有标记的。它们都是成词语素，单用的时候与后一个语素是不对称的：

长度	？短度
厚度	？薄度
高度	？低度
深度	？浅度

有多大	？有多小
有多冷	？有多暖
有多远	？有多近
有多好	？有多坏

这种不对称实际上还是频率决定的。我们可以查看一下它们的频度[1]，结果如下：

[1] 数据来源是北京大学中国语言学研究中心CCL语料库的现代汉语语料库。“高度”和“低度”实际上是不完全对称的，“高度”有名词和副词两种性质，名词如“这篇文章有高度”，副词如“他高度赞扬了两国的合作伙伴关系”。“低度”只用在“低度酒”等少数环境中。

长短	长度	1705	短度	0
厚薄	厚度	589	薄度	5
高低	高度	25050	低度	124
深浅	深度	3940	浅度	9
大小	有多大	2871	有多小	6
冷暖	有多冷	5	有多暖	0
远近	有多远	258	有多近	6
好坏	有多好	358	有多坏	18

从这个表格里我们可以看到两种不对称：第一种不对称是性质不同的形容词能够组合的短语不同，前四个都是与空间度量意义有关系的词，它们可以构成“X度”，后四个都是与性质程度有关系的词，它们不能构成“X度”；第二种不对称就是并列式双音词前一个语素的构词能力远远大于后一个语素。其实还有一种形容词，既可以构成“X度”，又可以构成“有多X”：

强弱	强度	2891	弱度	0
难易	难度	5148	易度	0
浓淡	浓度	906	淡度	0
粗细	粗度	1	细度	27
强弱	有多强	39	有多弱	0
难易	有多难	91	有多易	0
浓淡	有多浓	2	有多淡	0
粗细	有多粗	4	有多细	6

上表中的“强弱”“难易”“浓淡”“粗细”又出现了新的不对称：“粗细”显然是个例外。语法研究中的例外往往是我们发现新问题的突破口。我们很想知道还有哪些并列式双音词与“粗细”类似，只有找到了它的同类，我们才能看出是什么原因导致了这种不对称。

粗细	粗度	1	细度	27
冷热	冷度	3	热度	310
疏密	疏度	0	密度	1811
方圆	方度	0	圆度	4
粗细	有多粗	4	有多细	6
冷热	又多冷	5	又多热	13
疏密	有多疏	0	有多密	0
方圆	有多方	0	有多圆	1

在这几个例子里，语素的前后顺序与使用频率差不多颠倒过来了，这一定有另外的原因。语法研究就是这样不断地找原因，给出合理的解释。使用频率对于不对称的形成起决定作用。以前我们没有语料库，因此也没有关于频度的概念，在讨论一个结构形式是不是成立的时候依靠的是语感，然而语感是个主观性非常强的东西，不同的人语感可能不一样。

第四节　语用

在汉语语言学领域有一个概念叫作“三个平面”理论。所谓三个平面指的是语言研究的三个视角：语法、语义和语用，“三个平面”理论主张语言研究要区分三个不同的层次，同时强调语言研究必须把三者有机地结合起来，这个理论看似自相矛盾，实际上它反映了我们对语言的认识有不同的阶段。在语言学领域，语法学、语义学和语用学是三足鼎立的，原来我们只关注语法和语义，语用学是晚近才兴起的。有人把语用学简单地等同于语言的应用，这其实是个误解。如果说句法学研究的是语言形式之间的关系，关心语言形式是如何构造的，语义学研究的是语言形式与世界实体之间的关系，那么我们可以简单地说语用学研究的是语言形式与语言使用者之间的关系。

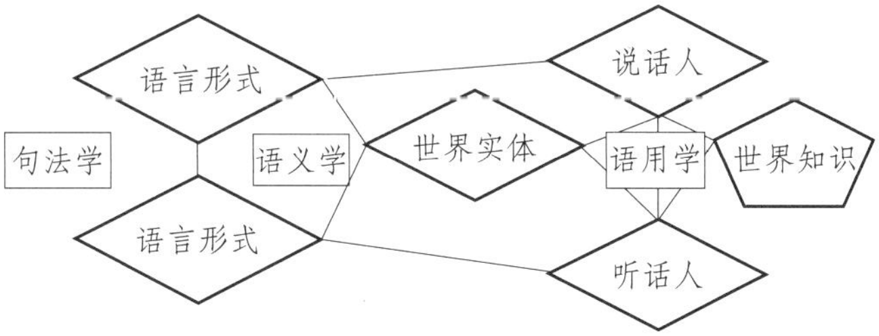

图 5–13

我们从图 5–13 中可以看出，句法学和语义学都相对单纯，但是语用学涉及语言使用者及他们的世界知识、他们对于语言形式的运用和解读，其中也涉及语言形式和意义之间的联系，因此语用学的研究对象更不容易确定。**语用学（pragmatics）研究说者（或作者）所传递的意义和听者（或读者）所解读的意义**

（Yule，1996，pp.3-4），换言之，语用学研究的不是静态句子的意义，而是说话人的意思，研究说话人所说的话在特定的场合中到底是什么意思，同时也研究特定的场合是如何影响说话人的意思的，还要研究说话人没有说出来的而听话人可以解读出来的意义。因此我们可以概括地说，语用学的研究对象主要有三个：一个是说者意义，一个是语境意义，一个是言语行为。但是在这里语言的意义指的是语言形式规约意义（conventional meaning）之外的意义，有语言使用者参与在内的意义，我们称之为语用意义。何谓规约意义？规约意义是语言形式自身的、不用推导就能得到的语言意义，例如"我有一百块钱"，它的规约意义就是"我拥有钱，数量是一百块"，至于这句话到底想传达什么暗示，规约意义里边是没有的。根据交际场景的具体情况，这句话可能有不同的语用意义：

1. 可以请大家吃饭。
2. 不够请所有人吃饭。
3. 可以借给你。
4. 可以买两杯咖啡。
5. 中午饭我自己解决。
6. 我可以自己打车来。

……

这些不同的意义是从哪里来的呢？它们来自于**语境**（context）。何谓语境？语境有广义和狭义之分，广义的语境包含言语行为发生时所有的背景，如时间、空间、社会、历史、文化、宗教、时事及交际者彼此之间的关系、距离（物理距离和心理距离）等，狭义的语境就是上下文。一个孤立的句子我们只能知道它的规约意义，而它的蕴含意义、会话含义、预设意义和推断意义则必须依赖于我们的背景知识。真实的言语交际活动是很丰富的，如果我们没有背景知识很难确切地把握说话人的意思。例如黄西在白宫美国记者年会上的脱口秀表演：

> My name is Joe Wong. But to most people, I am known as "Who", which is actually my mother's maiden name (laugh), and the answer to my credit card security question. But joking aside, I just want to reassure everybody that I am invited here tonight (laugh).
>
> 各位晚上好，我是 Joe Wong。但是对很多人来说，我的名字是

Who（笑声），“胡”实际上是我妈的娘家姓，也是我信用卡安全问题的答案。玩笑归玩笑，我想让大家放心我今晚的确是受到邀请来的（大笑）。

为什么最后一句话会引起大笑？这里有一个背景故事：在白宫举行的一个晚会上，有一对美国夫妇佯装贵宾闯入白宫并与贵宾合影，副总统拜登当时也在场并与这对夫妇合影，照片在网上晒出来后舆论哗然[1]。今天的晚会拜登也在现场，所以黄西说自己是真的受邀请来的。如果不知道这则新闻就完全不知道笑点在哪里。

And I was driving a used car with a lot of bumper stickers that are impossible to peel off. And one of them said, “If you don’t speak English, go home!” And I didn’t notice it for two years (laugh).

And like many other immigrants, we wanted our son to become the president of this country (laugh). And we try to make him bilingual, you know, Chinese at home and English in the public, which is really tough to do, because many times I had to say to him in public, “Hey, listen, if you don’t speak English, go home!” (laugh)

And he used to say to me, “Hey, Dad, why do I have to learn two languages?” I said, “Son, once you become the president of the United States, you will have to sign legislative bills in English, and talk to debt collectors in Chinese!” (laugh)

我当时开了辆二手车，保险杠上贴了好多贴纸，根本撕不下来。其中一张写着“如果你不说英语就滚回家去”。而我两年后才看到它（笑声）。

和许多别的移民一样，我们都希望自己的儿子能成为这个国家的总统（笑声）。于是我们努力让他说两种语言，你懂的，在家说中文，在

[1] 2009年11月27日腾讯新闻：美国当地时间周二晚上，来自弗吉尼亚的一对夫妇在没有受到邀请的情况下，居然越过重重关口，成功闯入奥巴马首次在白宫举办的国宴现场，并且还乐此不疲地跟在场的各色人物合影留念，包括美国副总统拜登和白宫办公厅主任伊曼纽尔，然后在自己的Facebook主页上大肆炫耀！直到这时，美国特勤局才意识到白宫来过了不速之客。

外说英文。但做起来实在不容易，很多时候我不得不在公共场合对他说："嘿，听着，如果你不说英文，就滚回家去。"(大笑)

然后他问我："爸爸，为什么我要学两种语言呢？"我就跟他说："儿子，一旦有一天你成了美国总统，你就必须要用英文来签署法案，还要用中文跟讨债的对话。"(大笑)

美国是一个移民国家，"如果你不说英语就滚回家去！"是一句歧视移民的话，黄西以训斥的口吻对自己的儿子这样说，语带双关，既是自嘲，又是讥讽。最后一句话的笑点是：中国已经是美国的最大债主。这话如果不是出自一个中国移民之口也没有那么可笑。这都是背景知识带来的特殊意义。

语用要研究**言语行为**（speech acts）。言语行为既包括说话和听话本身，也包括与说话和听话同时发生的伴随行为，还包括由此引起的一系列反应。言语行为理论在20世纪60年代曾经产生过很大影响，但是这种影响主要在分析哲学领域（Austin，1962；Searle，1969）。我们在言语交际过程中遵循一定的原则，如Grice 1967年提出的合作原则。人们在交际的过程中，对话双方似乎在有意无意地遵循着某一原则，以求有效地配合从而完成交际任务，这就是会话中的**合作原则**（cooperative principle，简称CP）。在合作原则之下，Grice还提出了一些准则：

（1）量的准则（The Maxim of Quantity）。①所说的话应该满足交际所需的信息量；②所说的话不应超出交际所需的信息量。

（2）质的准则（The Maxim of Quality）。①不要说自知是虚假的话；②不要说缺乏足够证据的话。

（3）关系准则（The Maxim of Relation）。说话要有关联，不能前言不搭后语。

（4）方式准则（The Maxim of Manner）。说话要清楚、明了：①避免晦涩；②避免歧义；③简洁明了；④井井有条。

在真实的言语行为中，人们有时也会故意违背合作原则，制造特殊的会话含义。例如：

甲：（看见乙在看书）你在看什么？

乙：看书。（没有满足交际所需的信息量）

甲：看什么书？

乙：看英文书。（仍然没有满足交际所需的信息量）

在这个例子里乙完全答非所问，他知道甲真正想知道的是什么，但是他就是不回答。从表面上看，他并没有违背质的准则，这是乙有意这么做的。当然也有超出所需信息量的例子：

甲：近来都好吧？

乙：哦。不太好。我去北医三院看专家门诊，专家也说不出来到底是怎么回事。回来以后张三推荐了一个中医，让我吃中药。张三你知道吧？就是那个个子不太高、不怎么爱说话的，他现在还没有女朋友，人家女孩都嫌他个子太矮，二等残废，呵呵！他也在吃中药，跟那个中医很熟。那个中医叫什么来着？呃，呃，好像叫张什么，还是刘什么，你看，我怎么想不起来了呢？……

乙的回答有很多信息是没有用处的，还会导致交际话题不集中，这不是一个很成功的言语交际行为，但是并非交际者有意所为。在现实的语言交际活动中，这种现象并不鲜见。

语用学要研究“言有所指”（说什么），还要研究“言有所谓”（什么意思）和“言有所为”（做什么）。所以我们说语用学的研究对象不单纯。因为说话人、听话人、背景知识、前景知识都是瞬息万变的，所以语用的问题与社会、认知有着千丝万缕的联系。“言有所指”只涉及语言符号与万事万物的指涉关系，或者说命名关系，而“言有所谓”除了要把语句（utterance）的规约意义描写清楚之外，还要把言外之意说清楚，把说话人的真实意思描写清楚，这是很艰巨的任务。言语行为理论还要把语言与行为、活动、事件等概念联系起来，正如Austin（1962）编者前言中说到的，Austin所讨论的问题包括词语和作为（words and deeds）两方面。语法学家或哲学家认为句子都是表达命题的，而事实上句子除了表达命题之外，还可以表达疑问、意愿、命令、请求、允可（concession）等命题之外的东西。说话的人可以做很多事：表达命题、发布命令、描写事件、抒发情感等，我们需要区分它们。例如：

张三累死了！

如果没有语境我们不知道这句话刻画的是一个事实呢，还是一句感慨。“张三累死了”是一个命题吗？它的真值条件是什么？张三真的死了吗？还是他累得快要死了？抽象地讨论“言有所谓”是很难说得清楚的，要跟“言有所为”联系起来看就清楚多了。Austin（1962，p.7）提到“结婚”这件事，它不可能是一个人的行为，也不仅仅是言有所指层面的事，“结婚就是说几句特定的言辞”，“结婚”是一个事件，用认知语言学的理论来说，“结婚”在人们的心理层面和社会层面都可以用一个图式来说明，在这个图式中，有些角色是不可或缺的，有些程式也是不可或缺的，它绝非说几句话那么简单。当新郎或者新娘说“我愿意”的时候，意味着那是一个承诺，而不仅仅是一个意愿的表达，新郎或者新娘要用一生的行动来践行这个承诺。

第五节　修辞

修辞是对语言的加工修饰。修辞的本义是修饰文辞，也就是为了使说话作文更加有吸引力而对所说的话或者所写的文章进行藻饰。孔夫子说：“言之无文，行而不远”(《左传·襄公二十五年》)。说出来的话没有文采人家就不爱听，就不会传播很远。**修辞学**（rhetoric）就是研究如何让“言有文采”的学问。如何让言有文采实际上是如何使用语言的问题。广义的修辞学和狭义的修辞学范围不同，广义的修辞学包括说话的艺术、作文的艺术，包括文论、诗论，从立意到情感调动无所不包。狭义的修辞学指的是修饰文辞的具体方法和手段。中国和欧洲的修辞学都有悠久的历史，中国的《文心雕龙》和亚里士多德的《修辞学》都是开山之作，但是中国的文论与西方的修辞学还是有距离的。陈望道《修辞学发凡》(1932）奠定了中国现代修辞学的基础，而西方的修辞学在20世纪末实现了科学转型（Gross，1990)。严格地说，修辞学不属于语言学的研究范围，它的研究范式也不是实证科学的。修辞与美学、艺术、语言、信息、心理都有关系，它是一个综合的学科。

中国现代修辞学的研究范围涵盖了词语的锤炼和选择、句式的选择、叙述方法、修辞格的运用、修辞效果、修辞与语境的关系、语言风格等。现代修辞学的著作一定有很大的篇幅讨论修辞格，因为这是修辞研究中重要的内容。关于修辞格，不同的研究者总结出来的数量不太一样，例如陈望道的《修辞学发凡》列举了38种修辞格，即：

（甲类）材料上的辞格：比喻、借代、映衬、摹状、双关、引用、仿拟、拈连、移就；

（乙类）意境上的辞格：比拟、讽喻、示现、呼告、铺张、倒反、婉曲、讳饰、设问、感叹；

（丙类）词语上的辞格：析字、藏词、飞白、镶嵌、复叠、节缩、省略、警策、折绕、转品、回文；

（丁类）章句上的辞格：反复、对偶、排比、层递、错综、顶真、倒装、跳脱。

修辞是说话或者作文的艺术，是语言运用的艺术，修辞的目的是为了使说话更有感召力，使文章更有神采。除了文采之外，意境、韵味、逻辑、个性、风格都是非常重要的内容，也是修辞研究不能不关注的内容。但是，意境与个人修养有关，韵味与审美情趣有关，逻辑与理性思维有关，个性与性情有关，风格与时尚、审美、趣味、个性都有关，这些都是语言之外的东西。

现代语言学一般不太讨论修辞学问题，这是因为有人认为修辞学更多地涉及说话的艺术、演讲的艺术、作文的艺术，它不属于科学范畴，如果说它跟语言学有关系，那也是语言学的边缘。实际上我们认为修辞学还是很重要的，因为言语行为离不开修辞手段的运用，而这些修辞手段从某种意义上反映了我们的认知过程。认知语言学的重要课题之一就是"隐喻"问题，而这个问题也是传统修辞学的重要课题。

现代修辞学的理论研究已经转型，例如与文化研究交叉，研究文化与修辞的关系；与心理学交叉，研究修辞与心理的关系；与翻译学交叉，研究翻译中的修辞问题；与美学交叉，研究修辞中的美学问题，不一而足。

【思考题】

1.“语言的三个要素是语音、词汇、语法”，这种说法正确吗？为什么？

2. 举例说明音位和音位变体的关系。

3. 语音学与传统的音韵学是什么关系？

4. 语言的“意义”包括哪些内容？

5. 如何理解“语义网络”？
6. 语法形式和语法意义是什么关系？
7. 什么是语法范畴？不同的语言有共同的语法范畴吗？
8. 语用意义是如何产生的？
9. 修辞学跟语言学是什么关系？

第六章　语言的变化

语言是变化的。我们是怎么知道语言是变化的呢？在我们读万卷书、行万里路的时候，你就会发现语言的变化。当我们读古书的时候，会发现古时候的人说的话和现代不一样。子曰："学而时习之，不亦说乎？"(《论语 · 学而》) 翻译成现代汉语就是：孔子说"为学的时候能时时揣摩实践不是很开心的事吗"，我们发现古代汉语比现代汉语短，精练；孔子又说"不患人之不已知，患不知人"(《论语·学而》)，用现代汉语来说就是"不忧虑别人不了解自己，我忧虑的是不了解别人"，"人之不己知"与现代汉语语序不同；当我们来到一个陌生的地方，离家千里，你会发现那里的人们说着自己不熟悉的语言，这是为什么呢？上海人说"侬啥晨光阿拉屋里厢白相白相好勿啦"，广州人说"你几时得闲到我屋企玩玩"，一时一地的语言有一时一地的面貌，时间上的分布和空间上的分布都告诉我们：语言是在变化着的。在有文字记载的语言中，要发现语言的变化不是一件难事。拼音文字正字法的变化实际上反映的是语言的变化，例如英语的 light 一词，其中的 -gh- 现在已经不发音了，doubt 一词，其中的 -b- 已经不发音了，这反映的是拼写的改变落后于实际的语言变化。汉字读音的变化反映的也是语言的变化，"李白"的"白"本是个入声字，在某些方言的文读音中读如 bó，而在普通话的读音中已经读如 bái 了。方言的变异反映的是语言变化的地域分布。在我们的日常生活中，经常会遇到一些人问一些语言上的问题：为什么四川人把"鞋子"(xiézi) 说成"háizi"，把"大街"(dàjiē) 说成"dàgāi"，把"解开"(jiěkai) 说成"gǎikai"？为什么东北人把"角落"说成"旮旯"？为什么广东话把"金"

说成“gim”？唐人刘禹锡的诗“朱雀桥边野草花，乌衣巷口夕阳斜。旧时王谢堂前燕，飞入寻常百姓家。”用今天的普通话来读已经不完全押韵了，“斜”读成“xié”，与“花”（huā）“家”（jiā）不同韵，为什么？日本、韩国、越南都曾经借用过汉字，在他们的语言中至今仍然保留着大量的汉源词，但是这些汉源词的读音与现代汉语普通话不同，倒是与某些方言相近，例如日语把“文化”读如“bonka”，韩国语把“感谢”的“感”读如“kam”，把“金”读如“kim”，为什么？普通话以北京语音为标准音，以北方方言为基础方言，以典范的现代白话文作品为语法规范，但是在北京人的语音中，“教室”“处理”“接触”“逮捕”中的“室”“处”“触”“逮”都有异读（崔希亮，1995），这又是为什么？在汉字的形声字系统中，有些声符与以这个声符得声的字读音不同，而且是成系统的不同，例如以“夆”（páng）为声符的字分为两类，一类读轻唇音（唇齿音），一类读重唇音（双唇音）：

[f ~]　逢　峰　锋　缝　蜂　烽　捀

[pʰ ~]　蓬　篷　浲　樥　摓　莑　熢

而这个现象不是孤立存在的，类似的情形还有以“凡”（fán）得声的字，以“番”（fān）得声的字：

[f ~]　凡　帆　忛　梵　钒　矾

[pʰ ~]　芃　笵

[f ~]　番　翻　藩　幡　燔　蹯　勫

[p ~]　播　嶓　僠　蕃（吐蕃）　譒

清代学者钱大昕早就注意到了这个现象，并撰写论文《古无轻唇音》，凡是今天的轻唇音都是古代重唇音演化而来。有了“语言是变化的”这个观念，上面的这些问题都可以得到合理的解释。

实际上我们研究古今语言变化有很多手段：第一个手段是通过诗词用韵的变化来看押韵的变化，从而了解语音系统的变化；第二个是直接看古人留下来的韵书（赵诚，2003），通过对比不同时代的韵书发现语音系统的演变，这是我们了解汉语语音演变最直接的证据；第三个是借词的语音对比，例如汉语借词在日语、韩国语和越南语中的发音可以证明汉语某一历史阶段的语音状况；第四个是语言地理学的研究，通过语言现象的地理分布来了解古今之变；第五个是历史比较语言学的研究，通过语言的比较研究确定语言的家族谱系，然后在亲属语言之间建立语音、词汇或者语法的对应关系，寻找语言变化的轨迹。

既知语言是变化的，我们就会问另外三个问题：语言为什么会变化？语言是怎么变化的？语言变化的结果是什么？

第一节　语言演变——语言变化的内因

语言变化的原因有内在的原因和外在的原因两种。语言变化的内因是系统内部各要素之间的相互影响，例如系统内一个要素的变化就会导致系统失去平衡，为了达到新的平衡，其他要素也会随之变化，这种变化我们称之为语言**演变**。例如汉语的语音系统从隋唐（隋唐之前的语音面貌只能依靠构拟）到现代已经发生了非常大的变化。这种变化我们可以从历代流传下来的韵书中看到[1]。我们以汉语声母系统的演变为例来说明这个问题，没有学过音韵学的读者也应该看得懂。中古汉语共有 36 个声母，用 36 个汉字来代表：

中古汉语声母系统							
		全清	次清	全浊	次浊	全清	全浊
唇音	重唇音	帮	滂	並	明		
	轻唇音	非	敷	奉	微		
舌音	舌头音	端	透	定	泥		
	舌上音	知	彻	澄	娘		
齿音	齿头音	精	清	从		心	邪
	正齿音	照	穿	床		审	禅
牙音		见	溪	群	疑		
喉音		影			喻	晓	匣
半舌音					来		
半齿音					日		

1　这些韵书可以作为某时某地语音面貌的直接记录。（具体韵书参见本书参考文献最后的“历代韵书”部分）

至于这36个字母所代表的辅音音值是什么，学术界有不同的看法。不管怎么说，它的系统性是显而易见的。比较古代的各种韵书，我们可以大体上了解古代汉语的语音面貌。为了讨论方便，我们采用王力在《汉语语音史》（2008）中给这36个字母构拟的音。我们知道这个拟音不一定是最好的，但是王力先生的拟音具有代表性。下表中的36个字母可以代表中古汉语的声母系统：

<table>
<tr><th colspan="3">发音部位</th><th colspan="4">发音方法</th></tr>
<tr><th>今名</th><th colspan="2">古名</th><th>全清</th><th>次清</th><th>全浊</th><th>次浊</th></tr>
<tr><td>双唇塞音</td><td rowspan="2">唇音</td><td>重唇音</td><td>帮
[p]
b ㄅ</td><td>滂
[pʰ]
p ㄆ</td><td>並
[b]
ㄅ</td><td>明
[m]
m ㄇ</td></tr>
<tr><td>唇齿音</td><td>轻唇音</td><td>非
[p̪]
f ㄅㄈ</td><td>敷
[p̪ʰ]
ㄆㄈ</td><td>奉
[b̪]
ㄪ</td><td>微
[ɱ]</td></tr>
<tr><td>龈塞音</td><td rowspan="2">舌音</td><td>舌头音</td><td>端
[t]
d ㄉ</td><td>透
[tʰ]
t ㄊ</td><td>定
[d]
ㄉ</td><td>泥
[n]
n ㄋ</td></tr>
<tr><td>卷舌塞音</td><td>舌上音</td><td>知
[t]</td><td>彻
[tʰ]</td><td>澄
[ɖ]</td><td>娘
[ɳ]</td></tr>
<tr><td rowspan="2">齿擦音</td><td rowspan="4">齿音</td><td rowspan="2">齿头音</td><td>精
[ts]
z ㄗ</td><td>清
[tsʰ]
c ㄘ</td><td>从
[dz]
ㄗ</td><td></td></tr>
<tr><td>心
[s]
s ㄙ</td><td></td><td>邪
[z]
ㄙ</td><td></td></tr>
<tr><td rowspan="2">龈腭擦音</td><td rowspan="2">正齿音</td><td>照
[tɕ]
j ㄐ</td><td>穿
[tɕʰ]
q ㄑ</td><td>床
[dʑ]
ㄐ</td><td></td></tr>
<tr><td>审
[ɕ]
x ㄒ</td><td></td><td>禅
[ʑ]
ㄒ</td><td></td></tr>
<tr><td>软腭塞音</td><td colspan="2">牙音</td><td>见
[k]
g ㄍ</td><td>溪
[kʰ]
k ㄎ</td><td>群
[g]
ㄍ</td><td>疑
[ŋ]
ng ㄫ</td></tr>
</table>

续表

发音部位		发音方法			
今名	古名	全清	次清	全浊	次浊
声门塞音	喉音	影 [ʔ]			
软腭擦音		晓 [x] h 厂		匣 [ɣ] 厂	
硬腭半元音					喻 [j] y
龈边音	半舌音				来 [l] l ㄌ
龈腭鼻音	半齿音				日 [ɲ] 兀

古今汉语语音系统的变化表现在以下几个方面：

一是声母大量减少，声母减少主要表现在浊辅音声母的清化，例如“並”母 [b]、“定”母 [d]、“群”母 [g]，三个浊辅音声母已经变成了清辅音；有些辅音声母在现代汉语中已经消失，如浊辅音声母“奉”母 [b̪]（拟音为 [v] 可能更好）、“澄”母 [ɖ]、“从”母 [dz]、“邪”母 [z]、“床”母 [dʑ]、“禅”母 [ʑ]、“疑”母 [ŋ]、“微”母 [ɱ]、“娘”母 [ɳ]、“匣”母 [ɣ] 等；有的声母变成了其他的东西，如“影”母 [ʔ] 和“喻”母 [j] 变成了零声母，“日”母 [ɲ] 在普通话中由鼻音变成了一个很怪的卷舌音 [ʐ][1]。

二是韵母大量减少，中古汉语《广韵》中的 206 韵所包含的韵类大约为 290 个（各家统计方法不一，从 290 个韵类到 335 个韵类不等），这 290 个韵类是按声调计算的，如果不计声调的差别，大约是 90 个，这比现代汉语的韵母系统要复杂多了；韵母系统的简化主要表现在塞音韵尾 [-p]/[-t]/[-k] 和鼻音韵尾 [-m] 的消失，很多韵母合流了，另外齐齿呼和撮口呼的介音产生，韵母系统的面貌发生了重大改变。

三是声调系统的变化，调类由八个简化为四个（只有平声仍分阴阳，上声、去声不再分阴阳，浊声母上声字变为去声，入声完全派入其他三声）。

[1] 这个音在汉语很多方言中都不存在，“日”母多变为零声母。

汉语声韵调数量的减少意味着原来能够相互区别意义的音节合流了，例如“东”和“冬”本来不同音，“鱼”和“虞”本来不同音，“之”和“支”“脂”本来不同音，现在它们在普通话中同音了，怎么办？只好在其他方面弥补，弥补的办法就是语言系统内部词汇长度的变化，以单音节词汇为主的词汇系统开始向双音节化变化，例如“东”加长为“东方”“东边”“东面”,“冬”加长为“冬日”“冬天”“冬季”，以此类推。现代汉语的词汇系统双音节词占主导地位，这是语言系统内部变化相互影响的结果。我们知道古代汉语的词汇大多是单音节的，双音节很少，多音节词更是罕见，由于语音系统的简化，单音节的别义功能受到影响，词汇系统中出现了很多复合词以区别意义。例如：

颊——脸颊　颈——脖颈　领——衣领
河——河流　军——军队　兵——兵器
国——国家　境——国境　东——东方
节——节约　行——行走　书——书写
起——起来　食——进食　助——帮助
知——知道　治——治理　挟——挟持
忧——忧虑　商——商量　倦——疲倦

有的时候为了区别意义可以换一个词汇，例如“颊”可以换成“面”，“颈”可以换成“项”或者“脖”，“行”可以换成“走”，“食”可以换成“吃”，“书”可以换成“写”等。还可以在词根上加缀来增强区别性。例如：

–子：领子　面子　棍子　月子　日子　银子　金子　弓子
–头：石头　木头　日头　锄头　镢头　看头　兴头　嚼头
–儿：盆儿　官儿　罐儿　盖儿　苗儿　面儿　份儿　墩儿
–巴：泥巴　嘴巴　盐巴　尾巴　锅巴　洗巴　揉巴　团巴

如果两个音节还不足以区别意义，还可以用四个音节，实际上是两个同义或近义双音词并列组合成一个新的词汇单位：

流光–溢彩　魂飞–魄散　男婚–女嫁　琼浆–玉液
唉声–叹气　安邦–定国　安家–落户　安贫–乐道
风平–浪静　标新–立异　冰天–雪地　残兵–败将
称兄–道弟　茶余–饭后　愁眉–苦脸　唇枪–舌剑

伴随着汉语词汇的双音化，一些词汇的意义也发生了变化，词义的变化包括词义的扩大、词义的缩小、词义的转移等。我们还是以汉语为例来说明古今词义的变化：

河——古代专指黄河，现在泛指一切河流。

床——古代指类似于桌子一样的家具，现在专指睡觉用的卧具。

病——古代指困苦，现在指疾病。

汤——古代指热水，现在指经过调味后汁儿特别多的副食。

走——古代指奔跑，现在指步行。

去——古代指离开，现在指“往”。

拜——古代指给人授官，现在是参拜、拜访。

赞——古代指协助，现在指称颂。

怒——古代指飞腾起来的样子，现在是愤怒，是一种情绪。

凶——古代指谷物收成不好，现在是凶猛、凶狠、凶恶。

语言系统内部的变化是一种自组织现象[1]。语言是一个开放的系统，这个系统是有序的，每个要素都在自己的岗位上协调工作，以保证这个系统的稳态。但是系统内部任何一个要素一旦发生变化，就会引起整个系统的连锁反应。例如汉语的声母系统中“见”系字 [k, kʰ, x] 与齐齿呼 [-i]、撮口呼 [-y] 相拼的时候由牙音变成正齿音 [tɕ][tɕʰ][ɕ]，变化就出现了，系统内部开始自动调整；声母系统的变量也会影响到韵母系统，因为它们是环环相扣的。声母、韵母、声调实际上是一个系统不可或缺的要素，任何一个要素的变化都会引起系统内部的变化，系统会自动调整实现突变完成某一演化阶段。其实自组织理论一点儿也不神秘，说白了，就是一旦原有的符号系统不足以表达所有的意义，新的手段就会出现，原有的秩序由平衡出现了打破平衡的要素，系统会自动调节以达到新的平衡，使系统重新变得有序。例如现代汉语普通话的语音系统中有三组辅音声母：

[ts]　[tsʰ]　[s]

[tɕ]　[tɕʰ]　[ɕ]

[tʂ]　[tʂʰ]　[ʂ]　[ʐ]

[1] 自组织理论（self-organizing theory）是 20 世纪 60 年代末期开始建立并发展起来的一种系统理论，它的研究对象主要是复杂自组织系统（如生命系统、社会系统）的形成和发展机制问题，即在一定条件下，系统是如何自动地由无序走向有序、由低级有序走向高级有序的。

这个系统本来是整齐平衡的，在近代汉语中，它应该是这样的：

[ts]	[ts^{h}]	[s]	[z]
[tɕ]	[tɕ^{h}]	[ɕ]	[ʑ]
[tʂ]	[tʂ^{h}]	[ʂ]	[ʐ]

浊音清化的大趋势使得 [z] 和 [ʑ] 已经消失，剩下一个孤零零的 [ʐ]，系统的平衡被打破了，按照自组织理论，[ʐ] 早晚也会变化，系统会再度变得有序。在一些方言中 [ʐ] 已经消失，变成了零声母，例如东北话胶辽片中“日”“肉”“然”“人”这些 [ʐ] 声母的字都变成了零声母字，读如“易”“又”“言”“银”。

我们在讨论汉语语言演变的时候很少提到语法上的变化，这是由于汉语语法的系统性不如语音系统严整。汉语体貌标记发展形成的过程其实也是很有规律的，现代汉语中的体貌标记“–了”就是一个很好的例子。在上古汉语中，“既”“曾”“已”可以表达完结达成的意义；在近代汉语中，表示完结达成意义的动词有“了”“完”“迄”“终”“毕”“罢”。其中“了”发展为表示完成体的语法手段。与此同时，“–着”“–过”也都发展为体貌标记，成为汉语表达事件内部时间的语法手段。

第二节　语言接触——语言变化的外因

社会的变化也会导致语言的变化，这是语言变化的外因。社会的发展，名物制度的变化，新事物的出现，旧事物的消失，改朝换代，人口流动，民族杂居，异族通婚，不同语言之间的交流都会带来语言的变化，这是非常容易理解的，我们在这里就不展开讨论了。

这一节我们专门讨论语言接触的问题，因为语言接触是导致语言变化的重要原因之一。人类社会不同的群落或民族之间并不总是“鸡犬之声相闻，老死不相往来”的，人们通过贸易往来、宗教文化交流、人口流动、战争征服占领、通婚、民族杂居等方式产生接触，他们的语言也会随之而发生接触。这种语言之间的接触会产生互动，对接触的双方都产生影响，诸如词语的借用、结构的仿造、语法规则的交融等。在一个多民族的国家或地区，语言接触是非常普遍的现象。

例如中国、印度、俄罗斯、新加坡都是多民族国家，不同的民族通常都有自己的语言，民族之间的接触会导致语言的变化。以中国为例，匈奴、鲜卑、羯、氐、羌与华夏民族的接触有几千的历史，这些民族有的曾经统治过整个中国，他们的语言作为统治者的语言与华夏民族的语言产生接触，其中有些民族的语言融合进了华夏民族的语言，他们自身有的也融入了华夏民族。在中国的历史上，鲜卑族、蒙古族、满族都曾统一过中国，鲜卑语和满语在与汉语接触的过程中完全被汉语融合了，蒙古语虽然没有被汉语融合，汉语和蒙古语的接触还是留下了一些语言接触的痕迹，它们保留在各自的语言系统中，例如汉语中的“胡同”“褡裢”来自蒙古语，汉译蒙古语文献中的“巴合石、八合赤、巴合赤、巴黑石、把式”意为“老师”或“师傅”，来自汉语的“博士”。汉语的“夫人”“太后”“令公”“蛮子”等称呼也传入蒙古语，有些词汇从蒙古语转写为汉字的时候又一次发生了变异，如汉语的“小厮”来自蒙古语，实则为蒙古语音译自汉语的“小子”。有一些词我们已经难以分辨到底是谁借了谁的，如“玛瑙”“萝卜”“琥珀”“蘑菇”等词在汉语和蒙古语中发音相近，哪个是源、哪个是流，都需要仔细考证。

丝绸之路是一条商路，中国与西域各国的贸易往来使得汉语与波斯语、阿拉伯语有了亲密接触的机会，“石榴（安石榴）”“苜蓿”“玻璃”“琉璃”“狮子”等词汇就是汉代从西域借过来的词汇；佛教在中国的传播是梵语和汉语亲密接触的机缘，佛经的翻译把许多梵语词汇移植到汉语中，这些词汇一直用到现在，成了汉语词汇系统中的有机组成部分，音译词汇如“佛陀”“宝塔”“袈裟”“刹那”“禅定”“比丘尼”“罗刹”“金刚”“浮屠”“禅”“菩提”等，意译词汇如“世界”“平等”“觉悟”“演说”“赞叹”“智慧”“尊重”“方便”“圆满”“烦恼”“究竟”“妄想”“障碍”“念头”等；中国对周边国家的影响很大，日语、朝鲜语、越南语都与汉语有过频密的接触，而且借用了大量的汉语词汇，例如日语中存在大量的汉源词，如“父”“母”“茶”“米”“車”“空”“食る”“行く”“書く”“大い”“小い”“寒い”等，日语还利用汉字自造了一些新词，例如“手紙（书信）”“大丈夫（没关系，不要紧）”“朝御飯（早饭）”“大根（萝卜）”“朝顔（牵牛花）”“娘（女孩）”等。不仅如此，他们都曾经借用汉字作为书写文字，现在的日本仍然在使用汉字和假名作为日语的书写符号；在历史上中国和东南亚的客家人本来居住在中原地区，由于战乱或自然灾害他们不断向南迁徙，一直迁徙到了江西、福建、台湾、广东、海南以及菲律宾、马来西亚、泰国等地，汉语与迁徙地的语言接触就成了各有特色的客家话。在世界范围内，语言接触是一种非常普遍的现象，在语言接触的过程中，有的语言被融合了，有的语言被取代了，例如尼罗河流域的古埃及文明今天已经消失，帝王谷法老墓室留下的文字今天的埃及人已经无法读懂。今天的埃及人是阿拉伯人后裔，古代埃及人的语言消失了，我们无法推测古埃及人的语言经历了什么样的过程。又如今天的墨西哥人是西班牙人与当地土著混血的结果，墨西哥本土文明在欧洲文明到来之后已经消失殆尽，奥尔梅克人、玛雅人、阿兹特克人的语言只留下一些痕迹，这其中经历了哪些不为人知的过程我们也只能猜想了。

语言接触会产生语言间的竞争现象，其证据有的时候会在竞争胜利者的语言中留下痕迹。中国长江以南地区是古代的百越之国，很多少数民族曾经是那里的主人，汉代刘向的《说苑》里记载有越人拥桨而歌，楚人听不懂，后来经过翻译才明白其中的意义。这就是我们前面说过的《越人歌》(也有人称《越女歌》)：

今夕何夕兮，搴舟中流。今日何日兮，得与王子同舟。蒙羞被好兮，不訾诟耻。心几烦而不绝兮，得知王子。山有木兮木有枝，心悦君兮君不知。

随着社会的变迁和民族的融合，现在那里的语言面貌发生了很大的变化，吴越与荆楚之间经过接触融合，现在两地的交流已经不用翻译，尽管当今吴语中仍然有“阿拉”“侬”这样特殊的人称形式有别于汉语的其他方言，但是古越语留下的只是一些底层了。这些底层有很多还保留在地名里，例如在闽方言和粤方言区有很多地名含有“寮、坂、垌、岽、凼、那、拿、六、禄”等字，这些地名就是古百越先民留下来的；吴方言区有些地名以“勾、姑”为首字，这也是古代吴越先民的语言遗存。更直接的例证是现代汉语方言中一些词汇的语音形式在汉语中找不到对应的汉字（有音无字），它们与某些少数民族的语言有严整的对应关系，例如“死”在闽南话中有戏谑说法 tai^3（这里的上标数字表示声调，后三处同），壮语、水语、傣语也说 tai^1，苗瑶语中巴哼话说 tei^6，勉语说 tai^6，这绝不是偶然的（李如龙，2005），它们是语言接触留下的“历史遗迹”。北方汉语其实也有这种语言接触的证据，东北话中有些地名来自满语，例如：吉林（吉林乌拉）、伊通、伊丹、叶赫、哈德门、那丹伯、莫里清等，有些地名来自蒙古语，例如：吉拉土、查干淖尔、达莱淖尔、套浩太、郭尔罗斯、伯都、哈拉毛都、架苏台等。除了地名之外，日常生活用语也有语言接触的遗存，例如东北方言中的非汉语词汇：哈拉巴（猪、牛、羊等动物的肩胛骨）、嘎拉哈（猪、牛、羊等动物的后腿髌骨）、哈喇子（口水）、托帕儿（一种野生浆果）等。

不同语言之间的接触无时无刻不在发生，过去发生过，现在仍在发生，将来也一定还会发生。不同语言之间的接触会导致语言发生变化，最直接的变化就是词汇的借用。我们都熟悉波斯语、阿拉伯语对汉语的影响，实际上阿拉伯语对英语的影响也有很多例证（采自维基百科“英语借词”词条）：

alchemy	炼金术（来自 الكيمياء）
alcohol	酒精（来自 الكحول，经由西班牙语*alcohol*）
algebra	代数学（来自 الجبر，经由西班牙语*álgebra*）
algorithm	算法（来自阿拉伯数学家花拉子模，الخوارزمي موسى بن محمد）
coffee	咖啡（来自 قهوة）
cotton	棉花（来自 قطن）
genie	妖怪，精灵（来自 جنّ）
giraffe	长颈鹿（来自 زراف）
harem	闺房（来自 حريم）
hashish	印度大麻制剂（来自 حشيش）
jihad	圣战（来自 جهاد）
mecca	麦加，即众人渴望去的地方（来自 مكّة）
souk	露天市场（来自 سوق）
sultan	苏丹，即伊斯兰国家的统治者（来自 سلطان）

英语是当今世界使用场合最多的语言，它与世界上其他语言接触的机会也非常多。英语词汇中除了印欧语系的语言之外，还有一些来自其他语言，如汉语、日语、印第安诸语言、非洲语言等。我们再看一组借自汉语的例子（采自维基百科“英语借词”词条）：

kung fu	（1966 年来自“功夫”）
yin yang	（1671 年来自“阴阳”）
kowtow	（1804 年来自“叩头”）
tofu	（1880 年来自“豆腐”）
lychee 或 litchi	（1588 年来自“荔枝”）
gung ho 或 gung-ho	（1939 年来自“工合”或“共好”）
mahjong 或 mah-jong	（1920 年来自“麻将”）
feng shui	（1797 年来自“风水”）
tai chi	（1736 年来自“太极”）
yamen	（1747 年来自“衙门”）
kaolin	（1727 年来自“高岭”）
kylin	（1857 年来自“麒麟”）
longan	（1732 年来自“龙眼”）
pe-tsai	（1795 年来自“白菜”）
petuntse	（1727 年来自“白墩子”）
sampan	（1620 年来自“舢板”）
suan-pan	（1736 年来自“算盘”）
Tao	（1736 年来自“道”）
taipan	（1834 年来自“大班”）
toumingdu	（1980 年代来自“透明度”）
typhoon	（来自“台风”）
tuchun	（1917 年来自“督军”）
tung	（1788 年来自“桐”）
ho-ho bird	（1901 年来自“凤凰”）

世界上可能没有哪一种语言是绝对纯洁的，除非这种语言与世隔绝，与其他语言没有任何接触。语言接触是语言发生变化的外在因素，在接触中，语言和语言之间会互相影响，这种影响表现在语音、词汇、语法、表达方式等多个方面。任何企图保持本民族语言纯洁的想法都是天真的。在网络时代，语言的接触更是不可避免，由此导致的语言变化不必大惊小怪。例如汉语的网络流行语有一些就是音译自其他语言：

图样图森破——来自英语 too young，too simple

3Q——来自英语 thank you

蕾丝边——来自英语 lesbian

猫——来自英语 modem

感动 ing——其中的 -ing 来自英语现在进行时标记

正太——源自日语，指是年纪小、没有胡子、很可爱、体质瘦弱的小男生。

腐女——源自日语，全称“腐女子（ふじょし，fujoshi）”，主要是指喜欢幻想男男爱情（即男同性恋）的女性。

御姐——源自日语おねえ，本为尊称，网络中指成熟强势的女性或者黑帮中的“大姐大”。

草食男——来自日本作家深泽真纪的作品，专指 80 年代 ~90 年代出生的男子，像草食动物一样温和、友善、自然、无害，不会主动追求异性。

语言接触是导致语言变化的外因之一，词汇的借用是语言变化最重要的形式，英语从法语中借用了大量的词汇，日语从汉语中借用了大量的词汇，这是非常自然的现象。结构的借用比词汇的借用要困难得多。

第三节　语言融合——语言接触的结果

19 世纪欧洲的语言学家研究印欧语的发展变化时得出结论，认为印欧语各语言是由一个原始祖语分化出来的，这个原始祖语就是原始印欧语，分化出来的语言又分为不同的家族：拉丁语族的语言、日耳曼语族的语言、印度–伊朗语族的语言、斯拉夫语族的语言等，如德语、荷兰语、英语、法语、意大利语、西班牙语、葡萄牙语、俄语、印地语、波斯语、乌尔都语、希腊语等都是这个原始祖语的子孙，它们构成一个家族谱系，就如同一棵大树一样，因此这个谱系又称作谱系树。陈保亚（1996）在调查研究汉越（侗台）语语源关系的时候发现，语言的发展变化不是只有一个方向——语言分化，语言的接触还可以导致语言的融合，形成语言发展变化的另一个方向——语言联盟。汉藏语系的各个语言可能并不是单纯地从原始汉藏语中分化出来的，而是有分化，有融合。英语是当今世界通行最广的语言之一，然而英语并不是单质的。大约在公元前 3000 年，伊比利亚人（Iberians）从地中海地区来到不列颠岛定居，他们给不列颠带来了新石器文化；大约从公元前500年开始，凯尔特人（Celts）又从欧洲大陆出发占领了不列颠诸岛。凯尔特人最初居住在今天德国南部地区，在征服不列颠之前，他们曾征服了今天的法国、西班牙、葡萄牙、意大利等地区；凯尔特人的语言是凯尔特语。公元前55年罗马帝国的恺撒大帝（Julius Caesar）在征服高卢人（Gauls）之后来到不列颠，英国历史上的真正的“罗马人的征服”（Roman Conquest）是在公元43年开始的，当时罗马皇帝克劳迪乌斯（Claudius）用了三年时间终于征服了不列颠岛的中部和中南部，随后，整个的英格兰被罗马帝国牢牢控制了。大约在公元449年，居住在西北欧的三个日耳曼部族进犯不列颠。他们是盎格鲁人（Angles）、撒克逊人（Saxons）和朱特人（Jutes）。他们遭到凯尔特人的顽强抵抗，征服过程拖延了一个半世纪之久，这就是英国历史上发生的“日耳曼人征服”，亦称“条顿人征服”（Teutonic Conquest）。因此英语是由古拉丁语、凯尔特语和盎格鲁–撒克逊语融合而成的，当然，其中还会留有伊比利亚人的语言底层。现代英语更是大量融合了其他语言的成分。

语言接触的结果会导致语言成分的借用、语言混合、一种语言代替另一种语言。语言成分的借用前面已经说过，一种语言从其他语言中借用词汇是相当普遍的现象，例如日语从汉语、英语、德语中借用了很多词汇，现代英语从阿拉伯语、汉语、日语、非洲的语言、印第安人的语言中借用了很多词汇，现代汉语从英语、日语、俄语中借用了很多词汇，不一而足；语言混合有两种情况，一种是洋泾浜语言（pidgin language），一种是克里奥尔语（Creole languages），洋泾浜是以一种语言的语法结构为主，混合另一种语言的词汇形式，例如曾经流行于上海滩的洋泾浜英语。有人把英语词汇用编成顺口溜（当然使用吴方言发音）以便于记忆：

来叫克姆（COME）去叫谷（GO），
是叫也司（YES）勿讲拿（NO），
一元洋钿温得拉（ONE DOLLAR），
廿四铜钿吞的福（TWENTY-FOUR），
翘梯翘梯喝杯茶（HAVE TEA），
雪堂雪堂请侬坐（SIT DOWN），
红头阿三开泼度（KEEP DOOR），

自家兄弟勃拉茶（BROTHER），
爷叫泼茶娘卖茶（FATHER / MOTHER），
丈人阿爸发音落（FATHER IN LAW）。

洋泾浜英语不仅仅限于旧上海滩，还有日本的洋泾浜英语（美国军事基地的英语与当地语言的接触）、印度的洋泾浜英语（英国殖民者与印度人的语言接触）、夏威夷的洋泾浜英语（种植经济和移民混居）、巴布亚新几内亚的洋泾浜英语（Tok Pisin）等。现在世界上使用混合语的国家和地区都有过人种混血、语言混合的历史。洋泾浜语言是破碎的语言，它不能算是真正的一种语言。混合程度渐深就会成为一门独立的语言，它们都是由不同的语言混合而成的，比较典型的混合语被称为克里奥尔语，它们分布于美国南部、中美洲的加勒比地区、西非、塞舌尔群岛、西印度群岛、所罗门群岛等地，是葡萄牙语、法语、英语和当地土著语言的混合体，其中位于加勒比的海地共和国，其官方语言是法语和克里奥尔语，他们有克里奥尔语的报纸、电台和其他出版物。语言混合与语言接触有直接的关系，18 世纪 ~19 世纪的殖民主义使得欧洲殖民者的语言与殖民地的语言有了接触的机会，形成混合语。人群的流动和杂居是混合语形成的直接动因，以夏威夷为例，因为种植甘蔗发展制糖业，从世界各地输入劳动力，自 1778 年欧洲人进入夏威夷后，此后的 200 年间又从中国、太平洋群岛、日本、菲律宾、葡萄牙、德国、挪威、波多黎各、俄罗斯、西班牙输入了大量的劳动力，他们在夏威夷都要学习洋泾浜英语，当然，他们所学习的语言中自然会混入各自的语言（Siegel，2008，p.47）。洋泾浜和克里奥尔语有三个问题：第一是混合语比原来的任何一种语言都要简单，语法和形态都大大简化了，那么这种简化有什么内在的规律吗？第二个是混合语有很多创新之处，这种创新是原来的语言所没有的，那么这种创新同语言演变的一般规律是否一样？第三个问题是混合语的使用人群是否有继承性（Siegel，2008，pp.6-7）？ 语言学家和社会学家都对洋泾浜语言和克里奥尔语产生了浓厚的兴趣，有很多的研究报告，内容包括语言接触的研究、语言类型学的研究、社会语言学的研究、语言地理学的研究、语言变化的研究、语言习得的研究等（Migge，2003；Lefebvre，2004；Escure & Schwegler，2004）。

语言融合是一种语言替代了另外一种语言。语言接触会产生彼此之间的竞争，竞争的结果之一是一种语言成为完全的胜利者，而把竞争者的语言融合在了自己的语言中。一般的情形先是两种语言并用，形成双语格局，然后就要看哪一种语言更有竞争优势了，处于竞争劣势的语言最后会被吃掉。例如满语被汉语融合的过程大致如下：

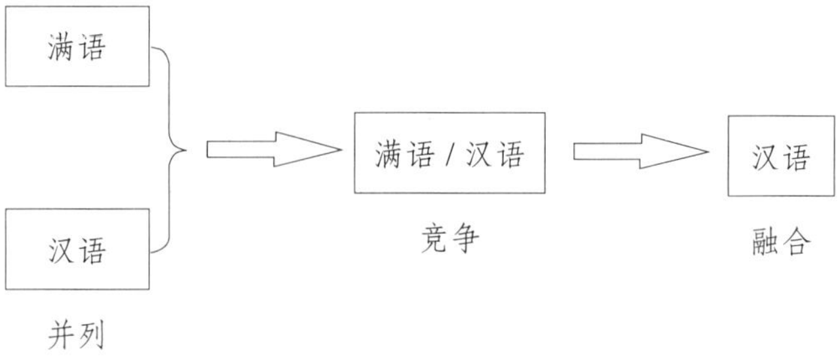

图 6–1

语言融合的原因很多，比如人群杂居、经济往来、战争征服、文化交流、文化落差、通婚等。语言融合有自愿融合和被迫融合两种。我们以汉语和鲜卑语、满语的融合为例来说明这个问题。北魏是鲜卑族建立的王朝，为了学习中原文化，孝文帝就曾制定政策禁止说鲜卑语，提倡说汉语，最后鲜卑人的语言被汉语彻底融合了，这是自愿融合的例子。我们今天全民学英语也是自愿的。唐以后，契丹、女真在建立政权后拒绝融合，为了防止汉化，统治者曾经制订了严格的措施，例如金人（直至后来的满人）修建了柳条边，禁止汉民进入柳条边以内，防止汉化。但是语言融合是不以人的意志为转移的，汉族先进的文化和科学技术使汉语具有竞争优势，最后，契丹、女真的语言被融合了，满人在统治中国三百年后，满语也被汉语融合了，这是被迫融合的例子。英国殖民地都发生过语言融合的现象，几乎都是以英语为胜利者的结果告终。因为英国殖民者制定了有利于推行英语的政策，殖民地的人民只得被迫放弃自己的语言。另外一个原因就是接受英语教育可以有更好的前途，很多人自动放弃自己本民族的语言改学英语，如加拿大、澳大利亚、马耳他、塞浦路斯、特立尼达和多巴哥、圭亚那、巴巴多斯、斯里兰卡、新加坡、马来西亚、加纳、乌干达等国家英语都占统治地位。另外，印度、巴基斯坦、南非、美国等都是或曾是英语殖民国家，在这些国家和地区，英语融合了当地的语言，形成具有殖民地特色的语言社群。

第四节　语言兴亡——语言竞争的结局

语言之间的竞争实际上不是语言自身优劣的竞争，因为语言是无所谓优劣的。语言之间的竞争实际上是人的竞争，是文化的竞争。语言竞争的结果就是某些语言取得优势地位，成为使用范围广泛的交际工具，而另外一些语言慢慢地被打入冷宫，在竞争中处于不利地位，渐渐地退出交际，成为濒危语言，甚至是死亡了的语言。现在世界上大约有 6000 种语言，每两个星期就有一种语言消失，国际化、全球化的进程使这种趋势加速进行。有的语言使用人口很少，在社会经济活动、文化教育、新闻出版、政治生活等领域用处越来越小，那么操这种语言的人就会主动放弃这种语言，转而学习使用更有用的语言。这是自然竞争的结果，同样遵循“物竞天择”的生物竞争原则。人类社会的发展毕竟与人为因素有关系，某一语言在竞争中取得优势地位可能与很多人的因素有关，概括起来说，大致有以下几种：

1. 政治的因素

政治的因素包括国家统一、国家相关政策、政治向心力等。汉语之所以能够成为通行地域大、适用范围广、使用人口多的语言，普通话之所以能够成为民族共同语，与国家统一有关。中国在历史上一直都有一个政治中心，这个政治中心的语言具有吸引力，西周时期周天子武王的都城镐京（今西安西部）及后来成王东迁洛邑（今洛阳），河洛地区成为中国当时的政治中心，《诗经》时代通行的“雅言”成为最有影响力的语言；秦始皇统一六国以后，车同轨，书同文，以国家政策的方式推动语言的统一；汉代的“天下通语”奠定了汉语的历史地位，以后的隋唐宋元明清，中国基本上是一个统一的国家，历朝历代的都城都是国家的政治中心，这个政治中心由长安到洛阳、到许昌、到开封、到大都、到南京、到北京，中原地区一直都处于中国的政治中心，因此汉语的标准基本上是在中原汉语的基础上形成的，因为做官要用通用语，因此汉语的通用语又被称作“官话”。元代和清代是北方少数民族政权，他们的母语是属于阿尔泰语系的语言，蒙古语和满语没有成为国家通用语，不是因为政治因素，而是因为文化因素。

2. 文化的因素

中原文化是农耕文化，自夏商周以来这个文明在物质文化和精神文化两个方面都已经蔚为大观，哲学、文学、宗教、艺术、典章制度、医学、科学技术水平、器物制造技术、农业技术、建造技术等都远远高于游牧文化，汉语是这种文化的载体，由于文化的吸引力，许多民族非常仰慕汉族的文化，他们学习汉语的热情非常高。清朝统治中国三百年，许多旗人在汉文化的造诣方面已经达到极高的水平，满语就是在文化的竞争中慢慢衰落的。在一个民族成分复杂的国家，文化的竞争最后都会体现在语言上。我们知道西班牙是一个拉丁国家，西班牙语是世界上使用人口多、使用地域广的语言，也是联合国工作语言之一。然而在西班牙本土根本不存在所谓的"西班牙语"(Español)，西班牙有五种语言（方言）：卡斯蒂利亚语、加利西亚语、巴斯克语、加斯科尼语、加泰罗尼亚语，现在的西班牙语其实是卡斯蒂利亚语（Castellano）。西班牙的博物馆一般都会有卡斯蒂利亚语和当地方言说明。西班牙地处伊比利亚半岛，南临地中海，背靠比利牛斯山，当地的土著居民是伊比利亚人和凯尔特人，希腊人、腓尼基人、迦太基人曾在这里定居，公元前218年，罗马人占领了这块土地，罗马文明也为西班牙带来了拉丁语；公元5世纪罗马帝国覆亡之后，西哥特人、苏维汇人、汪达尔人、阿兰人跨越比利牛斯山相继进入西班牙，为西班牙带来了日耳曼的语言和文化；公元8世纪到15世纪，阿拉伯人和北部非洲的柏柏尔人（统称为摩尔人）统治西班牙，为西班牙带来了伊斯兰文化；至15世纪，占据伊比利亚半岛的北部和中部地区的卡斯蒂利亚王国和占据半岛东北部地区的阿拉贡王国成为两个最强大的国家，卡斯蒂利亚女王伊莎贝拉与其丈夫阿拉贡国王费迪南二世共同统治西班牙大部分地区，与此同时王室与葡萄牙、法国和其他邻近国家展开了政治联姻，基督教[1]文化开始占据主导地位，伊斯兰教被边缘化。他们统一了西班牙，从摩尔人那里夺回文化中心格拉纳达，并开始驱逐犹太人和穆斯林。由于基督教文明占据统治地位，卡斯蒂利亚语成为王国最重要的交际工具，官方文件也由拉丁语改为卡斯蒂利亚语，卡斯蒂利亚语成为承载西班牙文化的重要工具。但是卡斯蒂利亚语成为世界性的语言还与西班牙的环球探险、殖民开拓有关[2]。

[1] 这里所说的基督教文化是统称，其内部宗派林立，而西班牙主要信奉天主教。

[2] 参看许昌才（2009）《西班牙通史》，世界知识出版社；林达（2007）《西班牙旅行笔记》，生活·读书·新知三联书店。

3. 殖民的因素

16 世纪，西班牙和葡萄牙的探险家在国王的支持下开始进行环球探险、殖民扩张。当时西班牙和美洲大陆之间的跨大西洋商路和途经菲律宾的东亚与墨西哥之间的跨太平洋商路十分繁荣。西班牙人依靠自己的航海技术和强大的海军征服并摧毁了美洲的阿兹特克文明、印加文明和玛雅文明，将北美洲和南美洲的广阔土地纳入自己的版图，同时也把西班牙语、葡萄牙语带到美洲。今天的拉丁美洲国家的官方语言还是卡斯蒂利亚语（我们称其为西班牙语，分布在中南美洲大片地区）或葡萄牙语（巴西），而美洲土著的阿兹特克人、印加人、玛雅人，还有许多印第安人的语言都已经消失了，成为欧洲殖民浪潮的牺牲品。今天的北美大陆主要使用英语、西班牙语（美国、加拿大）和法语（加拿大），原住民的语言大部分已经消亡，这也是欧洲殖民的结果。西班牙语之所以成为中南美洲和北美洲的通用语言完全是殖民的结果。当然，殖民地的开拓离不开西班牙王国的经济实力和军事实力。

4. 经济的因素

我们前面说过政治的、文化的、殖民的因素，与之相联系的另一个重要因素就是经济因素。还是以西班牙为例，通过海外殖民掠夺，大量的黄金、白银涌入西班牙，使得西班牙成为世界上最富有的国家，造就了哈布斯堡王朝统治的极盛时期，西班牙的文学艺术也随之进入黄金时代。西班牙语之所以成为世界性的语言与西班牙的财富积累是分不开的。风水轮流转，没有永远的帝国。16 世纪末，英国在海外扩张方面开始挑战西班牙和葡萄牙。海外贸易、殖民掠夺、黑奴交易是 16 世纪英国商人海外活动的主要内容，加上英国的手工业革命、圈地运动和资本主义改造，使英国完成了资本的原始积累，成为世界经济强国。1588 年英国在海上打败西班牙的无敌舰队，并与西班牙、荷兰、法国等国家争夺海外殖民地。1688 年英国的“光荣革命”推翻了专制统治，为英国资本主义的发展奠定了制度基础。从 17 世纪开始，英国在印度、北美、新西兰、澳大利亚等地区大量移民，成为新的海上霸主。更重要的是，18 世纪 60 年代到 19 世纪 40 年代，英国的工业革命取得成功，英国成为世界上头号工业国家，英语也开始取代西班牙语成为世界上最有活力的语言。今天英语在世界上所取得的地位与英国的海外殖民有关，很多英国殖民地的原住民的语言在英语的强势竞争中消亡了。美国独立之后，尤其是两次世界大战之后，成为世界头号经济强国、军事强国，苏联解体和东欧剧变，使得美国成为世界上独一无二的超级大国，巩固了英语的统治地位，使英语成为全球通行的语言。目前最有可能挑战英语霸主地位的语言是西班牙语、汉语、阿拉伯语、俄语，这也还是取决于国家的经济实力、军事实力、文化实力、科技实力、外交实力，这些因素构成了国家的综合影响力，它是语言兴衰的重要因素。金砖国家[1]的崛起为汉语、西班牙语、俄语的中兴奠定了经济基础，但是汉语、西班牙语、阿拉伯语、俄语、法语能否成为全球性语言还需要天时地利人和等因素。

5. 宗教的因素

语言竞争中还有一个重要因素不能不提，那就是宗教因素。阿拉伯语之所以成为超越国家和地区的语言，与伊斯兰教的传播有很大的关系。阿拉伯语发源于两河流域，属于闪米特–含米特语系的语言。伊斯兰教由单一民族的地区性宗教发展成世界性的多民族信仰的宗教，这是阿拉伯伊斯兰国家军事扩张、商贸活动、文化交流的结果。公元 632 年，先知穆罕默德逝世后，伊斯兰教进入“四大哈里发时期”，随着统一的阿拉伯国家的对外征服，伊斯兰教向半岛以外地区广泛传播，史称“伊斯兰教的开拓时期”，阿拉伯语也伴随着伊斯兰文化的扩张而向外传播；公元 661 年起，伊斯兰教进入阿拉伯帝国时期，历经伍麦叶王朝和阿拔斯王朝，地跨亚、非、欧三大洲，伊斯兰教成为帝国占统治地位的宗教，伊斯兰文化和科学技术得到空前的繁荣和发展，史称“伊斯兰教发展的鼎盛时期”，阿拉伯语也从阿拉伯半岛传播到北部非洲、欧洲南部、中亚。世界上几大宗教的兴衰都对语言的兴衰产生了巨大的影响。基督教与拉丁语的关系、犹太教与希伯来语的关系、佛教与梵语的关系都可以证明这一点。

世界进入 21 世纪以后，随着经济全球化时代和互联网时代的到来，世界变得越来越小，不同国家与地区的人们之间的交往越来越方便，语言接触和融合的机会大大增加，语言之间的竞争也日趋激烈。很多国家都把自己民族语言的兴亡当作民族兴亡的大事来对待，因为语言问题而发生分裂或者冲突的国家很多，如

[1] 金砖国家：源自英语 BRICS，是巴西（Brazil）、俄罗斯（Russia）、印度（India）、中国（China）以及南非（South Africa）五个国家的第一个字母，是五个新兴经济体。

南北苏丹（南苏丹使用英语、北苏丹使用阿拉伯语）、比利时（法语和佛莱芒语）、加拿大（英语和法语）等。

每一种语言都是一种独特的符号系统，其结构、韵律、文化内涵、历史价值都是独一无二的，对于一个民族来说，语言更是民族的标志之一。因此，语言的灭绝对于这个民族来说是不可估量的损失，对于全人类来说也是个巨大的损失。所以，在力所能及的情况下，我们应该拯救濒危语言，至少应该记录保存下来。我们知道语言的兴亡是不可抗拒的自然规律，但是如果能够把语言作为非物质文化遗产来对待，其中应该保存、抢救、传承的东西就太多了。

【思考题】

1. 我们是如何知道语言变化的？

2. 汉语的语音系统从中古到现代经历了一个系统简化的过程，语言系统内部对这种简化是如何补偿的？

3. 汉语语音演变的规律是什么？

4. 语言接触会导致哪几种可能的结果？请用实例分析。

5. 语言之间的竞争会导致什么结果？请用实例分析。

6. 影响语言竞争结局的因素有哪些？

第七章　语言学习

我们已经知道，语言是一套符号系统，这套符号系统是人们进行交流的工具，也是我们进行思维的工具，它存在于人们的大脑中（心理空间）。这个符号系统、交际工具、思维工具在我们的大脑中是先天就有的吗？还是后天通过学习获得的？这是很多语言学家、心理学家、认知科学家希望破解的谜团。孩子不是生下来就会说话，需要学习 4~5 年才能完全掌握一种语言，这说明语言不是生而知之的。但是在人类的大脑中是不是有一个先天的语言获得的机制呢（language acquisition device，简称 LAD）（Chomsky，1959）？迄今为止我们还没有足够的证据证明在人类的大脑中有一个先天的语言获得机制。形式主义语言学认为，孩子出生的时候他的大脑中已经预先有了一个语言获得机制，儿童语言能力的发展之所以那么快，是因为这个语言获得机制被激活了，它证明了普遍语法（universal grammar）的先天性和在认知上的自足性，后天的环境只是激活这个获得机制的条件。语言知识是非常复杂的系统，一个 4~5 岁的孩子已经纯熟地掌握了这个系统，这不能不说是一个奇迹。形式主义语言学家把语言知识区分为能力（competence）和表现（performance）两个部分，语言能力是知识，它是内在的；语言表现是运用，它是外在的（Brown, Malmkjaer & Williams，1996）。在 Chomsky 之前，Skinner 的行为主义心理学在语言学领域占主导地位，那时候人们认为语言行为是一个刺激—反应过程，语言学习也是一个刺激—反应过程，因此环境的作用就非常重要。

第二语言的学习与第一语言的学习有很多不同的地方，第一语言学习几乎是一种本能，在学习过程中主体意识很薄弱，婴儿牙牙学语的过程是一个自然而然的过程，行为主义语言学家认为那就是一个简单模仿的过程，因为出生在什么样的语言环境中决定了孩子能够获得什么样的语言，形式主义语言学家认为孩子天生就具有语言禀赋。关于第二语言学习，或者叫第二语言习得[1]，有很多学者都是在形式主义的理论指引下和语言天赋论的范式中进行研究的（Ellis，1997；Goodluck，1991/2000；Leaver，2005；Saville-Troike，2006）。他们认为第二语言习得与第一语言习得原理是一样的，所不同的只是参数的变化。

在第二语言习得研究方面有不同的流派，概括起来有三种：第一种是先天论者，第二种是环境论者，第三种是互动论者。对于第二语言习得研究者在理论上的各种探索我们都表示由衷的钦佩，然而我们在这里不准备完整地介绍他们的理论，不管是第二语言"监测理论"（Krashen，1978；1979）还是"中介语理论"（Selinker，1969；1972）都不是我们介绍的重点，尽管这些理论在第二语言习得领域都占有重要地位。中国学者在汉语第二语言习得过程研究、偏误分析、中介语语料库研究方面做了很多探索（王建勤，2006；崔希亮等，2008；2010），但这也不是本书的重点所在，有兴趣的读者可以去看这方面的专门著作。我们在这一章里主要讨论与语言学习相关的一些基本问题。

第一节　第一语言和第二语言

语言学习（language learning）包括第一语言的学习和第二语言的学习。**儿童出生以后开始接触（也许婴儿在母腹中就已经开始）、学习和使用的语言我们称之为第一语言**，一般来说，第一语言就是父母亲的语言，如果父母亲使用不同的语言，那么孩子的第一语言有可能不止一种。**在第一语言之后接触、学习和使用的语言我们称之为第二语言**，第二语言也可以不止一种。第一语言和第二语言的名称只是表明语言习得的顺序，与民族、国家、祖籍国等概念无关。关于"母语"这个概念，在学术界是个所指不确定的名词（李宇明，2010，pp.20-39），一般情况下我们把第一语言与母语当作同一个概念，例如《现代汉语词典（第6

[1] 除非必要本书对语言学习和语言习得不做区分。

版）》第 921 页对“母语”的解释是：

> ① 一个人最初学会的一种语言，在一般情况下是本民族的标准语或某一种方言。② 有些语言是从一个语言演变出来的，那些共同的来源，就是这些语言的母语。

这里的“母语”一词有两个义项，第一个义项就是我们所说的第一语言。第一语言在一般情况下就是母语，但不一定是本民族的标准语或方言。例如一对夫妻，丈夫是德国人，母亲是中国人，孩子在美国出生、成长，在家里父母交流使用英语，孩子的第一语言也是英语，我们不禁要问：孩子的本民族标准语或方言是什么？我们甚至无法确定孩子到底属于什么民族。我们使用第一语言这个概念的时候没有任何感情色彩，但是当我们说到母语的时候却赋予了这个词以特殊的意涵。英语的 mother tongue 也有特别的感情意义。“母”是孕育者，母语、母校、母舰、母港、母带等，都是一种隐喻构词，因为“母亲”在这里被当作认知源域，因此这些词都取得了“母亲”的词汇色彩。在日常生活中，我们经常把“母语”与“外语”作为一对对立的概念来对待，母语只有一种，外语可以有很多种。外语与第二语言不是一个概念，外语是外国人或者外族人的语言，而第二语言可能是外语，也可能是本族语。例如一个生长在美国的华人子弟，他的第一语言是英语，他的第二语言是汉语，对他来说如果认为汉语是外语，从感情上来说是很难接受的。所以，第一语言与第二语言的概念是中性的，可以作为学术术语赋予它们特定的内涵，而母语（mother tongue）和外语（foreign languages）这一对概念是有感情色彩的，不适合作为学术术语。

第一语言的学习是一个自然的过程，有时为了区别于有目的有计划的语言学习，这种自然获得语言能力的过程称作“语言习得”（language acquisition）。关于“学习”和“习得”这两个概念，本来是很清楚的，儿童学会第一语言的过程叫作“习得”，学习第二语言的行为叫作“学习”，不过现在第二语言学习的过程也被称作“第二语言习得”（孙德坤，1989）。语言习得的过程是一个不知不觉的过程，一旦学会了就会“得鱼忘筌”，如果你去问一个人怎么学会的第一语言，他往往会很茫然。第二语言的学习是一种有目的有计划的学习行为，一般不是自然习得过程。之所以说“一般不是”，是因为有的时候第二语言也可能是在自然环境下不经意中获得的，例如一个香港儿童第一语言是粤语，由菲律宾佣人从小带大，英语成了他的第二语言，而这个第二语言的获得不是有计划学习的过程，可以说是自然获得的，“得来全不费工夫”。第二语言学习的过程包括语言输入、语言输出两个阶段，其中包括了对目的语的认知、克服第一语言的负迁移作用、排除环境干扰、克服文化冲突、形成中介语、实现学习目标等环节。语言学习的方式多种多样，有自然环境下的语言学习，例如在家庭、酒吧、工作场所、市场、社区等场所，没有专门的老师和课程，第一语言的学习几乎都是这样开始的，第二语言的学习也有这种方式，但是比较少见；也有课堂环境下的语言学习，例如在中小学、大学、专门的语言学校、培训班等场所，这种学习有学习计划、有教师、有教材，有语言学习的辅助材料等，第一语言的学习到了学校阶段都会专门设有语文课程，主要学习书面语和与之相关的修辞、写作、阅读等，第二语言的学习更是离不开学校、教师、教材等必要条件。第一语言的学习者到了学校学习阶段已经具备了听说能力，学校的任务是使学习者的语言能力上升到一个更高的阶段，讲究修辞、语言运用得体、能写出通顺的文章、讲究语篇的逻辑性和条理性、层次性、用词典雅。而第二语言的学习者有可能是零起点的，要从最基本的语言能力学起。第二语言的学习大多数是语言输入驱动的学习和加工过程（input-driven language learning and processing），这与自然获得第一语言的过程很不一样（Harrington & Dennis，2002），第一语言的学习者除了少数有语言障碍的儿童之外，1~1.5 岁的儿童已经能够掌握第一语言的语音、基本结构和常用词汇、常用句式，4~5 岁的儿童已经能够很熟练地运用第一语言，学习者的学习过程是无意识的。孩子学习第一语言不会感到困难，即使是学习那些世界上被公认为“非常难学”的语言，在第一语言学习者那里都根本不是问题，学习过程是“轻松加愉快”的。可是到了第二语言学习者那里，语言学习会出现很多障碍。语言输入和语言输出过程都有很多干扰因素（见图 7–1）：

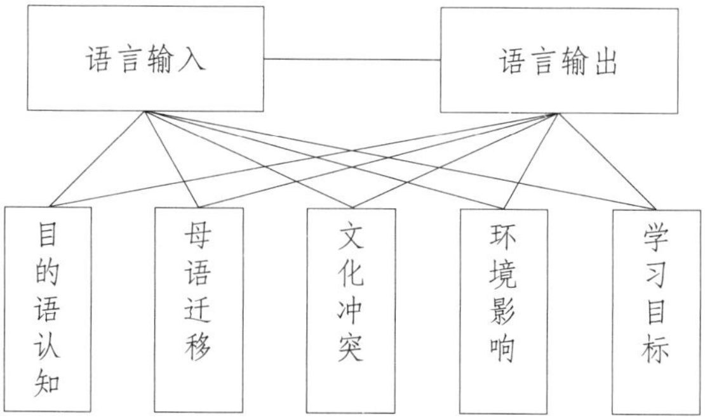

图 7–1

对目的语的认知会影响第二语言学习者的学习策略和成绩。对于印欧语背景的学习者来说，汉语、阿拉伯语被认为是十分难学的语言，因为汉语和阿拉伯语与印欧语系的语言没有亲缘关系，尤其是汉语，与印欧语系的语言在形态类型学方面的差异很大，加之汉语的书写系统不是字母文字，这对于从小学会了字母文字的学习者来说是一个非常大的心理压力。当他们得知汉字需要一个一个地学习的时候简直就要崩溃了。好在，汉语拼音可以作为他们的帮手，因为对他们来说汉语拼音是比较容易掌握的。字母文字、拼音方式在他们的认知系统中已经固化了，因此当他们遇到汉字的时候会觉得无所适从。汉字的难度影响了学习者对汉语的认知。实际上汉语并不比其他语言难学。

第一语言的迁移作用对于学习者来说也是不可忽视的因素。第一语言的语音系统、语法结构、词汇系统已经在他们的头脑中建立起联系，并深深地打上烙印：第一语言的音位已经占据了特定的位置，第一语言的语法手段已经内化为他们的思维习惯，第一语言的词汇已经在心理词典中与一定的语音规则、词汇规则紧紧地联系在一起，因此，当一种新的语言出现在眼前的时候，第一语言的影响是无法回避的。学习一门新的语言往往会有一个文化冲突期。

文化冲突（cultural shock）是指不同的语言文化在接触的过程中产生的对抗和竞争状态，在第二语言学习过程中这是一种常见的现象。产生文化冲突的原因是价值取向、行为准则、心理接受能力、思维定式的差异等。

环境是语言学习的重要参数，在第二语言习得研究中有三种理论假说：一种是第二语言习得先天性理论（nativist theories of SLA），一种是外在环境作用理论（environmental theories of SLA），一种是内在习得机制与外在环境互动理论（interactivist theories of SLA）（Larsen-Freeman & Long，1991/2000）。在这三种理论中，有两种都强调了环境的作用。语言环境对于第二语言学习者来说是相当重要的，目的语环境有利于学习者尽快融入，但是如何克服文化冲突、克服环境阻力、减轻异质文化环境带来的焦虑是一个相当重要的课题。

学习目标是学习者制定计划时必须考虑在内的问题，因为学习目标与学习的动机有关，学习动机影响学习的动力。有明确的学习目标和没有明确的学习目标结果很不一样，有目的的语言学习，尤其是第二语言学习必须有明确的目标和清晰的路线图，这样才能百折不挠地坚持到底，最终实现自己的目标。

第二节 语言学习的动机

学习动机涉及三个方面的内容：一是学习目的（goal），二是情感因素（emotion），三是学习动力（motivation）。这三个因素实际上是互相关联的，学习目的和情感因素都会对学习动力产生影响。语言学习动机是学习者的因素，学习动机不同，其学习的结果可能差异非常之大。

学习语言的目的是千差万别的，第一语言的学习是生存的需要：交际的需要、融入群体的需要、工作的需要、个人荣誉的需要等都与生存密切相关，因此可以说是无为而无所不为的。第二语言的学习则不一定是生存需要，可能是因为兴趣（为了求知），可能是因为移民（为了融入新环境），可能是因为考试（为了取得好成绩、为了升学、升职或者为了证书），可能是因为工作需要（为了更顺利地与工作伙伴沟通或者阅读相关的文献），可能是因为婚姻（为了听懂配偶和配偶家人的语言），可能是因为偶然的机遇（比如多语环境带来的便利）等，不一而足，因此这种学习不是无所不为的，学习者常常是有选择性的，比如有人只学口语，有人只学书面语。这些目的会影响学习的动力。“兴趣是最好的老师”，“好之者不如乐之者”，真正对语言有兴趣的人学习第二语言的目的最纯粹，他完全是自愿的、自主的，为了求知、为了开阔视野、为了别处的风景，这一类学习者可以乐此不疲。我们可以说这种学习目的是非功利性的。而为了融入新环境、为了升学、为了升职、为了工作等学习第二语言的目的都是功利性的，都有不得已而为之的因素在内。

关于情感因素，我们发现学习者对目的语的好感程度会影响学习动力和学习成绩。道理很简单，对目的语好感度高自然会拉升学习热情，反之，对目的语好感度低自然会使得学习热情受到负面影响。情感因素很复杂，这里边有历史的原因，也有现实的原因，还有文化认同的原因。中国人学习英语的动力大于法国人学习英语的动力，因为中国人对英语和英语文化的认同程度高过法国人，而法国人对自己的语言有强烈的感情。在加拿大的法语区人们学习英语的动力明显不足，因为他们认为法语是世界上最优美的语言。在法国，如果你跟当地人说法语，你会得到非常热情的对待，如果你贸然地跟当地人说英语，有可能会遭到冷遇。这与英法两个国家、两个民族的历史恩怨有关，也与两个国家的现实状况有关，它们都是衰落中的大国，其国民对自己语言的感情与民族自尊联系在一起，语言学习已经不单纯是学习者自身的问题了。

关于学习动力，有人区别了两种不同的学习动力（Gardner，1960）：融入性的（integrative motivation）和工具性的（instrumental motivation）。所谓融入性的学习动力是指学习者为了融入目的语社会、渴望成为其中的一分子而产生的动力，学习者喜欢并欣赏目的语的语言和文化，所以学习的动力比较充足；所谓工具性的学习动力指的是学习者为了某种功利的目的而学习目的语，学习者把目的语看作是一种有用的工具，学会掌握这种工具可以给自己带来实惠，如提高社会地位、提高经济收入等。融入性的动力比较持久、稳定，而工具性的动力常常是短时间的、波动的。语言学习能否成功在很大程度上取决于学习的动力，持久稳定的动力自然好过短时波动的动力。在语言学习的过程中，会在某个阶段遇到"动力消减"或者"去动力化"（de-motivation）的问题。因此，如何保持持之以恒的学习动力是学习者和教育者都关注的问题。

第三节　语言学习的方法

从教师的角度出发讨论教学法的著作很多，从学习者的角度讨论学习方法的著作不多。原因很简单：第一语言是在不知不觉中学会的，除了少数智力障碍或者生理障碍的儿童，人人都能"轻易地"掌握自己的母语。第二语言的学习尽管有很多困难，但是学习者各有各的方法，我们对学习者的认知过程知之甚少。

关于语言学习方法，成功的经验需要总结，失败的教训也需要吸取。我们应该研究学习者的学习能力、学习意志、学习策略、学习手段、认知规律等几个方面的问题。从研究方法上来说，不外乎内省法、直接观察法、问卷调查法、实验法等。

学习能力因人而异。我们应该承认不同的个体学习语言的能力是有差别的，有的人对语言很敏感，有的人则相对迟钝一些；有的人对某一种语言敏感，对另外的语言则比较迟钝；有的人对语音敏感，对句法比较迟钝；有的人正好相反，对句法敏感，对语音比较迟钝。每个人的先天资质是不同的，因此他们的语言学习能力是有差别的，这就是为什么同一起点的学习者在其他因素（教师、教材、环境、课程、努力程度、性别、年龄）稳定不变的情况下学习成绩会有很大差异的合理解释。在语言能力方面，我们还发现女性优于男性，年龄小者优于年龄大者，在双语环境或者多语环境中长大的学习者优于在单语环境中长大的学习者，性格外向型学习者优于内向型学习者，母语复杂的学习者优于母语简单的学习者。

学习意志也是一个非常重要的因素，如果没有持之以恒的精神就会半途而废。我们知道语言学习是有阶段性的，当然学习不同的语言其阶段性会有差异，但是我们自己的经验告诉我们：当我们学习一种语言到了一定的程度时，你会感觉进入了平台期，无论怎么努力都没有进步，甚至感觉自己在退步，这种感觉令人沮丧，也让一些意志不够坚强的学习者放弃了。如果我们了解了语言学习的阶段性，从方法上和策略上进行调整，就可以克服学习平台期带来的挫折感，从而进入一个新的境界。

学习策略是语言学习过程中不可回避的问题。总会有人问：学习语言有什么诀窍吗？为什么有的人学得那么快？为什么我做不到？语言学习没有捷径，但是针对不同的学习者可以采取不同的学习策略。“学习策略”这个术语在不同的学者那里意涵不同，我们采用 Rubin（1975：43）的定义：**学习策略指的是“学习者用以获取知识的技巧或机制”**。那么学习者有哪些获取语言知识和技能的技巧或者机制呢？我们见过母语为汉语的英语学习者，在记忆英语单词的时候一遍又一遍地书写，因为他们认为书写下来的符号才能记得住；还有一些人在英文单词后边注上汉语发音，他必须借助汉语的字符形式来记忆英语词汇的发音；还有一些人采取“熟读”的办法，在头脑中建立英语单词的语音形象；也有人用背诵词典的方法建立两种语言词汇间的对应关系。对于语法问题，有的学习者是通过阅读建立对目的语的语感来自然获得语法知识；有的学习者则通过与自己熟悉的语言进行对比来了解目的语的语法知识；有的学习者试图通过语法书来掌握目的语的语法；甚至有人用图解的方式把目的语的语法内容简明扼要地注解出来。应该说这些都属于语言学习的策略。另外，先语后文、先文后语、语文同步、先拼音后汉字、拼音与汉字同步等学习顺序也应该属于学习策略，只不过这是不同层面的问题。从什么年龄段开始学习第二语言、如何处理第一语言和第二语言的关系、以母语为媒介语言来学习目的语（例如在新加坡用英语为教学语言来学汉语）还是以目的语为媒介语言来学习（例如在北京学习汉语，媒介语言就是汉语）、在自己的母语环境中学还是到目的语的环境中学等也属于学习策略的问题，不过这又是更高层面的问题了。概括起来说，语言学习策略有三个层面的问题：微观层面是学习技巧，中观层面是学习次序，宏观层面是学习规划。图示如下：

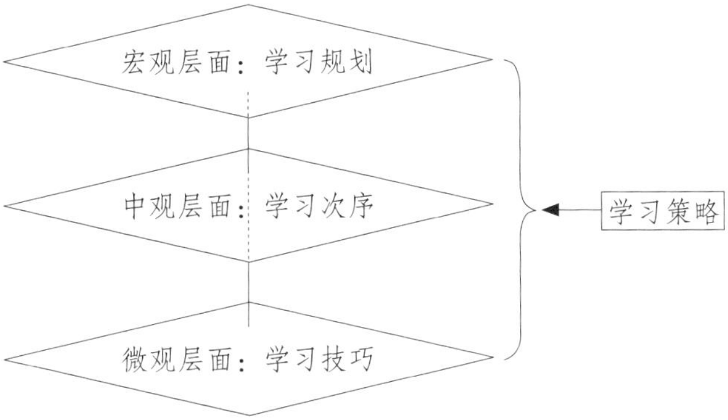

图 7–2

哪一种策略是最好的策略？恐怕不能统而言之，还要根据具体的情况进行综合分析：要考虑到学习者的个体差异、学习目标、外部条件、接受心理，并根据这些因素制定学习规划，决定学习次序，选择学习技巧。

学习手段也是语言学习过程中需要考虑的因素之一。通过正规的学校学习和业余学习选择的学习手段是有差别的。传统的学校学习手段都是依靠教师、教材、同学、黑板、粉笔、教学挂图等外在物来学习，现代教育技术的进步使得我们的学习手段大大地增加了，现在我们可以通过视频、音频、动漫、幻灯、PPT等技术手段进行语言输入，具体的媒介手段可以有电脑、iPad、智能手机、电视机、录音机、录像机、照相机、CD-ROM、光碟、互联网等，这些技术手段的出现改变了语言学习的方式，颠覆了很多语言学习的观念。电脑正音软件、网络课程、语料库、学习助手、翻译软件、语言游戏软件等多媒体学习软件的出现使得学习者可以在家里、旅途中、汽车上、办公室等场所随时随地进行语言学习。当然我们也应该对各种学习手段的效果进行评估，不能走极端。

认知规律是语言学习过程中最应该关注的问题之一。学习本身就是一种认知过程，语言输入、语言输出、记忆、音义匹配都涉及心理加工过程。我们认识事物的过程遵循一般规律：由浅入深、由表及里、由近及远、循序渐进。儿童语言习得、第二语言习得的许多研究成果渐渐地揭示了语言学习过程中的认知规律，如习得顺序、语言学习关键期、偏误分析、中介语现象、迁移作用、加工过程的泛化现象、语法规则的内化等。应该承认，关于语言学习的认知规律我们知道的还不是很多，这是一块有待开垦的处女地。从理论上说，我们知道语言学习的模型是很简单的（Goodluck，1991/2000，p.151），图示如下：

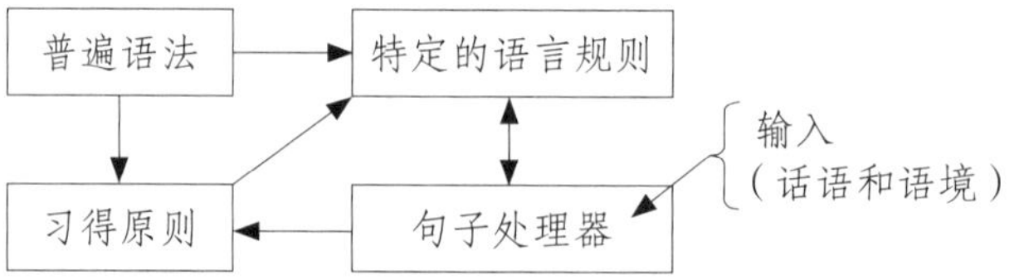

图 7–3

但是这只是一个语言学习的模型，普遍语法是否存在、以何种方式存在，如果存在，它在语言学习中如何起作用，都有待于进一步验证。习得原则只有在我们掌握了学习的认知规律以后才能清晰，对于特定语言规则的描写和总结也尚未达到完全充分的程度。比如汉语，有很多个为什么我们还不能回答，句子处理器的工作原理也需要实验数据的支持。内省的研究方法本身是有缺陷的，因此必须引入实验的研究方法，把语言学习与认知心理学、神经科学、脑科学的研究结合起来，不仅仅要通过研究语言障碍、失语症等途径来了解我们的语言机能，还要通过对正常人的语言能力的发展（儿童）和退化（老人）来认识语言学习的认知规律。

第四节　语言学习的环境

语言学习的环境因素特别重要。第一语言的学习是在自然的环境中进行的，婴儿也许在子宫里就已经开始熟悉母亲的声音，甚至熟悉家人的声音，出生以后直接暴露在一个安全的语言环境中，语言的学习与新生儿对外部世界的认识是同步进行的。这个语言环境可能是单一的语言环境，也可能是双语或多语的环境，这对于孩子将来第二语言的习得会产生巨大的影响。孩子出生以后，孩子的父母、亲人会跟孩子说话，这是有意识的语言输入，孩子对父母、亲人的语言开始有反应的时候他（她）会受到鼓励。父母会用孩子的语言（baby talk）跟孩子说话，这些都是第一语言学习的环境。等孩子进入幼儿园、小学、中学，孩子的语言学习环境渐渐地变得丰富多变，这时家庭环境的影响让位于幼儿园、小学、中学。不同的学习阶段、不同的语言环境对孩子语言能力的发展产生不同的影响，及长，进入大学、步入社会、从出生地迁徙至不同的地方，语言环境一变再变，一个人的语言能力也在这种变化中成长，他可能会变得南腔北调，他可能会忘记自己的母语或者母方言，但是随着年龄的增长，他的母语、母方言会渐渐地回归。这是一种很有趣的现象，我们发现有些人年龄越大，方言色彩越浓厚。

第二语言的学习环境与第一语言不同。第二语言学习的环境从大的方面可以分为自然环境和社会环境两种，其中的社会环境包含政治环境、经济环境、文化环境、人文历史环境等；从小的方面说就是狭义的语言环境，包括语言学习活动进行的场所、场合、时间、人群、媒体环境、母语环境或目的语环境、单语环境或多语环境等（如图 7–4）。

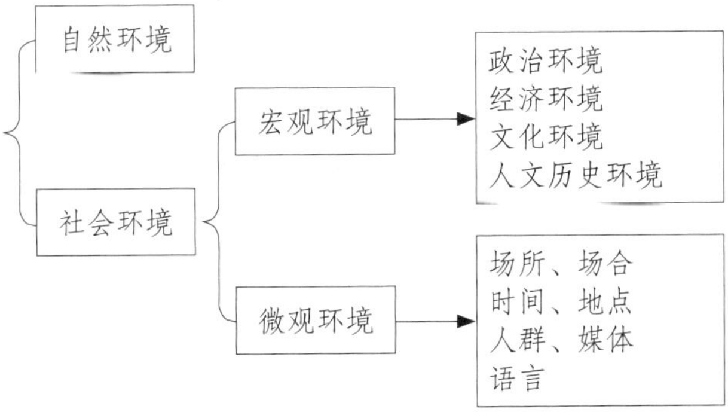

图 7–4

第二语言学习对自然环境的要求不是很高，但是如果自然环境优美、空气清新、气候宜人，学习者会感到心情舒畅、精神饱满，学习的动力、能量都会比较充足。第二语言学习的社会环境是非常关键的，比如目的语国家与自己的国家之间的关系、目的语国家的政治环境（包括稳定还是动乱、自由宽松还是专制压抑、意识形态的差异等)、目的语国家的经济发展状况(高速发展还是停滞、国际贸易是否活跃、与自己国家的经济联系等)、目的语国家的文化(文化状态、文化生态环境、文化氛围、文学艺术、文化多样性、与自己母文化的差异、科学技术发展水平等)、目的语国家的人文历史环境(历史故事、历史古迹、文明贡献、博物馆、风俗习惯等);社会环境的微观环境包括学习的场所(学校环境、公司环境、工作环境、酒吧环境等)、场合(课堂、聚会、酒会、法庭辩论、辩论会、展览、宗教活动、旅游、参观等)、时间(专门的学习时间还是业余时间)、地点(城市、乡村、标准语区、方言区等)、人群(老师、同学、同事、朋友等)、媒体(电视、网络、广播、报纸、杂志等)、语言(母语环境、目的语环境)。

不管是大环境还是小环境,对第二语言学习的影响都是明显的。这些影响有的是直接的,有的是潜移默化的。例如中日两国关系紧张的时候,学习汉语的日本学习者和学习日语的汉语学习者在学习动力方面都会受到负面影响,这种影响是直接的;而人文历史环境对学习者的影响就是潜移默化的。假如说一个学习者内在的禀赋是不变的,而外在的环境则是千变万化的,这些外在环境会直接影响到学习者的态度、情感、兴趣、动力、思想倾向、价值观念、心理焦虑等学习方面的因素,从而影响学习成绩。语言学习的环境都是可变参数,如何控制好这些可变参数使之能够为语言学习助力,而不是给语言学习设置障碍,这是学习者、教师不可不察的。

第五节 语言学习的困难

对于第一语言学习者来说,如果不是有特别障碍者,如发音器官发育不全、口吃、聋哑、语言能力发育迟缓、口齿不清(大舌头),一般不会感觉到有什么困难,那些有语言障碍的人需要医生和语言治疗师提供专业的治疗,我们不去探讨这方面的问题。我们主要探讨第二语言学习中的困难,以期对学习者和语言教师有所启发。

第二语言学习有不同的情况，我们在这里所说的学习困难是一般性的问题，带有普遍性的问题。已经有论者提及第二语言学习的困难因素与社会文化环境、态度、动机、焦虑状态及年龄等因素相关（耿晓云，2007），也有人针对汉语二语教学，从教学难点入手来讨论一些具体的问题（戴庆厦、苗东霞，2008），从学习者的角度来说，这也是第二语言学习中的困难。我们所说的一般性的问题包括三个方面：一个方面是学习者自身（学习主体）的问题，一个是目的语（学习客体）的问题，还有一个是外部环境（学习条件）的问题。

1. 学习主体的困难

第二语言学习者通常是成年人，他们在学习中遇到的首要问题是第一语言的干扰问题。这时的学习者已经不是一块“白板”，他已经有了一套语言系统，这套语言系统已经成为他的“习惯”，当他需要表达思想感情的时候，首先出来的是自己的母语，要想转码为目的语需要一个艰难的过程。母语的迁移作用是很顽固的，例如汉语的语序是 SVO，阿尔泰语言的语序是 SOV，从小已经习得了阿尔泰语系任何一种语言的学习者在说汉语的时候宾语总是先跑出来，这种习惯已经固化。除了母语的干扰之外，学习者学过的其他第二语言的语法规则也会成为干扰源。

学习者遇到的第二个困难是心理问题。成年人不像孩子，他已经有了比较强烈的自尊心，很要面子，在学习第二语言的时候有心理负担（焦虑）。尤其是性格内向的学习者，不愿意在众人面前犯错。其实我们都应该知道，学习第二语言的时候没有人不犯错误，敢于犯错误才能学好。儿童学习语言的时候没有这样的心理压力。

2. 学习客体的困难

我们经常听到这样的说法：汉语很难学，阿拉伯语很难学，德语很难学，等等。这些说法都是学习者的主观感受。一种语言客观上是否难学很难评判，因为难学或者不难学取决于学习者。对于母语是印欧语系任何一种语言的学习者来说，汉语和阿拉伯语都比较难，因为汉语、阿拉伯语与学习者所熟悉的语言差别比较大；反过来也一样，母语为汉语的学习者也会觉得德语很难学。学习者所学的第二语言本身复杂程度的确有差别，例如汉语的语法比较简单，没有印欧语那样复杂的形态变化，没有性、数、格、时、体、态的语法范畴，以汉语为母语的人从来没有觉得这有什么奇怪，但是对于从小习惯了形态变化的学习者来说，会感觉到汉语的语法没有规则。德语的语法规则很复杂，以汉语为母语的人开始学习的时候会觉得很难，但是一旦掌握了这些规则，后边就会容易得多。每一种语言都有自己的特点，这些特点对于某些学习者来说可能就是难点。例如越南语的人称系统非常复杂，要根据对方的年龄、性别、与自己的关系、身份、地位等选择合适的人称代词，这种选择是很微妙的，对于第二语言学习者来说非常难于掌握。再比如日语有非常复杂的敬语系统，什么时候用、怎么用也是非常微妙的，非常不容易把握。汉语普通话的第二人称代词“您”在很多汉语方言中没有对应的形式，因此方言区的人学习普通话容易犯错。英语也没有第二人称的尊称形式，说英语的人学习普通话的“您”会泛用或者不用。北京话第三人称的敬称形式“您”对于很多外地人来说也不容易掌握。德语的动词要根据与之搭配的名词的性、人称、数及与时间有关的时、体等参数而改变词形，德语的介词要根据与之搭配的名词的格而改变词形，这些特点对于第二语言学习者来说都是很困难的。我们在记忆一个名词的时候必须同时记住这个名词的性：阳性、阴性、中性，而名词的性与客观世界中的事物往往没有直接的对应关系。从表达的角度来说，德语因为有了多重语法限制（例如句子成分的一致关系、性数格的标记、动词的形式变化、冠词的标记等），意义的表达和理解比较精确，歧义和模糊的空间比较小。语法的负荷大，意义的负荷就小。汉语不一样，语法的负荷小，但是意义的表达和理解就要依靠语言之外的知识。所以说语言是一个此消彼长的系统。“冬天能穿多少穿多少”和“夏天能穿多少穿多少”两个句子中的“能穿多少穿多少”形式一样，意义不同；“我差点儿没摔倒”和“我差点儿摔倒”两个句子，一个是否定句，一个是肯定句，形式不一样，所表达的意思却相同。看上去语法比较自由，却让学习者无所适从。

3. 学习条件的困难

学习条件的困难因人而异，没有普遍性，例如有的人没有时间，有的人没有机缘，有的人没有良师益友，有的人没有好的教材，不一而足。

总结一下，语言学习的困难可以分为三个层次，每个层次都有不同的因素（如图 7–5）。

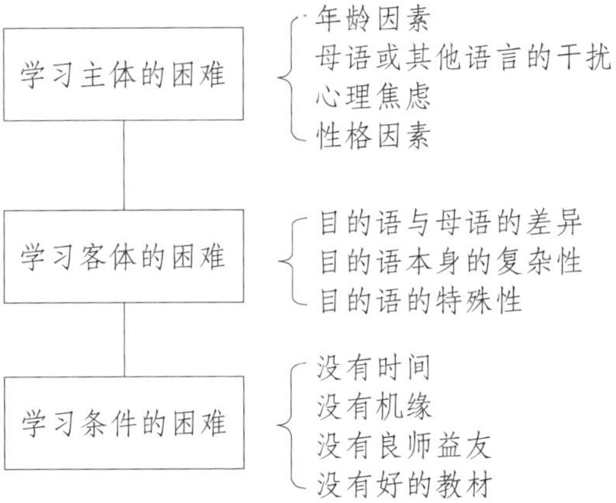

图 7–5

第六节　学习成绩的评估

语言学习的成绩评价在第二语言教学领域是一个大课题。对于学习者来说，非常希望能够在学习的不同阶段的到客观地评估。学习者自学也好，在课堂上学习也好，学习成绩反映的是第二语言学习进步的曲线。学习成绩的评估必须依靠语言测试的技术，而语言测试技术“大致可以分为两类，一类用来控制题目和测验的质量，另一类用来提高测验的效率”(张凯，2006，p.3)。语言测试技术是以某些心理测量理论为基础的，测验的原理、理论模型、区分度、误差、精度、信度、效度、测验方法、等值技术等问题都是需要理论支持和实验检验的 (张凯，2006)。学习成绩的评估是语言测试的一个角度，它包括语言水平测试和语言能力测试两个方面。成绩评估是从学习者的角度提出来的，测试是从教师的角度提出来的，这两个角度都是教育管理者关心的问题。评估是目的，测试是手段。

1. 成绩评估是学习过程中一个重要环节

学习成绩评估可以反映学习者在不同学习阶段的实际状况，它既是对学习者的动态监测，也是对学习者的实时诊断，通过评估发现问题，对症下药。我们以来华留学生的汉语学习过程为例：留学生进入学校以后要按照不同的语言程度进行分班考试，如何准确地评估学生的学习能力、语言水平、语言能力是一项非常重要的任务。进入班级以后，经过一段时间的学习，学习者之间的差距出现了，如何适时地对他们进行重新评估也是很有必要的，可以根据新的评估结果调整班级，重新编班。每一个学习单元结束之后都应该有一个学习成绩评估，学习者和教师都可以做到心中有数。

2. 成绩评估是教学研究的重要基础

学习成绩记录的是学习者的学习轨迹，教学研究者和教师可以通过学习成绩观察了解和把握学习者的问题，从而研究有针对性的教学对策。

3. 成绩评估有不同的方式

学习成绩的评估有不同的方式，可以通过教师的测验、口头测试来进行成绩评估，也可以通过专业的语言测试来了解学习的语言水平（如 HSK）或语言能力（如 C-Test）。语言测试机构研究开发了不同的语言测试工具，这些测试工具有的是通过计算机进行自我评估（裁缝式测试），这种评估是量体裁衣式的，可以在比较短的时间内比较准确地得出结果，有的是通过笔试答卷，根据不同的题型测试学习者的语言水平或语言能力，包括学习者的词汇、语法、语义、篇章，但是试卷很难测出学习者的口语水平，因此还可以有口语考试，由经过培训的主考官对学习者的口语进行主观评价。

4. 语言水平评价和语言能力评价

语言水平评价是一个很复杂的工作。语言水平包括语言知识、语言能力两个部分，语言知识指的是关于目的语的语音、语法、结构、篇章、语义、语用等方面的客观知识，语言能力指的是运用语言的能力，包括理解能力和表达能力，理解能力包括听的能力、阅读理解的能力，表达能力包括口头表达的能力和书面表达的能力。如何评定一个学习者的语言水平和语言能力呢？我们知道语言能力（competence）不同于语言表现（performance），不能直接观察，这是能力测试当中无法回避的难题。当然我们可以用一些客观试题来评估学习者的语言知识和理解能力，但是学习者的表达能力只能依靠主观评价，学习者的口头表达能力和书面表达能力可以设立客观的评价指标，但是评价者的主观因素无法完全避免。口语测试和作文测试项目都不太容易设定客观的标准。

5. 评估的有效性和可信性

成绩评估的有效性指的是所测的是学习者的语言水平和语言能力，而不是其他的水平和能力，但是语言水平和语言能力常常跟其他的因素相互纠缠，比如说一段阅读理解的文章，如果学习者具备关于这段文章的背景知识，理解的难度就会小得多，反之则会大得多，这不完全取决于学习者的语言水平。对于一个文科学生来说，一段核物理方面的阅读理解文章可能很难得高分，但是这不一定是他的真实语言水平，也就是说，对他来说评估的有效性比较差。可信性指的是评估结果的稳定性，如果一个学习者参加语言水平考试结果波动很大，那么只能说这个评估的可信性比较差。如何保证语言测试的有效性（效度）和可信性（信度）呢？语言测试专家通过等值、难度系数、测试长度等手段来控制。高质量的语言测试在测试设计、题库建设、等值水平和难度计算方面都做得很好。如果没有这些基础工作，很难保证测试的结果有效可信。

【思考题】

1. 第一语言学习与第二语言学习有什么区别？
2. 语言学习的动力来自哪里？是什么原因导致动力不足？
3. 你认为语言学习的策略有哪些？哪一种最有效？
4. 儿童语言能力的成长和老年人语言能力的退化对语言学习有什么启示？
5. 母语环境和目的语环境的语言学习有何分别？
6. 语言学习的困难是怎么产生的？如何克服？
7. 语言学习成绩的评估有哪些手段？语言水平和语言能力的评估有何分别？

第八章　语言教育

语言除了自然属性、社会属性和心理属性之外，还具有资源属性和情感属性。语言作为资源可以这样理解：第一层，语言的文化价值。语言是文化的载体，语言当中蕴含着丰富的文化内容，它们是非物质文化遗产，例如哲学、历史、文学、艺术、宗教等都依赖语言而得以保存和传播，都附丽于语言而得以存在和传承。第二层，语言的信息价值。语言也是信息的载体和媒介，信息本身就是资源，尤其是在大数据时代、信息爆炸的时代，信息的储存、分类、加工、索引、搜索、提取、利用都离不开语言。第三层，语言的科学价值。认知科学家对语言与大脑的关系非常感兴趣，语言的编码和解码、信息加工过程、语言在我们的大脑中是如何参与推理的、语言与大脑机制等问题都仍然是未解之谜，且每一种语言都有独特的研究价值。第四层，语言的经济价值。语言可以创造财富，很多国家的语言产业都发展得很快，尤其是英国、澳大利亚、加拿大、新西兰和美国，语言教育产业在国民经济中的贡献率是很可观的。语言的情感属性主要表现为人们对母语的热爱，对不同语言的亲近感不同，甚至会由于某种原因而憎恶一些语言。我们在这一章讨论语言教育问题不能脱离这样一个背景（李宇明，2005；徐大明，2007；陈章太，2008）。语言教育问题不仅仅是语言学的学术问题，它与政治、经济、文化、外交、军事、国家安全等许多重大战略问题相关。有人呼吁建立“语言教育学”对此问题进行专门的研究并培养专门人才（刘珣，1998；郭熙，2003）。从语言学习的角度，我们区分第一语言学习与第二语言学习；从语言教学的角度，我们也可以区分第一语言教学与第二语言教学；但是从语言教育的角度，我们应该重点关心母语教育与外语教育、现代语言教育与古代语言教育、语言知识教育与语言能力教育、语言教育与语言教学这样几个问题。

第一节　母语教育与外语教育

语言教育首先可以区分为母语教育和外语教育两类。这两种语言教育有很大的区别。母语教育主要是语文教育，其目标是提高学习者母语运用能力，这种能力包括阅读能力、理解能力、表达能力、人际交往能力、写作能力，甚至包括书写能力。而外语教育主要是语言训练，要训练学习者听说读写译的基本技能。语文教育是在儿童基本掌握了母语语言交际能力之后开始的，而学习外语一般是从零起点开始。语文教育的年龄段在6~18岁之间，而外语教育通常要晚一些。我们知道学习一门语言的最佳年龄段是在12岁之前，外语教育如果从大学阶段才开始，就会错过语言关键期。我们已经知道成人学习外语所付出的代价是极其高昂的，时间成本、金钱成本、机会成本都很高。

儿童进入学校之前所受的语言教育基本上是口语教育，他的教育环境就是家庭和幼儿园，在此期间他已经掌握了母语的语音系统、词汇系统和语法规则，他也学会了基本的语用原则，例如礼貌原则，尽管对于这些他是意识不到的。入学之后开始学习书面语。人们对一个人语文能力的评价大部分是评价他的书面语能力。中国的母语教育是“自识字始”，识字以后才能阅读，所以上学又称为“念书”；母语采用拼音文字的国家其母语教育是从学习字母和拼写开始的，同时学习语法，这就是为什么英国的学校称作 grammar school。中国传统的语文教育基本上是诵读、背诵，私塾里的老师有时也会做一些讲解，但大部分时间不是老师讲，而是学生念书、背书，这种教育有一个理念就是“书读百遍，其义自见”。这种教育方式与现代教育的理念相差甚远，然而它在某些方面是很成功的。新式学堂建立以后，这种塾师式的语文教育消失了，人们的语文能力似乎并未提高，反而退步了。这是为什么？所以对于传统的语文教育方式，我们也有反思的必要。现代的语文教育走入一个误区：就是教给学生很多语文知识，而这些语文知识对于提高学习者的语文能力可以说是没有多少帮助的。

外语教育与母语教育的目标与方法都不同。外语教育的目标是要掌握一门第二语言，这要先从学习听说开始，然后才是阅读、理解、翻译、写作等技能。孩子学会母语几乎是本能的、不费力气的，而学习外语则是目的性很明确而且需要花费力气的。孩子学习母语可以不必“理会”语法，但是学习外语不能不“理会”语法。因为要学习外语的语法，学习者才开始意识到自己母语的语法问题，并且对这两种语言进行对比。很多国家的外语教育都是从儿童开始的，有的成功，有的不怎么成功，应该研究一些成功的案例和失败的案例，从中寻找外语教育的最佳时机。有人担心孩子学习外语会影响母语的发展，现在看来这种担心是不必要的。孩子自己可以很清楚地区分母语和外语，不会搞混。成年以后的外语教育通常是从 18 岁以后开始的，这时学习者的第一语言已经非常成熟，且开始固化，因此第一语言对于他学习外语的干扰作用无时无刻不在。这种迁移作用要伴随他的一生。我们见过一些成年以后开始学习外语的成功案例，但是无论如何，他不能像运用母语那样得心应手，他的口音、语序、交际策略很难完全摆脱母语的影响。大部分成年语言学习者并不成功，有的人学习很多年外语仍然不能顺利地进行交流，更不要说达到第一语言的水平了。

尽管母语教育与外语教育有很大的不同，然而我们发现，外语教育与母语教育关系密切。外语学得好不好往往跟母语学得好不好有很大的关联性。或者可以这样说：母语的高度决定了你学习外语的高度。母语教育的方式会直接影响到外语教育的方式。教育管理机构、语言规划机构、学校、教育工作者、学习者都应该关注外语教育的问题，既不能让外语教育冲击了母语教育，又不能排斥外语教育。我们应该重视以下几个方面的问题：

1. 外语教育应该从儿童时期开始，但是要平衡外语教育与其他学科的关系，在升学压力巨大的情况下不应过分强调外语的重要性；

2. 外语教育可以选择一些学校从学龄儿童开始有计划地进行，而不是全民动员，大家都学外语；

3. 外语教育的语种不能太单一，应该选择一些有代表性的、有重要战略价值的语言，从小开始学起，培养专门的外语人才。美国的“K-12 计划”就是这样做的，他们把汉语、朝鲜语、俄语和阿拉伯语列为关键语言，从幼儿园开始进行这些语言的外语教育，其战略目的是十分清楚的；

4. 大学的外语教育在语种布局上应该有所侧重，既要考虑到一些影响大的语种，也要考虑到一些生僻的语种，在这方面国家要有特别的投入；

5. 外语教育的教学模式和教学法应该根据学习者的情况因材施教。

第二节　现代语言教育与古代语言教育

我们生活在现代，自然要学习现代的语言，包括母语和外语。然而现代实际上只是时间链条上的一个节点，现代只是古代的延续，现代语言是从古代语言演变而来，我们要阅读古籍、理解经典、与古人对坐，不能不学习古代语言。在我们国家，古代语言的教育就是指以古代汉语、古代蒙古语、古代藏语、古代满语等有文献的语言为对象的语言教育。以汉语为例，现代汉语是从古代汉语演变而来的，现代汉语的语音、词汇、语法、文字都与古代汉语息息相关，尽管我们承认现代汉语与古代汉语的差异是相当大的。中国传统的语文教育就是直接阅读古典，四书五经用的都是古代语言，私塾教育就是古代语言教育，八股文写作也是写文言文。在中国，学习人文、历史、宗教、艺术的人不能不接受古代语言教育。在欧洲，古代语言教育就是古拉丁语、古希腊语的教育，现代欧洲语言与古拉丁语、古希腊语血脉相连，英语、法语、德语、俄语、意大利语、西班牙语等现代语言的词汇系统中有很多来自于古希腊语、古拉丁语。在欧洲，学习人文、历史、艺术、宗教的人也必须接受古代语言教育，除了古拉丁语、古希腊语之外，有时还要学习古代梵语。

伴随着全球化时代的到来，人口的流动规模空前增加，流动的速度空前迅捷，世界各民族之间的交往出现前所未有的局面，人们学习外语的热情空前高涨，这也为现代语言教育提供了发展机遇。语言教育机构如雨后春笋，官办的如德国的歌德学院、俄罗斯的普希金学院、法国的法语联盟、西班牙的塞万提斯学院、英国的不列颠文化委员会、中国的孔子学院等，民办的如新东方、新航道、新概念、地球村等，还有一些专门从事现代语言教育的高等院校，如法国的巴黎东方语言学院、日本的东京外国语大学、韩国的韩国外国语大学、巴基斯坦的国立现代语言大学、中国的北京外国语大学、北京语言大学等，很多国家的现代语言教育机构设在高等学校的专门学院。以上这些现代语言教育机构都是以外语教育为主的，而本国语言的教育则设在综合性大学的相关院系，例如中国大学的中国语言文学系、英美大学的英语语言文学系等。但是各个大学的“语言文学系”往往更重视文学教育，忽视了语言教育，即使有语言教育的课程，也只是语言知识的教育，或者是语文教育的继续教育（如大学语文）。现代语言教育应该包括以下几个方面的内容：

第一，语言国情教育。无论我们学习自己的母语还是外语，都要了解这种语言的国情。我们要了解国家的语言状况，包括语言的种类、分布、人口、历史、现状、文献资料、民族、语言之间的关系等。了解语言国情可以帮助学习者对母语或者目的语建立起一个宏观的背景，这对于学好自己的母语或者学好一门外语是很有必要的。

第二，母语或母方言教育。现代语言教育包括母语教育或者母方言的教育。学校所提供的母语教育都是标准语的教育，很少涉及方言，因为标准语使用范围广，方言使用范围小，尤其是方言之下的次方言或者土话，适用范围更小，社会对方言的态度显然不是特别推崇，这就导致方言会慢慢消亡。在一个社会群体中，如果某几个方言势均力敌，那么方言之间的竞争就是不可避免的了。西班牙各个方言之间的竞争就是一个例子。汉语的八大方言当中，北方方言占据绝对优势地位，无论是使用人口还是地域分布都是其他方言无法抗衡的，因此“以北京语音为标准音，以北方话为基础方言，以典范的现代白话文著作为语法规范”的普通话作为民族共同语实际上是历史的选择。但是每个方言都有自己的独特价值，在推广民族共同语的同时也要保护方言和方言文化。

第三，外语教育。在一个开放的社会里如果不学习一种外语是很难适应社会生存需要的，因此外语教育是现代语言教育当中越来越重要的内容。人们总是选择那些影响广泛、适用范围大的语言作为目的语，当今社会影响最为广泛的语言就是英语，因此英语教育在许多地方几乎就是外语教育的全部。其实除了英语之外，西班牙语、法语、阿拉伯语、汉语都是重要的语言，近年来学习西班牙语和汉语的人越来越多。汉语作为外语的教育在欧洲有悠久的历史，但是传统的汉语教学重视汉学，对语言的重视程度不高，有些汉学家可以阅读经典，但是口头交际和现代书面语写作都有困难，现代外语教育改变了这种状况。现在的欧洲、北美、东北亚、东南亚、非洲、中亚、澳洲、南美洲都开始重视汉语作为外语的教育，这自然与中国的国际地位有关，也与外语教育观念的变化有关。而中国的外语教育从单一的俄语教育转变为单一的英语教育，现在也开始重视其他语言的外语教育，除了法语、西班牙语、阿拉伯语、俄语、德语、日语、韩语之外，中国人开始学习其他一些非通用语言，如非洲的斯瓦希里语、祖鲁语，东南亚的泰语、越南语、马来语、僧伽罗语，南亚的印地语、乌尔都语，中亚、西亚的哈萨克语、土耳其语等。

第四，语言知识教育。现代语言教育还应该包括语言知识教育，语言知识包括对语言的认识、对语言发展变化规律的认识、对语言社会生活的认识和对语言多样性的认识。对语言的认识指的是对语言符号属性、工具属性、资源属性、情感属性、认知属性的认识；对语言发展变化规律的认识可以让我们在古代语言与现代语言之间搭建一座桥梁，沟通古今，认识古今之变，让我们知道“时有古今，地有南北，字有更革，音有转移，亦势所必至”[1]；对语言社会生活的认识指的是对语言社会生活当中一些现象的认识，诸如当代中国语言社会生活中的字母词的问题、网络词语的问题、外来语的问题、方言的问题、民族语言的问题、移民语言的问题等，如何认识这些问题会影响我们对这些现象的态度，过分强调语言的纯洁性会让语言的发展变化失去活力，过分宽容语言的变异会使社会语言生活失去规范，如何掌握这个尺度对于制定语言政策的人来说是很困难的；对语言多样性的认识可以让我们知道世界之大无奇不有，要正确认识和理解语言的多样性，要知道每一种语言都有自己的逻辑，都有自己的表达方式和语法手段，知道这些可以避免少见多怪，也可以为我们打开不同的文明窗口。语言多样性与文化多样性、生物多样性一样重要，这是保持这个星球繁荣昌盛的必要条件。

现代语言教育在当今世界呈现出以下一些特征：

1. 个人和社会都高度重视。当今世界是个快速变化的世界，交通工具的进步、通信工具的革命、互联网的发明使得国家疆域的概念在不断弱化，地球村的概念在形成，不同地域之间的人们彼此交往需要语言作为媒介，因此语言教育，尤其是外语教育，得到了个人和社会的高度重视。

2. 教学模式和教学法花样翻新。语言教育的教学模式在不断变化，尤其是外

1 引自明代学者陈第《毛诗古音考序》。

语教学，产生了各种各样的教学理念，建立了各种各样的教学模式，教学法也是百花齐放。语言教育工作者在探索语言教学的最佳途径和最有效的方法，“顿悟”式的速成教育与快餐文化一道风行一时，“包打天下”式的教学口号语言与广告语言难分伯仲。

3. 现代教育技术的广泛应用。多媒体技术的出现为现代语言教育提供了新的技术手段，会说话的教材、会动的图画、网络课程、计算机辅助教学手段给学习者带来了便利，也给教师带来了挑战。

古代语言教育与现代语言教育有很大的不同。古代语言都是已经死去的语言，它们在口语中已经消失了，但是它们仍然活在文献和典籍中，它们是现代语言的祖先，古代语言的词汇有很多仍然活在现代语言当中，因此古代语言教育也是语言教育领域一个非常重要的内容。古代语言教育的目的不仅仅是为了读懂古书，我们的现代语文修养有很大一部分来自于我们对古代典籍的阅读和理解，我们要从古代语言中汲取营养。中国学者所推崇的“博古通今”是一个很高的境界。言必称希腊、言必称秦汉孔孟是一种厚古薄今的态度，是应该反对的，高考作文用文言文的做法也是不可取的，尤其是上古汉语的表达方式更不可取，这除了是一种炫耀古文修养之外，不能证明现代语文能力；当然我们也不能完全不读经典，古代语言留下来的典籍都是精华，是经过时光淘洗的。古代语言教育内容应该包括以下几个方面：

1. 熟读并背诵一些经典名篇。我们对古代的语言没有语感，因此学习古代的语言是需要背诵的，尤其是一些经典传世作品，其语言之精炼已经达到了极高的水平，背诵可以让学习者感受到古代语言的节奏和韵律，熟悉古代语言的语法结构和表达方式，让它们变成我们语言能力的一部分。

2. 学习古代文史知识。学习语言不仅仅是学习语言本身，如果不了解古代文史知识是学不好古代语言的。古代的社会生活、典章制度、风俗习惯、天文历法、诗词歌赋、修辞风格、文体类型、语用原则与现代语言都有差异，熟读和背诵不能解决语言之外的困惑。

3. 拓展阅读各类典籍。对于一般的学习者来说，学习背诵一些经典古文也就足够了，但是如果要深入学习古代语言，还应该进行拓展阅读。例如学习古代汉语，除了四书五经之外，经史子集，甚至说部，都要有所涉猎。学无止境，学贯中西不容易做到，真正精通一种古代语言就更不容易做到了。对于那些以古典文献、古代史、古文字和考古学为专业的学习者来说，除了传世文献之外，还要阅读出土文献，因此对于古代文字也要有识读能力。与此相应地，音韵、训诂、文字等考据之学也是古代语言教育题中应有之义。

4. 把古代语言与现代语言结合起来。学习古代语言可以提高现代语文能力，这是毫无疑问的。学习古代语言要与现代语言结合起来，打破古今语言的藩篱，让古代语言中的精华在现代语言中发扬光大。

世界上的古代语言很多，有一些已经几乎没有人懂得，有些已经湮没无闻，只有那些与现代语文血脉相通的古代语言才有可能进入语言教育体系，如古代梵语、古代拉丁语、古代波斯语；而那些已经死亡了的且无人继承的语言则很难得到人们关注，比如古代埃及语言、古代吐火罗语、古代西夏语、古代鲜卑语等。语言的命运与国家的命运、民族的命运是一种共生的关系，国家兴、民族兴则语言兴，国家亡、民族亡则语言亡。

第三节　语言知识教育与语言能力教育

语言教育包括语言知识的传授和语言能力的培养两个层次。知识具有可传承的特性，可以系统地传授给学习者；能力则必须通过训练才能获取，受教育者个体差异很大。语言知识和语言能力不具有正相关关系，语言知识多，不见得语言能力就会强。如何恰当处理语言知识的传授和语言能力的养成是语言教育领域值得关注的课题。

现代语言教育主要应该注重能力的培养，语言知识只是我们提高语言能力的助力和手段，而不是目的，不能把助力和手段当作目的。以考试为导向的语言教育很容易把语言知识作为衡量学习者语言水平的标杆，因为语言知识有客观的标准，容易出题，容易评价，但是我要说的是，语言知识再好，考试成绩再高，仍然不能保证学习者的语言能力，不能避免出现高分低能现象。语言应试能力和实际的语言能力是两码事。

什么是语言知识呢？“语言知识就是语言学各个分支学科的理论知识，主要是语音学、词汇学、语法学、文章学、修辞学的理论知识，例如什么是双唇音、塞擦音，什么是同义词、反义词，什么是偏正短语、递进复句，什么是起、承、转、合、领句、过渡句，什么是明喻、隐喻，等等”（胡明扬，2007）。这些语言知识在语言教育中自然有用，但是这些知识对于语言能力的提高没有多少实际的帮助。小孩子学习自己的母语更不必在语言知识上花费太多的心思，因为纸上得来终觉浅，实际的语言应用能力还得在实践中培养。这就好比是你在书本上学了很多关于如何游泳的知识，可是到了水里还是不会游泳是一个道理。什么是语言能力呢？“语言能力自然指的是实际的说、听、读、写的能力”（胡明扬，2007）。我们也可以说语言能力就是语言理解能力和语言表达能力，理解能力包括听的能力、阅读的能力、获取意义的能力、分析加工的能力、概括的能力等，表达能力包括说的能力、写的能力，其中说的能力还可以细分为陈述（比如复述故事情节）、讲解（比如解释航天飞机的工作原理）、演讲（比如就一个主题发表看法，可以是独白，也可以有互动）、辩论（比如议会辩论）、对谈（比如面对面地谈话，有话轮转换）等下位概念，写的能力还可以细分为不同问题的写作能力。有的人会写博士论文，但是不一定会写公函，因为写论文的能力与写公函的能力不同；有的人会写公函，但是不一定会写对联、写诗歌，因为这也是两种不同的写作能力。传统的语文教育还要培养学习者的文字书写能力，我们常说“字是人们的脸面”，“字如其人”，字写不好也是一种能力缺失，在科举考试中有可能因为字写得不好而名落孙山。中国人和阿拉伯人都有书法艺术，把书写上升到书法艺术的高度在中国有悠久的历史，因为汉字一直传承到今天，我们所使用的书写系统还是老祖宗留下来的。日本把书法称之为“书道”，韩国把书法称之为“书艺”，它们都是小众的技能，而书法之于中国则应该是大众的技能。

近年来我们的母语教育和外语教育都有重知识、轻能力的倾向，“什么是主语”“什么是虚拟语态”“什么是反义词”“什么是过去完成时”“什么是复句”这些问题困扰着许多学习者，即使知道什么是虚拟语态也不见得会正确地运用虚拟语态，语言知识对于语言学家或者语言研究者来说是必须要把概念搞清楚的，而对于语言学习者来说会用才是王道。以考试为导向的语言知识的教育如果推向极致真的会“误尽天下苍生”，导致语言能力“大幅滑坡”。

要培养学习者的语言能力一定要改变现有的考试方式，因为考试是指挥棒，它会引导学习者不断提高应试能力。知识是可以死记硬背的，学习语言必要的死记硬背是需要的，但是应该有度，语言测试中的语言知识点不宜过多。当然，对于语言测试来说，语言知识的测量相对来说要容易得多，语言能力的测量比较困难。语言能力的养成非一日之功，死记硬背解决不了问题，只有实际操练、真实场景演练才是提高语言能力的正途，因为语言是活的，学会随机应变的能力才算真正学会了一门语言，才能做到得心应手，挥洒自如。语言知识是我们对语言结构规律的认识，语言能力是实际运用语言的能力，这两者并非绝对没有关系，掌握了语言结构的规律可以提高学习效率。我们要避免的是以语言知识的教育代替了语言能力的教育。

第四节　语言教育与语言教学

语言教育是一个宏观概念，它要解决的是为什么要学语言和学哪些语言的问题，而语言教育落实到具体的层面则体现为语言教学问题。语言教学是狭义的应用语言学要研究的问题。语言教学更多地涉及外语教学或者说第二语言教学问题，因为母语教育通常都属于语文教育的范畴，因此本节所讨论的语言教学问题主要针对第二语言教学。就语言教学而言，有五个问题是不能回避的：

1. 教什么？
2. 怎么教？
3. 怎么学？
4. 用什么手段？
5. 在哪里教？

语言教学首先要明确所教的内容是语言，所以教师对所教授的语言本体必须心里有数，包括这种语言的语音系统、词汇系统、语法系统、篇章结构、方言分布，甚至这种语言的历史、发展演变路径、特殊的语法手段、特殊的语用要求、与言语行为伴生的身体语言、语言中的禁忌、跟语言有关的风俗习惯等。如果教师对所教的语言本体问题不甚了了，那么在教学当中只能是“以其昏昏，使人昭昭”。我想这个道理是不言而喻的。

怎么教是教学法的问题。教学有法，但是法无定法，不能一法走遍天下，因为没有放之四海而皆准的教学法，教学法要根据所教授的语言的特点、教学对象的特点、教学环境、教学目标、教材特点、课型特点、教学技术手段的特点而随时变化，其中最重要的是所教语言的特点和教学对象的特点，要有针对性地选择教学法。目前在语言教学领域曾经流行和正在流行的教学法有很多种，例如翻译教学法、语法教学法、听说教学法、功能教学法、阅读教学法、任务型教学法、直接教学法、全身反应教学法、沉默教学法、启发式教学法（又称暗示法）、认知教学法、情景教学法等，每一种教学法都有其特定的理论背景和具体操作方法，我们很难评价哪一种教学法最好，因为语言教学的变量非常多，每一个变量的变化都会影响到教学的结果。所有的教学法最终都落在一个更重要的变量身上，那就是教师。没有好的教师什么教学法都不灵。好的教师懂得随机应变，懂得兵来将挡、水来土掩，懂得把十八般武艺融会贯通。

语言教学还应该关注学习者怎么学的问题。现在以学生为中心的教学理念越来越深入人心，然而我们对学生的了解还是太肤浅。学习者的心理焦虑、学习者的困惑、学习者学习动力的丧失、学习者的学习方法、学习者的自我暗示等都会影响到语言教学的效果。因此语言教学法、教材、教学语言的选用、教学计划的安排、教学内容的选择等都要考虑到学习者的感受。

语言教学的手段也是在不断发展变化的，一本书、一本词典、一张黑板加一支粉笔的时代已经结束了，取而代之的是投影屏幕和多媒体软件，学习者手里拿的是电子词典或者智能手机，有疑问不问老师，随时到百度或搜狗等搜索引擎那里去查一下，正确的、不正确的答案应有尽有。现代教育技术和互联网的发展改变了传统语言教学的样态，语言教学的手段显然在不断丰富。当然，传统的课堂教学依然存在，但是网络上出现的语言教学软件、网络教学平台或者微课程已经让学习者足不出户就可以学习语言。

教学环境也是语言教学的重要参数。母语环境和目的语环境对学习者的影响是不一样的，教学方法和教学效果也是不一样的。

“古之学者必有师”，语言教学最重要的要素是学习者和教师，没有学习者就没有教师存在的必要，因此学习者是语言教学得以存在的必要条件，但是语言教学的关键要素还是教师。当今社会语言学习者越来越多，但是接受过专业训练的教师显然不足。教师是语言教学成功与否的关键所在，因为教师的好坏决定了能否留住学习者，能否编出优秀的教材，能否正确地选择教学法，能否满足学习者求知的愿望为之答疑解惑。教师的培养是语言教学领域永恒的主题之一。什么样的语言教师是最好的语言教师呢？我想有以下几个因素可以参考：

1. 对所教的语言非常熟悉，既有语言知识又有语言能力；

2. 对学习者的心理非常熟悉，听得懂学生的问题，知己知彼；

3. 掌握几种教学法并能够根据教学对象的不同而变化；

4. 有良好的语言表达能力，尤其是能够用学习者听得懂的语言、语速与学生交流，并深入浅出地解释学生提出的问题；

5. 具有基本的学术敏感和研究能力，能够独立解决一些参考书上查不到的语言问题；

6. 有良好的组织能力和亲和力，能让课堂气氛活跃起来，能让学生在轻松愉快的氛围中学习；

7. 具有百科全书式的知识结构，可以帮助学生理解语言中的非语言问题；

8. 善于利用现代教育技术，并把新技术应用于教学实践；

9. 掌握 1~2 门外语，必要时可以进行语言对比。

语言教师是一种专门的职业，在语言教师的职业生涯规划中，专业精神和职业操守是非常重要的两个元素。文化热情也是语言教师的必备素质。语言教学与文化传播之间的关系是水乳交融的关系。毫无疑问，语言是文化的载体，教授一种语言同时也是在传播这种语言所负载的文化，学习一种语言也必须学习这种语言背后的文化（崔希亮，2014）。尽管如此，语言教育本身并不担负文化传播之责，文化传播是语言教育的必然副产品。没有哪种语言教育是与文化内容完全剥离的。例如你要讲“不到长城非好汉”就不能不讲“长城”的故事和“好汉”的内涵，你要讲“君子成人之美”就不能不讲什么是“君子”以及“君子”的文化价值，你要讲“远亲不如近邻”就不能不讲中国的社会结构和乡土文化。母语学习连带的目标就是对母语文化的认同，而外语学习连带的目标是对目的语文化的了解。因此语言教育自然而然地会涉及文化，语言走到哪里，文化就会走到哪里。

第五节　大数据时代的语言教育

云计算、物联网、社交网络等新兴服务技术的发展给我们的数据捕捉、挖掘、处理、管理和利用提出了新的课题。所谓大数据（big data）指的是超出我们日常处理能力的超大规模数据，它具有如下一些特征（孟小峰、慈祥，2013）：规模巨大（volume），复杂多样（variety），高速流动（velocity），潜藏价值（value）。大数据还具有交互性，数据之间可以互相建立联系，使看上去不相干的数据彼此之间有了关系。大数据时代改变了人们的思维方式和研究范式，大数据思维渗透到我们生活的各个方面，它对语言教育的影响也将是很深远的。

1. 大数据时代对语言教育的影响

大数据是一种现象，更是一种思维模式。语言教育涉及教师培养、教材编写、教学工具书编写、课程设置、教学资源准备、进行专题研究等活动，前大数据时代，我们的很多基础工作都是通过手工的方式完成的，例如统计教材中词汇的复现率，编写词典时搜集语料，备课时寻找教学用的视频资料、音频资料，专门为教学准备需要的资源，学术研究时一点一滴地积累素材，做卡片，手工分类等，在大数据时代这些工作方式都发生了变化，有专门的数据管理软件用来编写教材[1]及工具书，有专门的音频视频库可以提供不同层次的教学需求。大规模语料库可以为研究提供帮助，基于数据的研究在人文社会科学领域，尤其是在语言学和应用语言学领域大行其道（詹卫东，2013）。例如我们通过“HSK 动态作文语料库”[2]可以对学习者的语言能力进行研究，并与其 HSK 考试成绩建立相关联系，这种研究是复式的，我们还可以把留学生的语言使用状况与汉语为母语的人进行比较。语料库语言学的兴起使我们有可能对语言习得过程做多角度的观察，抽象的“语言能力”可以通过具体的“语言运用”来判断。各种语言工程为语言教育和相关研究提供了平台，人们的工作方式有了变化，共建、共享、动态更新成为主流。美国宾州大学的语言数据联盟（LDC）就是典型的例子，其中不仅有丰富的英语语料，还有其他语种的语料，这种联盟的方式汇聚了世界各地的语言资源。中文语言资源联盟（CLDC）也已经由中文信息学会发起建设，其中的声

[1] 如储诚志 2003 年开发的教材编写辅助软件《中文助教》。

[2] 由北京语言大学开发，其网络版可以免费使用。

音、图像、文字等资源也可以为语言教育提供素材。当然我们的数据化进程还处于初级阶段，很多语言资源库的质量还需提高。

2. 云端技术、物联网、社会网络技术的应用带来语言教育的革命

云端技术是指通过网络将庞大的计算处理程序自动分拆成无数个较小的子程序，再交由多部服务器所组成的庞大系统，经搜寻、计算分析之后将处理结果回传给用户。这个过程大概只需要几秒钟或者更短。基于云端计算（cloud computing）的分布式计算技术和网络技术结合，可为用户提供方便快捷的数据服务。我们每天都离不开的搜索引擎就是云端计算的产物。语言教育实际上已经在利用这项技术的成果为教师答疑和学生自主学习提供帮助，例如学生在遇到一个新的概念时，可以利用网络百科全书寻求答案，教师遇到解决不了的问题也可以求助于网络专业论坛，备课时需要的图片也可以从网络图片库中选取，音频视频资料也同样可以到网上“抓”一个。如果有不认识的东西，例如植物或者花卉，也可以通过网络识图来寻找答案。

所谓物联网（Internet of Things）是互联网的拓展和延伸，通过传感技术、定位技术、无线数据通信技术、云端计算等技术实现物与物之间的信息交换。移动手机、汽车、微电脑、家用电器等电子设备彼此之间可以交互传输数据，这为语言学习提供了更广阔的发展空间。教师可以利用物联网即时传输课程内容给学生，学生可以即时获取各类数据并进行自主学习。老师也可以把数据传输到网络空间，学习者可以随时访问这个共享空间并在其中进行讨论。如驾驶汽车的时候可以随时打开语言学习软件，接受老师的远程教学辅导。物联网为个性化的语言教育奠定了基础。

社交网络服务为语言教育打开了另一扇大门，学习者可以利用社交网络聊天，也可以利用社交网络进行语言学习，例如可以利用 Facebook、QQ、微信、MSN、Skype 等聊天工具学习语言。目前已经有了一些语言学习的社交网站，例如美国的 Livemocha 语言学习者社交平台，已经有 600 万注册者。此外还有诸如爱拓奇（italki）、英孚（EF）、Sanbit、Palabea、Lang-8 等，在这些社交网站可以找到语伴、交流学习心得、找到最合适的老师、分享免费的学习资源、在线观看教学视频、注册为网络学生等。

3. 未来社会语言教育的发展趋势

预测未来是一件最为困难、风险最高的工作，但是我们对一些现象的观察和分析可以让我们看到未来社会的一些图景。我们应该提前了解语言教育的发展形势，以期及早做出相应的调整，在教育观念、教学方法、学习理论、教育技术方面抢得先手，更好地满足学习者多样的社会需求。目前我们正规的语言教育还是基于课堂教学的，教师是教学的组织者，学生在课堂上在教师的指导下学习和训练，黑板（或白板）、写字笔、教鞭、多媒体播放器、投影仪、音响设备、教学挂图等传统的教学设备和按部就班的教学计划都是必不可少的。从某种意义上说，这样的语言教学模式加上分课型的专门训练（听力口语、报刊阅读、泛读、精读、语法、汉字、文化常识等）确实取得了成功，但是这些已经难以满足学习者的需求。一些学习者离开校园到茶馆、咖啡馆、商铺去练习口语，因为那样的场所是开放的，话题是多变的，学习时间可以自由控制。白乐桑[1] 2014年在回忆自己学习汉语的经历时，认为自己的口语水平在他生病住院的时候得到突飞猛进地提高，因为在医院他可以全天候地练习口语。

未来的语言教育大概应该有以下一些特征：

1. 开放的学习平台——除了正规的课堂教学之外，未来的语言教育会更加关注开放的语言学习平台。在这个开放的学习平台上，教师和学习者的互动是全方位的，学习者之间的互动也是全方位的，这个学习平台不受空间制约，学习者可以在虚拟空间自己建立适合自己学习需求的虚拟班级，学习者在这里也可以自主决定什么时间参加什么样的考试（自适应测试），并根据自己的考试成绩自主决定是否换班。教师和教学技术支持有各自的管理终端。现在的网络教学大都是这样的开放平台，但是学习者自主选择的余地不大。因为这还需要有更为丰富的课程资源和课外资源，能够支持学习者在线学习或者离线学习。

2. 公开的教育资源——教师自己建立的教学资源库毕竟有限，但是如果把所有教师的教学资源集中起来，做成公开的教育资源，大家建设，大家分享，那么这样的教育资源就会产生巨大的效益。开放的语言学习平台需要有这样的大数据的支撑。

[1] 白乐桑，法国著名汉学家，1973~1975年先后在北京语言学院和北京大学学习，法国汉语教师协会创始人及首任会长，现任法国国民教育部汉语总督学、巴黎东方语言学院教授、世界汉语教学学会副会长、欧洲汉学会会长。

3. 自由的学习空间——语言学习过程是有规律的，学习者在学习过程中会有平台期和疲劳期，教室的设计、课程的设计、教学模式的设计、教材的设计都应该照顾到语言学习的规律。未来的语言教育会给学习者提供更多的自由学习空间，最大限度地为不同层次、不同阶段、不同需求的学习者提供定制服务。把纪律约束和自主选择结合起来，这样可以调动学习者的内生动力，把“好之者”变成“乐之者”。

4. 自主的学习时间——对于那些一边工作一边学习语言以及那些学习时间碎片化的人来说，自主的学习时间非常重要。网络教学可以为学习者提供更优质的服务，让学习者自主选择学习时间。一些语言学习平台已经关注到语言学习者的个体差异和个性需求，他们利用动漫技术和其他教育资源把语言学习变成一件轻松愉快的事，让更多的学习者受益。

5. 学习成绩和语言能力自我评测 ——未来的语言学习平台一定会有自适应性语言测试（self-adapted language test）工具，学习者可以根据自己的情况做阶段性的成绩测验和语言能力评估。学习者还可以根据自己的成绩及时调整学习策略。在这个学习平台上，就如同很多网络游戏一样，学习者之间可以竞赛，一个阶段过关以后学习者自动升级，每个学习者都可以看到自己在群里的排名。

6. 全新的课堂教学模式 ——大数据时代的语言教学模式已经出现变化的端倪，反转课堂（flipped classroom 或 inverted classroom）和慕课（MOOCs）等新的教学形式已经出现，以后还会出现其他的教学形式，这种教学形式颠覆了传统的教学模式，反转课堂强调了学习者的自主性，课堂变成了答疑解惑和讨论的场所，大量的句型练习（drilling）可以在课下完成。慕课是大规模（Massive）、开放式（Open）、在线（Online）课程（Courses），这种网上课程打破了传统的空间限制，实现了优质教学资源的共享。未来的教学竞争主要体现在线上和线下的服务质量上。

7. 学习流程重构——我们现在的语言教育可以分为专业学习和业余学习两大类，专业学习要训练学习者听、说、读、写、译五种技能，业余学习则根据学习者的目的要求突出其中的某项技能。从学习流程上来说大致如图 8–1 所示：

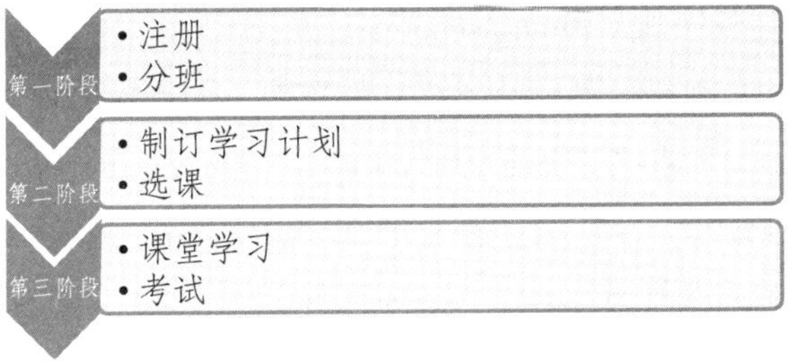

图 8–1

将来的学习流程会发生很大的变化，学习者选择的自主性会大大增加，如图 8–2：

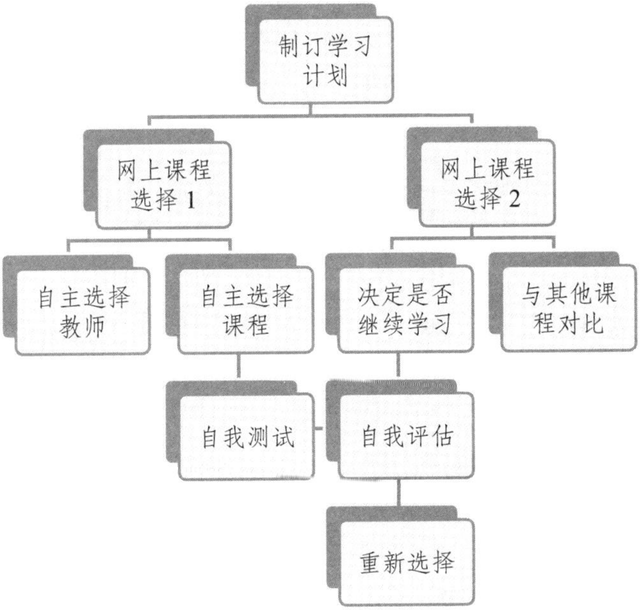

图 8–2

面对语言教育形式的变革，我们还需要进一步探讨一些与语言教育有关的理念问题，因为这些问题直接影响了语言教育的宏观规划、教学模式的选择、语言学习范式的发展方向。

1. 是以教为中心还是以学为中心？传统的课堂教学模式教师是教学的中心，因为教师是教学的组织者和实施者，教师带领学习者走过每一个台阶。因此语言教学过程是一个施予图式（giving schema），在这个图式中，语言教育侧重于教的过程。因此教师、教材、教学法显得比较重要。如果换一种视角，把学习者作为语言教育的中心，就要考虑到学习者的学习过程，注重学习规律，关注学习者的心理焦虑、个体需求、学习者与教师的互动、学习者之间的互动，这时候语言教学过程就变成了接受图式（receiving schema）。以前我们对学习者的接受心理研究不够，对学习者的个体差异研究也不够，没有做到因材施教。

2. 是从语言切入还是从文化切入？ 语言教育，尤其是第二语言教育，不可避免地会遇到文化问题，有的时候学习者因为对文化问题产生兴趣才开始学习某一种语言。有鉴于此，有些学者主张语言教育应该从文化切入，这与语言教学中导入文化在理念上是不一样的。语言学习和文化探究是相辅相成、并行不悖的两件事，一般情况下，语言教育不必专门从文化的角度切入，如果有特殊的学习者，就是对文化问题感兴趣，由文化问题而及于语言，在这种情况下从文化切入也未为不可。

3. 是问题驱动还是理论驱动？这里主要讨论语言教育的专题研究是以问题为出发点呢，还是以理论为出发点？换句话说，我们的研究是为了解决现实中的问题呢，还是为了建立一个理论模型或者验证他人的某种理论假说？我认为两者都需要，但是一定是问题在先，理论在后，有了问题我们才会去做研究。任何研究都是先提出问题，再进行理论假设，然后对这个假设进行证明，最终是为了解释或解决最初提出的问题。

4. 是语言学的研究还是教育学的研究？语言教育既是语言学的问题，也是教育学的问题。从语言学的角度看，我们应该关注语言本身的结构规律，以及如何把这些规律变成学习者容易接受的教学步骤；我们更应该关注学习者本身，总结成功者的个体经验，探讨学习规律并追踪其心理基础，也要对那些不成功者进行观察，探索学习中的障碍并探索解决之道。从教育学的角度看，我们应该关注教与学两者的关系，关注教育如何为学习者提供个性服务，关注大数据时代教育理念的变革对语言教育的影响。

5. 是单语教育还是复语教育？我们目前的外语教育以一种语言为主，同时辅修第二外语，其结果是主修的外语学得很好，第二外语基本上不能用。对于那些禀赋好的学习者来说，学习两门或者更多的外语并不是一件很困难的事，尤其是在他们年轻的时候。因此复语教育（例如英语+西班牙语或者法语+葡萄牙语）可以总结经验，大胆试验。语言学习可以开发人的认知潜能，同时学习两种同一语系的语言完全可以做到。

6. 是多学科交叉还是单学科深入？语言教育（尤其是第二语言教学）是一门交叉学科，它与语言学、教育学、心理学、认知科学、信息科学、语言工程都有关系，尤其是未来的语言教育不仅仅是语言学和教育学的事，多学科的交叉是大势所趋。当然，学科的深入研究还是必不可少的，但是不注意学科整合和多学科合作，恐怕很难满足未来语言教育的需求。

7. 是形式主义的研究还是功能主义的研究？语言学有形式主义和功能主义两个大的阵营，他们对语言的认识和研究范式都非常对立。第二语言习得这个学科的理论基础是形式主义的假说，其目标是寻找语言普遍现象的佐证。然而在具体的语言学习过程中，学习者和教师遇到的问题大多可以通过功能主义的研究得到解决。语言教师的语言观更倾向于亲近功能主义的研究。事实上到底谁能更好地解决语言学习的问题，目前下结论还为时过早。

【思考题】

1. 母语教育与外语教育有何异同？
2. 现代语言教育与古代语言教育有何异同？
3. 现代人为什么要学习古代语言？
4. 现代母语教育存在哪些问题？如何解决这些问题？
5. 哪一种语言教学法是最好的教学法？
6. 语言教师需要具备哪些职业素养？
7. 大数据时代的语言教育正在发生哪些变化？

结 语

语言是我们日常生活中不可须臾离开的东西，对语言的认识、了解和研究既有趣，又有用。我们从语言的本相入手，到语言教育结束，中间介绍了世界的语言、语言的共性和个性、研究语言的科学、语言的体和用、语言的变化、语言学习。

语言学有很多分支学科，每一个分支学科都有自己的目标和任务。语言学习和语言教育属于应用语言学。本书的介绍是宏观的、浅尝辄止的，我们希望通过这本小册子让读者对于什么是语言以及语言学科有个大概的了解，从而为进一步深入学习语言学的各个分支学科奠定基础。为此我们力图做到深入浅出、化繁为简，把复杂问题简单化。其中会有一些观点和例子被反复提起，那是因为这些观点和例子太重要了。对于那些完全没有语言学知识的人来说，语言学是很神秘、很枯燥的，离我们的生活很远；对于那些有一些语言学常识的人来说，语言学理论色彩太浓，距离应用很远。而对于那些自以为对语言很了解、谁都可以就语言问题发表看法的人来说，本书可以纠正一些常识性的错误，以减少外行对语言学的误解。我们的最终目的是要为第二语言教学这个应用学科提供一个关于语言的框架，因此本书最后落脚点是语言教育问题。严格地说，语言教育问题已经超出了普通语言学的关注范围，它游走在语言学、教育学、心理学的边缘。而这一套丛书的每一本书都会针对某些具体问题有更全面的介绍和深入的讨论。

参考文献

Austin, J. L. (1962) *How to Do Things with Words*. Oxford: Oxford University Press.

Baker, Mark (1988) *Incorporation: A Theory of Grammatical Function Changing*. Chicago: University of Chicago Press.

Baker, Mark (1996) *The Polysynthesis Parameter*. New York: Oxford University Press.

Bloomfield, L. (1933) *Language*. New York: Holt.

Bright, William (1986) Book Notice on Ethnologue. *Language* 62: 698.

Brown, G., K. Malmkjaer & J. Williams (1996) *Performance and Competence in Second Language Acquisition*. Cambridge: Cambridge University Press.

Carroll, David W. (1999) *Psychology of Language* (3rd edition). Pacific Grove: Brooks/Cole Publishing Company. 桂诗春、董燕萍中文导读，《心理语言学》, 外语教学与研究出版社与汤姆森学习出版社 2000 年出版.

Chao, Yuen Ren (1968) *A Grammar of Spoken Chinese*. Berkeley: University of California Press.

Chomsky, Noam (1957) *Syntactic Structures*. The Hague/Paris: Mouton.

Chomsky, Noam (1959) A Review of B. F. Skinner's Verbal Behavior. *Language* 35: 26-58.

Comrie, Bernard (1987/2009) *The World's Major Languages*. London: Croom Helm. Second edition published in 2009 by Routledge.

Comrie, Bernard (1981) *Language Universals and Linguistic Typology*. Chicago: University of Chicago Press. 沈家煊、罗天华译 (2010)《语言共性和语言类型》, 北京大学出版社.

Comrie, Bernard (1989) *Language Universals and Linguistic Typology* (2nd edition). Chicago: University of Chicago Press.

Croft, William (1990) *Typology and Universals*. Cambridge: Cambridge University Press. 外语教学与研究出版社引进，沈家煊导读，龚群虎等译 (2009)《语言类型学与语言共性（第二版）》，复旦大学出版社.

Davies, A. (1999/2007) *An Introduction to Applied Linguistics—From Practice to Theory*. Edinburgh: Edinburgh University Press.

Dryer, Matthew (1992) The Greenbergian Word Order Correlations. *Language* 68: 81-138.

Duranti, Alessandro (1997) *Linguistic Anthropology*. Cambridge: Cambridge University Press. 杜兰蒂 (2002)《西方语言学丛书·语言学的人类学阐释》，北京大学出版社 / 剑桥大学出版社.

Ellis, R. (1997) *Second Language Acquisition*. Oxford: Oxford University Press.

Escure, Geneviève & Armin Schwegler (2004) *Creoles, Contact, and Language Change: Linguistic and Social Implications*. Amsterdam/Philadelphia: John Benjamins Publishing Company.

Foley, William A. (1997) *Anthropological Linguistics: An Introduction*. Oxford: Blackwell Publishing Ltd. 福利 (2001)《人类语言学入门》，外语教学与研究出版社与布莱克韦尔出版社.

Fromkin, Victoria, Robert Rodman & Nina Hyams (2003) *An Introduction to Language* (7th edition). Boston: Thomson/Heinle. 北京大学出版社 2004 年影印本"西方语言学丛书"之《语言导论》.

Gardner, R. (1960) *Motivational Variables in Second Language Acquisition*. Doctoral dissertation, McGill University, Canada.

Goodluck, H. (1991/2000) *Language Acquisition: A Linguistic Introduction*. Malden, MA: Blackwell Publishing Ltd.《从语言学的角度看语言习得》，外语教学与研究出版社 / 布莱克韦尔出版社，2000 年出版.

Greenberg, Joseph H. (1962) Is the Vowel-Consonant Dichotomy Universal. *Word* 18: 73-81.

Greenberg, Joseph H. (1966) *Language Universals: With Special Reference to Feature Hierarchies*. The Hague: Mouton & Co.

Greenberg, Joseph H. (1978) *Universals of Human Language 1: Method & Theory*. Stanford: Stanford University Press.

Grice, H. P. (1957) Meaning. *The Philosophical Review* 66: 377-388. Reprinted in Grice (1989).

Grice, H. P. (1968) Utterer's Meaning, Sentence-Meaning, and Word Meaning. *Foundations of Language* 4: 225-242. Reprinted in Grice (1989).

Grice, H. P. (1969) Utterer's Meaning and Intentions. *The Philosophical Review* 78: 147-177. Reprinted in Grice (1989).

Grice, H. P. (1975) Logic and Conversation. In P. Cole & J. Morgan (eds.), *Syntax and Semantics, Vol. 3: Speech Acts*. New York: Academic Press. 41-58. Reprinted in Grice (1989).

Grice, H. P. (1978) Further Notes on Logic and Conversation. In P. Cole (ed.), *Syntax and Semantics, Vol. 9: Pragmatics*. New York: Academic Press. 113-127. Reprinted in Grice (1989).

Grice, H. P. (1981) Presupposition and Conversational Implicature. In P. Cole (ed.), *Radical Pragmatics*. New York: Academic Press. 183-197. Reprinted abridged in Grice (1989).

Grice, H. P. (1982) Meaning Revisited. In N. Smith (ed.), *Mutual Knowledge*. London: Academic Press. 223-243. Reprinted in Grice (1989).

Grice, H. P. (1989) *Studies in the Way of Words*. Cambridge, MA: Harvard University Press.

Gross, Alan G. (1990) *The Rhetoric of Science*. Cambridge, MA: Harvard University Press.

Harrington, M. & S. Dennis. (2002) Input-Driven Language Learning. *Studies in Second Language Acquisition* 24 (2): 261-268.

Hawkins, John A. (1983) *Word Order Universals*. New York: Academic Press.

Heine, Bernd & Tania Kuteva (2002) *World Lexicon of Grammaticalization*. Cambridge: Cambridge University Press.

Heine, Bernd & Derek Nurse (2008) *A Linguistic Geography of Africa*. Cambridge: Cambridge University Press.

Joseph, Brian D. & Richard D. Janda (2004) *The Handbook of Historical Linguistics*. Oxford: Blackwell Publishing Ltd.

Katzner, Kenneth (1977) *The Languages of the World* (3rd edition). London/New York: Routledge.

Keenan, Edward L. & Bernard Comrie (1977) Noun Phrase Accessibility and Universal Grammar. *Linguistic Inquiry* 8: 63-99.

Krashen, S. (1978) Individual Variation in the Use of Monitor. In W. Ritchie (ed.), *Second Language Acquisition Research*. 175-183. New York: Academic Press.

Krashen, S. (1979) A Response to McLaughlin, "The Monitor Model: Some Methodological Considerations". *Language Learning* 29: 151-167.

Labov, William (1966/1996) *The Social Stratification of English in New York City* (2nd edition). Cambridge: Cambridge University Press.

Labov, William (1994) *Principles of Linguistic Change: Internal Factors*. Oxford: Blackwell Publishing Ltd. 北京大学出版社 2007 年影印出版《语言变化原理：内部因素》.

Labov, William (2010) *Principles of Linguistic Change, Vol. 3: Cognitive and Cultural Factors*. Oxford: Wiley-Blackwell.

Lakoff, George (1987) *Women, Fire and Dangerous Things: What Categories Reveal about the Mind*. Chicago: University of Chicago Press.

Lakoff, George & Mark Johnson (1980) *Metaphors We Live By*. Chicago: University of Chicago Press.

Langacker, Ronald W . (1987) *Foundations of Cognitive Grammar*. Stanford: Stanford University Press.

Larsen-Freeman, Diane & Michael H. Long (1991/2000) *An Introduction to Second Language Acquisition Research*. London: Longman Group UK Ltd. 蒋祖康导读，《第二语言习得研究概况》，外语教学与研究出版社当代国外语言学与应用语言学文库，F32. 227-270.

Lass, Roger (1997) *Historical Linguistics and Language Change*. Cambridge: Cambridge University Press. 世界图书出版公司 / 剑桥大学出版社 2007 影印出版《历史语言学和语言演变》.

Leaver, Betty Lou (2005) *Achieving Success in Second Language Acquisition*. Cambridge: Cambridge University Press.

Lee, B. (2011) *Philosophy of Language: The Key Thinkers*. London/New York: Continuum International Publishing Group.

Lefebvre, Claire (2004) *Issues in the Study of Pidgin and Creole Languages*. Amsterdam/Philadelphia: John Benjamins Publishing Company.

Lehmann, Winfred P. *Historical Linguistics: An Introduction* (2nd edition). New York: Holt, Rinehart & Winston, 1973.

Lévi-Strauss, C. (1963) *Structural Anthropology*. New York: Basic Books.

Lévi-Strauss, C. (1978) *Myth and Meaning*. New York: Schocken Books.

Lycan, W. G. (2000) *Philosophy of Language: A Contemporary Introduction*. New York: Routledge.

Malinowski, Bronislaw K. (1923) The Problem of Meaning in Primitive Languages. In C. K. Ogden & I. A. Richards. *The Meaning of Meaning*. London: Routledge & Kegan Paul.

Mallinson, G. & B. J. Blake (1981) *Language Typology: Cross-linguistic Studies in Syntax*. Amsterdam: North-Holland.

Migge, Bettina (2003) *Creole Formation as Language Contact: The Case of the Suriname Creoles*. Amsterdam/Philadelphia: John Benjamins Publishing Company.

Panlillo, John C. (2006) Evaluating Language Statistics: The Ethnologue and Beyond. A report prepared for the UNESCO Institute for Statistics.

Pulleyblank, Edwin George (蒲立本) (1995) *Outline of Classical Chinese Grammar*. Vancouver: UBC Press.

Putnam, H. (1975) The Meaning of "Meaning". In H. Putnam (ed.), *Philosophical Papers, Vol. 2: Mind, Language and Reality*. Cambridge: Cambridge University Press. 215-271. Also in K. Gunderson (ed.), *Minnesota Studies in the Philosophy of Science, Vol. 8: Language, Mind, and Knowledge*. Minneapolis: University of Minnesota Press. 131-193.

Rubin, J (1975) What the "Good Language Learner" Can Teach Us. *TESOL Quarterly* 9: 41-51.

Saville-Troike, Muriel (2006) *Introducing Second Language Acquisition*. Cambridge: Cambridge University Press.

Searle, J. (1969) *Speech Acts: An Essay in the Philosophy of Language*. Cambridge: Cambridge University Press.

Selinker, L. (1969) Language Transfer. *General Linguistics* 9: 67-92.

Selinker, L. (1972) Interlanguage. *International Review of Applied Linguistics* 6: 190-204.

Shibatani, Masayoshi & Theodora Bynon (1995) *Approaches to Language Typology*. Oxford: Clarendon Press.

Shopen, Timothy (1985) *Language Typology and Syntactic Description, Vol. 3: Grammatical Categories and the Lexicon*. Cambridge: Cambridge University Press.

Siegel, Jeff (2008) *The Emergence of Pidgin and Creole Languages*. Oxford: Oxford University Press.

Skorik, P. Ja. (1961) Grammatika čukotskogo jazyka: Fonetika i morfologija imennyx častej reči (Vol. 1, p. 102). Leningrad: Nauka.

Song, Jae Jung (2001) *Linguistic Typology: Morphology and Syntax*. Harlow, England: Pearson Education Ltd.

Talmy, Leonard (2000) *Toward a Cognitive Semantics, Vol. 1: Concept Structuring System*. Cambridge, MA: The MIT Press.

Theodora, Bynon (1977) *Historical Linguistics*. Cambridge: Cambridge University Press.

Weber, George (1997) Top Languages: The World's 10 Most Influential Languages. *Language Today*, Vol. 2, Dec. 1997.

Whaley, Lindsay (1997) *Introduction to Typology: The Unity and Diversity of Language*. Thousand Oaks, CA: Sage Publications Inc. 世界图书出版公司 2009 年引进（刘丹青导读）.

Yule, George (1996) *Pragmatics*. Oxford: Oxford University Press.
白保罗（Benedict，Paul K.）(1984)《汉藏语概论》，中国社会科学院民族学研究所语言室。
奥托·叶斯帕森（1924/1988）《语法哲学》(中译本)，语文出版社。
曹志耘主编（2008）《汉语方言地图集》，商务印书馆。
柴省三（2014）计算机自适应性语言测试的智能选题方法研究，《中国教育信息化》第8期。
陈保亚（1996）《论语言接触与语言联盟——汉越（侗台）语语源关系的解释》，语文出版社。
陈映嘉（2003）《语言哲学》，北京大学出版社。
陈望道（1932/2008）《修辞学发凡》，大江书铺 / 复旦大学出版社。
陈章太（2008）论语言资源，《语言文字应用》第1期。
崔希亮（1995）普通话字音的异读及正音对策，《第四届国际汉语教学讨论会论文选》，北京语言学院出版社。
崔希亮（1997/2005）《汉语熟语与中国人文世界》，北京语言大学出版社。
崔希亮（2001）《语言理解与认知》，北京语言文化大学出版社。
崔希亮（2004）《汉语介词与位移事件》，北京大学博士学位论文。
崔希亮（2009）《语言学概论》，商务印书馆。
崔希亮（2014）关于语言教育的若干思考，《国际汉语教学研究》第2期。
崔希亮等（2008）《汉语作为第二语言的习得与认知研究》，北京大学出版社。
崔希亮等（2010）《欧美学生汉语学习和认知研究》，北京大学出版社。
戴庆厦、苗东霞（2008）第二语言（汉语）教学难点，《汉语学习》第5期。
戴庆厦等（2004）《中国濒危语言个案研究》，民族出版社。
邓晓华（2009）《中国的语言及方言的分类》，中华书局。
耿晓云（2007）第二语言习得过程中困难因素之浅析，《昆明理工大学学报》(哲学社会科学版）第7卷第2期。
郭　熙（2003）语言教育若干问题之管见，《语言教学与研究》第3期。
胡明扬（2007）语言知识和语言能力，《语言文字应用》第3期。
金立鑫（2006）语言类型学——当代语言学中的一门显学，《外国语》第5期。

金立鑫（2011）《什么是语言类型学》，上海外语教育出版社。
李方桂（1973）中国的语言和方言，*Journal of Chinese Linguistics*。
李福印（2008）《认知语言学概论》，北京大学出版社。
李如龙（2005）关于东南方言的“底层”研究，《民族语文》第5期。
李宇明（2005）《中国语言规划论》，东北师范大学出版社。
李宇明（2010）《中国语言规划续论》，商务印书馆。
林　焘、王理嘉（1992）《语音学教程》，北京大学出版社。
刘丹青（2003）《语序类型学与介词理论》，商务印书馆。
刘　珣（1998）语言教育学是一门独立的重要学科，《世界汉语教学》第2期。
陆俭明（2003）《现代汉语语法研究教程》，北京大学出版社。
吕叔湘（1982）《中国文法要略》，商务印书馆。
马学良、瞿霭堂、黄布凡、罗美珍、王远新（1997）《普通语言学》，中央民族大学出版社。
孟小峰、慈　祥（2013）大数据管理：概念、技术与挑战，《计算机研究与发展》第1期。
沈家煊（2000）《不对称与标记论》，中国社会科学出版社。
石安石(1993)《语义问题》，商务印书馆。
宋在晶（2008）《语言类型学》，北京大学出版社。
孙德坤（1989）关于“学习”与“习得”的区别，《世界汉语教学》第2期。
孙宏开、胡增益、黄　行主编（2007）《中国的语言》，商务印书馆。
索绪尔（1916/1980）《普通语言学教程》，高名凯译，商务印书馆。
王建勤主编（2006）《汉语作为第二语言的学习者习得过程研究》，商务印书馆。
王　力（2008）《汉语语音史》，商务印书馆。
王士元（2011）《语言、演化与大脑》，商务印书馆。
徐大明（2007）《中国语言资源发展战略研究》，国家语言资源与应用语言学高峰论坛论文。
徐世璇（2001）《濒危语言研究》，中央民族大学出版社 。
徐通锵（1991/2014）《历史语言学》，商务印书馆。
徐通锵（1997）《语言论》，东北师范大学出版社。

徐通锵（2001）《基础语言学教程》，北京大学出版社。

叶蜚声、徐通锵（1997）《语言学纲要》，北京大学出版社。

詹卫东（2013）大数据时代的汉语语言学研究，《山西大学学报》（哲学社会科学版）第5期。

张　凯主编（2006）《语言测试理论及汉语测试研究》，商务印书馆。

张　敏（1998）《认知语言学与汉语名词短语》，中国社会科学出版社。

赵　诚（2003）《中国古代韵书》，中华书局。

赵　杰（1989）《现代满语研究》，民族出版社。

赵　杰（1993）《现代满语与汉语》，辽宁民族出版社。

赵秀芬（2011）汉语“心”字族的认知研究，北京语言大学博士学位论文。

赵艳芳（2006）《认知语言学概论》，上海外语教育出版社。

赵元任（1979）《汉语口语语法》，商务印书馆。

赵元任（1980）《语言问题》，商务印书馆。

朱德熙（1982）《语法讲义》，商务印书馆。

朱文俊（2000）《人类语言学论题研究》，北京语言大学出版社。

历代韵书：

一、萌芽中的韵书

1. 李登的《声类》
2. 吕静的《韵集》

二、六朝韵书

3. 周研的《声韵》四十一卷（《隋书·经籍志》）
4. 张谅的《四声韵林》二十八卷（《隋书·经籍志》）
5. 段弘的《韵集》八卷（《隋书·经籍志》）
6. 无名氏的《韵集》二卷（《隋书·经籍志》）
7. 王该的《文章音韵》二卷（《隋书·经籍志》）
8. 王该的《五音韵》五卷（《隋书·经籍志》）
9. 无名氏的《群玉典韵》五卷（《隋书·经籍志》）
10. 阳休之的《韵略》一卷（《隋书·经籍志》；又见陆法言《切韵序》，无卷数。）

11. 李概的《音谱》四卷（《隋书·经籍志》；陆法言《切韵序》作李季节，无卷数。）
12. 无名氏的《纂韵钞》十卷（《隋书·经籍志》）
13. 刘善经的《四声指归》一卷（《隋书·经籍志》）
14. 周彦伦的《四声切韵》(《南史·周彦伦传》)
15. 沈约的《四声》一卷（《隋书·经籍志》）
16. 夏侯咏的《四声韵略》十三卷（《隋书·经籍志》；陆法言《切韵序》作《韵略》，无卷数；宋本《广韵》作夏侯该。）
17. 潘徽的《韵纂》三十卷（《隋书·潘徽传》）
18. 释静洪的《韵英》三卷（《隋书·经籍志》）
19. 杜台卿的《韵略》(陆法言《切韵序》)

三、定型的韵书

20.（隋）陆法言的《切韵》

四、修订、增补的韵书

21.（唐）孙愐的《唐韵》
22.（唐）李周的《切韵》

五、官修韵书

23.（宋）陈彭年、丘雍等人修订的《广韵》
24.（宋）戚纶等的《韵略》
25.（宋）丁度等的《集韵》
26.（宋）丁度等的《礼部韵略》

六、正统韵书

27.（金）韩道昭的《五音集韵》
28.（元）黄公绍的《古今韵会举要》
29.（明）乐韶凤、宋濂等人的《洪武正韵》

七、中原音韵系统的韵书

30.（元）周德清的《中原音韵》
31.（元）卓从之的《中州音韵》
32.（明）兰茂的《韵略易通》

33.（明）毕拱宸的《韵略汇通》
34.（清）樊腾凤的《五方元音》

八、平水韵和诗韵

35.（宋）刘渊的《平水韵》（又叫《壬子新刊礼部韵略》或《新刊韵》）
36.（金）王文郁的《平水韵略》
37.（金）张天锡的《草书韵会》
38.（元）阴时夫的《韵府群玉》
39.（明）凌稚隆的《五车韵瑞》
40.（明）潘恩的《诗韵辑略》
41.（明）李攀龙的《诗韵辑要》
42.（元）阴时夫的《韵府群玉》
43.（清）张玉书等的《佩文韵府》
44.（清）《佩文诗韵》
45.（清）周莲塘的《佩文诗韵释要》
46.（清）余照的《诗韵珠玑》
47.（清）余照的《诗韵集成》
48.（清）朱月坡的《渔古轩诗韵》
49.（清）汪慕杜的《诗韵合璧》
50.（清）汤文璐的《诗韵合璧》
51.（清）惜阴主人汤祥瑟的《诗韵全璧》
52.（清）《诗韵含英》
53.（清）《诗韵题解》
54.（清）《读诗韵新诀》
55.（清）《诗韵辨同》
56.（清）《诗韵尤雅》
57.（清）《佩文广韵汇编》
58.（清）《佩文韵溯原》
69.（清）《诗韵析》
70.（清）《诗韵歌诀初步》

71.（清）《养默山房诗韵》

九、词曲韵书

72.（明）朱权的《琼林雅韵》（南曲韵书）

73.（宋代刻印）菉裴轩的《词林韵释》（有争议，不能肯定是宋本）

74.（明）陈铎的《词林要韵》

75.（明）沈乘麐的《韵学骊珠》（又名《曲韵骊珠》《曲韵探骊》）

76.（清）王鵕的《音韵辑要》

77.（清）周昂的《新中州全韵》

78.（明）沈谦的《词韵略》

79.（清）仲恒的《词韵》

80.（清）戈载的《词林正韵》

81.（清）《学宋斋词韵》

82.（清）李渔的《笠翁对韵》

后　记

历经三个寒假、三个暑假，这本小书终于写完了。长长地出了一口气！这套教材是为汉语国际教育的硕士研究生编写的，而这本《语言导论》内容浅显，似乎不宜放在里边。实际上，汉语国际教育专业的硕士研究生不完全是这个专业的本科毕业生，很多其他专业背景的同学需要补语言学的课。这本引论性质的书可以为这一部分同学提供帮助。我曾经出版过一本《语言学概论》，那是为汉语国际教育专业本科生写的。这本《语言导论》的内容不能与《语言学概论》重复，选择章节和内容的时候颇费脑筋。

我已经好几年没有给研究生开课了，行政管理工作占去了我百分之百的时间和百分之二百的精力。放假之后不敢休息，还要伏案写作，感到疲惫不堪。对于那些希望在春节期间来家里串门的朋友和学生我都婉言谢绝了，因为我实在不能分心，只是希望能够早点儿完成任务。在这里我要对他们表示歉意，也希望能够得到他们的理解。我要感谢张博教授、孙德金教授的倡议，为硕士研究生编写一套教材。我也要感谢我女儿阿陌为本书画了大部分插图并作为第一个读者给了我很多意见。我也要感谢我的学生咸慧通读了书稿并提出了宝贵意见。我还要特别感谢这本书的责任编辑王轩、史健、纪成对书稿的打磨和把关。最后我要感谢大学的寒暑假制度，让我有机会完成这个任务。

我深知这本小书涉及的内容已经超出了我的能力，不足和谬误之处一定不少，期待着得到方家指点，以后再版时改正。

2015 年 2 月 14 日